中国政府电子公共服务问题研究

李 健 张锐昕／著

吉林出版集团股份有限公司
全国百佳图书出版单位

图书在版编目（CIP）数据

中国政府电子公共服务问题研究 / 李健，张锐昕著. -- 长春：
吉林出版集团股份有限公司，2022.7
ISBN 978-7-5581-8596-0

Ⅰ.①中… Ⅱ.①李… ②张… Ⅲ.①电子政务－公共服务－研
究－中国 Ⅳ.①D63-39

中国版本图书馆CIP数据核字(2020)第074684号

ZHONGGUO ZHENGFU DIANZI GONGGONG FUWU WENTI YANJIU

中国政府电子公共服务问题研究

著　　者　李　健　张锐昕
责任编辑　宫志伟
装帧设计　李　鑫

出　　版　吉林出版集团股份有限公司
发　　行　吉林出版集团社科图书有限公司
地　　址　吉林省长春市南关区福祉大路5788号　邮编：130118
印　　刷　长春新华印刷集团有限公司
电　　话　0431-81629711（总编办）
抖 音 号　吉林出版集团社科图书有限公司 37009026326

开　　本　710 mm×1000 mm　1 / 16
印　　张　13
字　　数　180 千
版　　次　2022 年 7 月第 1 版
印　　次　2022 年 7 月第 1 次印刷

书　　号　ISBN 978-7-5581-8596-0
定　　价　58.00 元

如有印装质量问题，请与市场营销中心联系调换。0431-81629729

目　录

绪论 / 1

　　一、研究缘由和目的 / 1

　　二、国内外研究现状 / 12

　　三、研究思路及内容结构 / 47

第一章　政府电子公共服务的理论概述 / 50

　　一、政府电子公共服务的概念特点 / 52

　　二、政府电子公共服务供给的理论资源 / 69

第二章　政府电子公共服务供给的逻辑基础 / 96

　　一、政府电子公共服务供给的逻辑模型 / 96

　　二、政府电子公共服务供给的基础条件 / 117

第三章　政府电子公共服务供给的现状、问题及成因 / 141

　　一、政府电子公共服务供给的现状描述 / 141

　　二、政府电子公共服务供给的现实问题和成因 / 148

第四章　政府电子公共服务供给的目标及策略／157

　　　一、政府电子公共服务供给的愿景目标／157

　　　二、改善政府电子公共服务供给的路径策略／164

结论／173

参考文献／178

后记／203

绪　论

一、研究缘由和目的

（一）研究缘由

我们之所以选择中国政府电子公共服务供给问题进行研究，主要有以下原因：一是互联网现已成为政府电子公共服务供给的主要渠道，国家正在推进的"互联网＋"推动互联网与各行业进行深度融合，对国家经济发展和社会治理产生深远影响，人们选择和享用公共服务的习惯和方式正在发生改变，为政府电子公共服务有效供给提供了广阔的发展空间。二是政府电子公共服务系统是电子政府建设的主要内容和核心任务，全球电子政府建设的迅猛发展使之步入快速发展轨道。伴随一些公众对政府电子公共服务的绩效和质量的需求的不断攀升，政府电子公共服务供给的应用空间在持续拓展。三是各级政府推进"互联网＋政务服务"，开展信息惠民已由规划设计进入实施阶段。由政策推动解决服务输入端信息重复输入问题、服务过程中信息共享与业务协同问题以及服务输出端个性化精准推送问题，为社会公众能够普惠共享信息化成果提供了有力的政策保障，使人们坚信以往对政府电子公共服务的梦想有望变成现实。四是推进公共服务多元主体合作供给为政府治理能力提升提供助力。国家成立政府购买服务改革工作领导小组，出台多项政策文件对政府购买服务进行规范，推广政府和社会资本合作模式，创新公共服务供给机制，加强创新社会管理、改进政府提供公共服务方式的改革，旨在构建多维度、多层次、多方式的公共服务供给体系，增加政府公共服务多元供给主体合作的机会，为实施公共服务多元供给提供制度保障与操作规范，借此政府可以有力提升协同治理以至合作治理能力。

1. 互联网与各行业深度融合对国家经济发展和社会治理产生深远影响

互联网现已成为政府电子公共服务供给的主要渠道，目前国家大力推进"互联网＋"，意在充分发挥互联网在生产要素配置中的优化和集成作用，实现互联网的创新成果与经济社会各领域的深度融合，从而形成更广泛的以互联网为基础设施和实现工具的经济发展新形态。"互联网＋"的本质为一种社会发展新生态，是一种推进人类社会发展的新途径，并由此成为一种新的经济社会发展模式，对国家经济发展和社会治理将产生深远影响。其中，"互联网＋"作为中国经济提质增效的新引擎，对经济发展的影响体现在：有助提升经济发展的功能和效率，提高国家经济发展的竞争力，实现经济发展质的飞跃；有助调整经济产业结构，实现经济产业结构升级，并为各行业发展以及"大众创业、万众创新"提供更多资源和更便利的条件；加快多重结构调整的相互作用；促进对过剩经济的调整；有助于推动传统经济增长动力从以经济要素驱动、投资要素驱动为主导逐步转向创新驱动；有助于促进互联网企业自身深化发展，带动其他相关产业经济发展。"互联网＋"对社会治理的影响体现在：有助于提高社会治理水平；有助于改进社会治理模式，增强公众政治参与力度；有助于推动政府改革。鉴于中国政府改革的基本任务"就是要破除阻碍生产力发展的障碍，建立确保科学发展的体制、机制和政策"[1]，而改革内容不仅要涉及组织变革和内外部关系转变，还要通过建立统一平台，在政府机构和机构内部信息整合、互联互通、资源共享的基础上实现跨部门融合，改革行政体制、组织结构和业务流程，实现对传统政务的"互联网＋"式的革新改善。为此，"互联网＋政府改革"不是简单的政府利用互联网技术进行改革，而是政府与互联网融合形成以互联网技术为基础的新型政府，它有可能成为政府电子公共服务创新的新希望。当前，借着"互联网＋"发展的大潮，政府启动了新一轮围绕"互联网＋"的政府改革，政府电子公共服务供给正可借此机遇，争取在绩效和质量上有实质性提升的同时，在公众满意度方面也取得实质性进展。

---

[1] 张成福.变革时代的中国政府改革与创新[J].中国人民大学学报,2008(5): 1-10.

2. 全球电子政府建设的迅猛发展令政府电子公共服务供给应用空间持续拓展

自1993年美国倡导实施信息高速公路计划和发起国家绩效考查运动以来，世界各国纷纷跟进电子政府建设热潮，驶入电子政务建设快车道，带来了电子政府的迅猛发展，相应地促进了国家信息化的繁荣昌盛。加之近年来以大数据、云计算、物联网为代表的现代信息技术的助力，每年度《联合国电子政务调查报告》的持续推动，还有各国公共服务市场化改革的相继开展，以及"政府采用合同外包的方式鼓励私营机构参与市场竞争"[①]，采用"公共部门与私人部门竞争合作的供给方式"[②]，使得各国电子政务建设进入大发展时期，公共服务供给的效率和水平不断提升。

中国自1999年政府上网以来，电子政务网络建设遍及全国各地，国家信息基础设施建设迅速升温，信息资源建设和信息系统建设走上标准化、规范化轨道，国家一系列政策措施的相继出台，更是促进了信息化建设的发展，带动了工业化和城市化的发展，满足了更多的公共服务需求。在这种境况下，如何采取利用电子政务建设积累起来的基础条件和有利资源为公众提供创新型的政府公共服务供给模式就成为一个迫切需要解决的问题。因为政府电子公共服务系统是电子政府建设的主要内容和核心任务，它的质量和绩效如何，代表着国家电子政务建设以及公民权利保障的水平，如何了解并响应公众对政府电子公共服务的绩效和质量不断攀升和持续变化的需求，是对政府政务执行能力的巨大挑战。

3. 各级政府推进"互联网＋政务服务"开展信息惠民试点已从规划设计进入实施阶段

《推进"互联网＋政务服务"开展信息惠民试点实施方案》（以下简称《方案》）的推出，显示出中国政府在以创新驱动政务服务改革方面的意志和决心。作为战略指导性实施方案，《方案》重点面向公共服务领域，以"简化优化群众办事流程""改革创新政务服务模式""畅通政务服务方式渠道"为

①宁靓. 英国地方政府公共服务外包发展的评析与启示［J］. 中国海洋大学学报（社会科学版），2012（4）：85–89.
②江依妮. 英国集权财政下公共服务供给的分析与启示［J］. 当代财经，2011（4）：37–45.

出发点，以"问题导向，创新服务""信息共享，优化流程""条块结合，上下联动""试点先行，加快推广"为基本原则，以"两年两步走"的思路预期，设定了在试点地区实现"一号"申请、"一窗"受理、"一网"通办的工作目标。①其中，"一号""一窗""一网"诠释了政府推送政务服务的便民惠民理念，旨在注重提高办事效率与服务质量，强调政务服务的便捷性与公共满意度提升的同时，从优化服务流程、创新服务模式、畅通服务渠道三方面入手，直指线上公共服务或电子公共服务应用的"内核"，着力解决在服务申请初始提交、审批处理、服务内容推送中存在的弊病，立足于"信息跑路""部门协同办"和"主动服务"，努力解决长久以来的线上线下服务相关方对接困难、服务流程烦琐无序、服务主体跨部门协同处理脱节、公众需求外溢等弊病，旨在推动构建"方便快捷、公平普惠、优质高效"的线上线下一体化的政务服务体系，突显了政府在公共服务领域实现政务服务供给与互联网融合发展的新思路，以及力图进行政务改革以提供更好的政务服务的勇气和担当。

（1）"一号"申请旨在解决服务输入端信息重复输入问题

长久以来，身份信息、证照、证明等各类办事材料的重复提交的情况在公民办事服务申请阶段屡见不鲜，各申请要件中不乏涉及法律效力不高、没有必要提供的证明文件，诸如此类问题大大增加了公民办证办事、申请服务的复杂性和成本，公民为此所耗费的时间、精力也只能由公民自己埋单。"一号"申请模式从服务流程优化角度试图改善公民在服务事项申请初期——政府服务前台输入端对线下输入信息特别是提供证明文件的依赖性，依赖编制权力清单、责任清单用以厘清各办事服务部门的职责权限，通过全面梳理服务事项、基本流程及办事依据进而简化繁杂的办事流程与申办手续；通过梳理居民个人电子证照建立证照目录，构建以公民身份号码为唯一标识的电子证照库，加快电子证照库与制证系统和业务系统的对接联通，实现电子证照与纸质证照的同步签发；依托统一的数据共享交换平台，构建电子证照互认共享机制，以此打破部门与地域限制，实现电子证照跨层级、跨区域、跨部门的互认共享。在这里，"一号"申请的最大特点是通过梳理居民电子证照目录、建立电子证照库，实

---

① 国务院办公厅关于转发国家发展改革委等部门推进"互联网+政务服务"开展信息惠民试点实施方案的通知（国办发〔2016〕23号）〔Z〕. 2016-04-26.

现公众办事服务证件、证照、证明的电子化，以此拓展服务深度，拉近公众与服务前端的距离，利用服务端的技术与存储优势，将公众服务申请要件的收集与整合工作归于政府服务端，缩减了公众在服务申请前期反复提交各项证件材料的线下准备过程，充分展示了便民惠民的服务理念，且这种基于公民身份号码的"一号"标识形式更便于实现对服务对象"记录一生，管理一生，服务一生"的服务目标，促进"从摇篮到坟墓"的全面服务管理的实现。当前，在政府出台的《国务院办公厅关于加快推进"五证合一、一照一码"登记制度改革的通知（国办发〔2016〕53号）》中，将原有"三证合一"登记制度改革成果进一步扩展为"五证合一、一照一码"。此举向推进"多号合一""多卡合一"改革，构建统一的电子证照库，向实现更大范围、更深层次的信息共享和业务协同迈出了坚实的一步。[①]

（2）"一窗"受理旨在解决服务过程中信息共享与业务协同问题

"一窗"受理旨在创新政务服务模式，以"一窗口受理、一平台共享、一站式服务"为实践目标，强调跨区域、跨层级的信息资源共享与跨部门业务协同，构建线上线下一体化管理。改革内容主要涉及：优化管理机制，对政务服务事项进行统一规范和目录梳理，探索多部门协同办理机制；注重整合构建综合服务窗口，遵循"前台综合受理、后台分类审批、统一窗口出件"的服务模式，实现一站式服务；建设统一的数据共享交换平台，构建统一政务服务信息系统，完成政务服务信息系统与各部门业务系统对接，实现基础信息库和业务信息库的联通，逐步推进各级共享交换平台对接，推动政务信息资源跨部门、跨层级、跨区域互通和协同共享，实现业务协同办理；加强全流程监管，拓展服务渠道，构建线上线下一体化政务服务体系。"一窗"受理注重对现有设施资源的有效整合与利用，重点构建综合政务服务窗口及统一的服务信息系统、数据共享交换平台体系，促进跨区域、跨层级、跨部门的信息共享与业务协同，保障线上数据运行与业务处理的顺畅。

（3）"一网"通办旨在解决服务输出端个性化精准推送问题

"一网"通办主要围绕构建统一身份认证体系、构建便民服务"一张

---

①国务院办公厅关于加快推进"五证合一、一照一码"登记制度改革的通知（国办发〔2016〕53号）〔Z〕. 2016-06-30.

网"、大数据技术应用三个方面，解决精准化服务、智能化服务问题。首先，提倡探索运用生物特征及网络身份识别等技术，以公民身份号码为唯一标识，联通不同接入渠道的用户认证，构建统一身份认证体系，摒弃简单的用户名口令认证机制，建立统一安全的网络身份认证与权限管理机制，保障网络信息安全并畅通服务渠道，实现"办事多渠道的一次认证、多点互联、无缝切换"[①]；其次，借助统一身份认证体系，通过整合民生服务领域的网上服务资源，构建便民服务"一张网"，提升办事效率与服务渠道的便捷性；再次，应用大数据技术创新网络服务模式，以科学分析公众政务服务需求，整合统筹公众行为数据、电子证照库、数据共享交换平台数据库等资源，利用大数据等信息技术的数据智能处理优势，结合先进的计算思维与数学模型，实现对公众需求的精准分析，及时回应公众服务需求，变政府服务被动按需提供为主动精准推送，提高政府在公共服务供给中对需求变化的适应性和灵活性。

由上所述，各级政府推进"互联网＋政务服务"开展信息惠民为社会公众能够共享信息化成果提供了有力的政策保障，使人们坚信以往对政府电子公共服务的梦想有望变成现实，这为相关理论研究提供了更多的设想空间。

4. 推进公共服务多元主体合作供给为政府治理能力提升提供助力

国家对加强创新社会管理、改进政府提供公共服务方式的改革有目共睹，2013年至2017年，陆续出台了《国务院办公厅政府向社会力量购买服务的指导意见（国办发〔2013〕96号）》《国务院办公厅转发文化部等部门关于做好政府向社会力量购买公共文化服务工作意见的通知（国办发〔2015〕37号）》《国务院办公厅转发财政部发展改革委人民银行关于在公共服务领域推广政府和社会资本合作模式的指导意见（国办发〔2015〕42号）》《国务院关于鼓励社会力量兴办教育促进民办教育健康发展的若干意见（国发〔2016〕81号）》《国务院办公厅关于进一步激发社会领域投资活力的意见（国办发〔2017〕21号）》等一系列政策，规范政府购买服务的购买主体与承接主体，细化购买内容，规定购买服务的不适用条件，推广政府和社会资本合作（Public-Private Partnership，PPP）模式，强调合作的五个基本原则——"依法合规、重诺履约、

①国务院办公厅关于转发国家发展改革委等部门推进"互联网＋政务服务"开展信息惠民试点实施方案的通知（国办发〔2016〕23号）〔Z〕. 2016-04-26.

公开透明、公众受益、积极稳妥"①，国务院还于 2016 年 6 月 21 日发文成立
政府购买服务改革工作领导小组②。这一系列改革举措意在从创新公共服务供
给模式出发，充分发挥社会力量在公共服务领域的作用，加强政府向社会力量
购买服务的力度，构建多维度、多层次、多方式的公共服务供给体系，提供更
为方便快捷、优质高效的公共服务。尤其是《国务院办公厅关于进一步激发社
会领域投资活力的意见（国办发〔2017〕21 号）》重申"在政府切实履行好基
本公共服务职责的同时，把非基本公共服务更多地交给市场"③，并"注重调
动社会力量，降低制度性交易成本，吸引各类投资进入社会领域，更好满足多
层次多样化需求"④，"政府向社会力量购买服务的做法意味着运用多元机制
来补充并优化公共服务的质与量"⑤。

在政府积极创新公共服务供给机制的形势下，伴随新型工业化、信息化、
城镇化、农业现代化的同步发展，"互联网信息技术的潜在优势使得'互联网＋'
与政府公共服务的契合性成为可能"⑥。政策环境的完善、技术优势的发挥以
及政府思维观念的转变，令政府公共服务多元主体供给与公共服务方式的电子
化共同发展、相互促进。一方面，政府电子公共服务为政府公共服务实现覆盖
全程、综合配套、安全高效、便捷实惠提供了可能。线下实体服务与线上虚拟
服务（电子服务）有机结合，使实体服务与互联网产生叠加效应，有助于提高
服务质量、服务效率，扩大服务辐射范围，更好实现服务的包容性，达到惠民
的目标，而且政府电子公共服务网络平台的建设，拉近了电商、物流、商贸、
金融、供销、邮政、快递等各类社会资源的距离，更多的集成的服务资源与信

①国务院办公厅转发财政部发展改革委人民银行关于在公共服务领域推广政府
　和社会资本合作模式指导意见的通知（国办发〔2015〕42号）〔Z〕.2015-
　05-22.
②国务院办公厅关于成立政府购买服务改革工作领导小组的通知（国办发〔2016〕
　48号）〔Z〕.2016-06-21.
③国务院办公厅关于进一步激发社会领域投资活力的意见（国办发〔2017〕21
　号）〔Z〕.2017-03-07.
④国务院办公厅关于进一步激发社会领域投资活力的意见（国办发〔2017〕21
　号）〔Z〕.2017-03-07.
⑤张雅勤.公共性的扩散、阻滞与疏浚——从"购买服务"到"多元合作"的
　演变逻辑〔J〕.江海学刊，2017（1）：114-121.
⑥霍卓莉."互联网＋"视域下政府公共服务创新〔J〕.岭南师范学院学报，
　2017（1）：63-70.

息数据可被分享、运用，降低了协同合作的中间成本，有助于壮大政府公共服务多元供给主体，增加彼此合作的机会。另一方面，政府对社会力量购买服务的政策支持，为具体实施公共服务多元供给提供了制度保障与操作规范，有利于增进合作各方的信任，建立合作各方的良好关系，充分利用现有市场与社会资源，借此政府可以有力提升协同治理以至合作治理能力。

（二）研究目的

基于上述缘由，我们研究政府电子公共服务供给问题，目的主要是通过对政府电子公共服务的理论资源、逻辑基础、现实问题、愿景目标、路径策略等的系统研究，为国家实现政府电子公共服务一体化、智能化供给，促成政府电子公共服务从跨部门、跨层级协同最终走向多组织、多领域合作以及保障政府电子公共服务健康化、有序化发展等提供理论资源和操作指引。

1. 以技术创新为手段，实现政府电子公共服务一体化、智能化供给

国家把"互联网＋"作为经济发展的新引擎，是想通过推动互联网向各行业领域延伸、渗透和深度融合，利用数字化手段优化各行业及组织的运营或运行模式，实现数字化转型，为各行业及组织自身创造增量价值。

国家深入实施创新驱动发展战略，重视产业转型升级与创新发展，将经济的增长动力由传统的资本投入转向技术进步，是因为深刻地认识到了"创新是引领发展的第一动力"[1]，从而围绕技术创新相继出台了《国家中长期科学和技术发展规划纲要》《国务院关于促进云计算创新发展培育信息产业新业态的意见（国发〔2015〕5号）》《国务院关于印发促进大数据发展行动纲要（国发〔2015〕50号）》《工业和信息化部关于印发贯彻落实〈国务院关于积极推进"互联网＋"行动的指导意见〉行动计划（2015—2018年）的通知（工信部信软〔2015〕440号）》《国务院办公厅关于印发国家标准化体系建设发展规划（2016—2020年）的通知（国办发〔2015〕89号）》《国家创新驱动发展战略纲要》《国家信息化发展战略纲要》《国务院关于印发"十三五"国家科技创新规划的通知（国发〔2016〕43号）》等一系列相关政策措施，力图在遵循市场主导、统筹协调、创新驱动、保障安全等原则的基础上，增强原始创新和

---

[1] 李克强. 第十二届全国人民代表大会第四次会议，政府工作报告［R］.2016-03-05.

基础创新能力，提升自主创新能力，加强产学研用合作，建立相关技术标准体系，突破关键核心技术，以整合改造现有电子政务信息系统，深化关键技术开发与应用，增强服务模式创新，实现各领域政务信息系统整体部署、共建共用，以促进互联网与政务服务的协同发展与深度融合，有效改善供给体系，创新优化服务供给组织形式，提供一体化、智能化公共服务供给，这样的发展方向和效用追求是值得肯定的。

　　但是，在公共服务领域，由于政府政务服务在线供给的数量与质量尚难以满足公众日趋多样化、个性化、品质化的服务需求，造成服务"需求外溢"，平台系统全流程一体化、服务推送智能化的在线政务服务尚未成形，区域间发展不平衡、法律规范尚需完善、业务协同能力有待提升等问题仍不可忽视，政务服务渠道尚需畅通，这一系列问题只依靠技术创新是难以解决的。对此，《国务院办公厅关于转发国家发展改革委等部门推进"互联网＋政务服务"开展信息惠民试点实施方案（国办发〔2016〕23号）》提出：要通过建立电子证照库、统一的数据共享交换平台、政务服务信息系统、统一身份认证体系，在电子政务系统改造与优化公共服务流程相结合的基础上，将云计算、大数据、移动互联网等信息技术广泛应用于"互联网＋政务服务"中，提升政务服务的资源配置效率，实现政务资源聚集与整合、数据挖掘与智能处理，拓展服务内容，解决跨部门、跨区域、跨层级的信息融合共享与部门业务协同问题，促进柔性化管理，创新在线政务服务模式，精准分析公众需求，提高政府在公共服务供给中对需求变化的适应性和灵活性，为实现精细化管理、科学化决策、智慧化服务提供解决方案，变群众上门的被动服务为政府推送的主动服务，借助智慧治理"治未病"的预见性治理思维，实现服务的个性化与主动推送，促进公共服务的一体化与智能化供给。这一切政策要求的达成，前提条件是政务部门实行政务服务改革，唯有保证政务服务模式、方法、流程、方案等适应与契合新形势、新环境下的新需求，"互联网＋政务服务"一体化、智能化精准供给才能最终达成。①

　　2. 以公共服务为核心，促成政府电子公共服务跨部门、跨层级协同

---

①杨道玲，王璟璇. 中国电子政务"十三五"面临的机遇与挑战［J］. 电子政务，2015（4）：11-17.

合作

政府网站作为各级政府推进"互联网＋政务服务"的重要平台，在功能实现上呈现出由信息提供向综合服务、平台化服务的发展趋势，网站的实用性、集约化趋势明显。近期国家开展的政府网站抽查中也将网站的可用性、内容更新情况、互动回应情况和服务实用性作为主要评测内容，一定程度上肯定了这一趋势。随着政府网站的管理服务水平的不断提高，自2015年以来，国家陆续出台了多个文件，提出"简化办事环节和手续，优化公共服务流程，全面公开公共服务事项，实现办事全过程公开透明、可追溯、可核查"[①]等要求，并开始推动全面公开公共服务事项目录和办事指南，推动服务方式创新，实现网上办事大厅、实体政务大厅、移动客户端、自助终端等线上线下服务渠道多元发展，在以公共服务为核心推动服务平台功能的整合以及业务流程的一体化方面取得了一系列实践成果，这些举措和探索都是值得肯定的。"互联网＋政务服务"旨在实现互联网与政务服务的深度融合，为此，它需要政府进行理念、工具、环境、人员、制度等多项要素的创新改革，以促进自身的健康、有序发展。在"互联网＋政务服务"中，"技术"只是突破部门行政壁垒、让信息联通的手段，而"服务"，确切地说，是为服务对象提供优质、高效、便捷的公共服务，最大程度地利企便民，才是"信息惠民"的最终目的与依归。我国政务信息化建设上仍然存在业务协同能力有待提升的问题，要通过简化办事环节和手续，优化公共服务流程，彻底实现跨部门、跨层级协同合作仍有很长的路要走，"互联网＋政务服务"不仅是技术与物理层面的对接与关联，更是理念、体制、管理层次上的更新与变革。

3. 以信息安全为支撑，保障政府电子公共服务健康化、有序化发展

《国家信息化发展战略纲要》将网络安全和信息化的关系形象地诠释为"一体之两翼、驱动之双轮"，同时阐明"以安全保发展，以发展促安全"的基本方针。对政务部门来说，保障"互联网＋政务服务"信息安全的关键任务是强化安全管理与加强数据隐私保护。这种形势下，政务部门面临的安全形势是：首先，物联网、智慧城市、云计算、大数据、移动互联网、空间地理信息

---

①国务院办公厅关于转发国家发展改革委等部门推进"互联网＋政务服务"开展信息惠民试点实施方案的通知（国办发〔2016〕23号）〔Z〕. 2016-04-26.

集成等新一代信息技术和载体的发展成熟，为"互联网＋政务服务"提供了新工具和新载体，使其能提供更加高效、广泛、便捷的服务的同时，也令政务信息安全呈现出"隐蔽关联性、集群风险性、泛在模糊性、跨域渗透性、交叉复杂性、总体综合性"[①]的新特征，而信息安全管理复杂性的加剧，带来了信息服务提供中的各类安全风险。其次，据中国互联网络信息中心（CNNIC[②]）2020年4月28日发布的《第45次中国互联网络发展状况统计报告》的统计数据，截止到2020年3月15日，我国网民规模为9.04亿，互联网普及率达64.5%，手机网民规模达8.97亿，网民使用手机上网的比例达99.3%，农村网民规模为2.55亿，占网民整体的28.2%，城镇网民规模为6.49亿，占网民整体的71.8%，在线政务服务用户规模达6.94亿，占网民整体的76.8%。[③]如此众多的网民以及通过互联网接入政务服务的城镇和农村网民用户，他们的言行不仅会对作为信息社会的基础设施——网络施加作用，亦会对国家政治、经济、文化、社会等各领域产生影响，使得互联网在为公众提供数据高效传输和便捷运用等机遇的同时，也对政务服务的环境、设施、系统和数据的安全带来挑战，尤其是通过"互联网＋政务服务"的线上操作处理涉及公众个人隐私、企业商业机密、国家安全等领域的敏感数据时更是如此。而如果政府不能掌控9亿多网民的身份和行踪，国家不能对互联网上的信息安全环境加以适当的保护，将无法保障"互联网＋政务服务"的健康有序和可持续发展。此外，组织机密信息和个人隐私信息的泄露，以及网络犯罪、金融诈骗等社会问题的增多，还在一定程度上加大了政务服务改革创新的难度。

各级政府推进"互联网＋政务服务"开展信息惠民的根本出路在于实行政务服务改革。面对如此复杂、严峻的安全形势，势必要求政务部门在做到保障政务信息的安全性的同时，强调建立有效的在线身份认证机制，防范网上身份窃取行为，抵御网络攻击，提高网络事件响应能力，增强关键基础设施安全性和恢复能力，推动政府部门间信息技术和网络安全共享服务的可用性。为此，

---

①王世伟.论信息安全、网络安全、网络空间安全［J］.中国图书馆学报，2015（2）：72-84.

②CNNIC：China Internet Network Information Center.

③中国互联网络信息中心.第45次中国互联网络发展状况统计报告［R/OL］.http://www.cnnic.net.cn/hlwfzyj/hlwxzbg/hlwtjbg/202004/P020200428596599037028.pdf.

我们研究的目的，主要是通过对政府电子公共服务的逻辑基础、现实问题、愿景目标、路径策略等方面的系统研究，为实现更方便、更快捷的政府电子公共服务提供理论资源和操作指引。

二、国内外研究现状

（一）公共服务的相关研究成果

1. 关于公共服务的概念

（1）关于公共服务的内涵

陈振明（2011）曾做过系统梳理，把学者们的观点归纳为从物品、利益、主体、价值、内容和职能出发的多角度解释法[1]。物品解释法以保罗·安东尼·萨缪尔森（Paul Anthony Samuelson，1954）的公共物品理论为出发点，依据公共物品的非竞争性和非排他性来界定公共服务，将公共服务具体化[2]，如有学者将其限定为针对"纯粹公共物品、混合性公共物品以及特殊私人物品的生产和供给"[3]，此种解释法依据物品属性界定公共服务，因此所阐述的公共服务的特点也被物品特性所限制；利益解释法打破了物品属性对公共服务的限制，从公共利益出发判断并界定私人物品与公共物品，视公共利益为判定公共服务的内在依据；主体解释法强调公共行政官员的"公共服务"角色，即"帮助公民明确表达并满足其共同利益诉求，而非试图控制或掌握社会新的发展方向"[4]，根据此种解释法，公共服务被界定为"政府通过公共财政生产社会所需，运用公共权力维护社会秩序和公共利益的过程"[5]；价值解释法强调公共服务是对社会公共需要的回应与满足，是"政府为满足社会公共需要而提供

①陈振明. 公共服务导论［M］. 北京：北京大学出版社，2011：11.
②SAMUELSON P A. The pure theory of public expenditure［J］. The review of economics and statistics，1954，36（4）：387–389.
③马庆钰. 公共服务的几个基本理论问题［J］. 中共中央党校学报，2005（1）：58–64.
④珍妮特·V. 登哈特，罗伯特·B. 登哈特. 新公共服务：服务，而不是掌舵［M］. 丁煌，译. 北京：中国人民大学出版社，2004：31.
⑤陈振明. 公共服务导论［M］. 北京：北京大学出版社，2011：12.

的产品与服务总称"①，是为实现社会福利最大化而提供的产品和服务；内容解释法（或结构解释法）认为公共服务是使用了公共权力或公共资源的社会生产过程，具体涵盖宏观、中观、微观三个层面的含义，即宏观上指服务型国家，中观上指服务型政府，微观上则指政府的一项基本职能②；职能解释法有狭义、相对广义和广义三种理解，即或仅等同于政府公共服务职能，或将之视为政府从事的所有公共性活动，涉及宏观调控、公共服务、市场监督、社会管理和环境保护五项基本职能，或认为政府的管制、管理、服务三项复合职能均可视为提供公共服务，如戴维·H.罗森布鲁姆、罗伯特·S.克拉夫丘克、德博拉·戈德曼·罗森布鲁姆（David H. Rosenbloom & Robert S. Kravchuk & Deborah Goldman Rosenbloom，2002）认为"管制行动在增进公共利益的同时，同样提供服务"③。

（2）关于公共服务的内容范围

公共服务的内容划分通常根据其划分标准不同而内容各异，常见的分类角度涉及公共物品属性、公众需求层次、政府职能、专业知识属性等多个视角。从公共物品属性角度，马庆钰（2005）认为，"公共服务范围包括纯粹公共物品、混合性公共物品，以及带有生产的弱竞争性和消费的弱选择性的私人物品的生产和供给"④。从公众需求层次角度，娄光锋、曹冬英（2015）认为，根据公共服务的紧迫性或供给水平高低，可将公共服务划分为满足公民最基本水平需求的基本公共服务和满足较高水平需求的非基本公共服务⑤。从政府职能角度，李军鹏（2003）认为，政府公共服务主要包括维持性公共服务、经济建设服务及社会服务三类⑥。从专业知识属性角度，余世喜（2007）将"公共设

---

① 李军鹏.公共服务型政府建设指南［M］.北京：中央党史出版社，2006：19.
② 赵黎青.什么是公共服务［J］.中国人才，2004（12）：37.
③ 戴维·H.罗森布鲁姆，罗伯特·S.克拉夫丘克，德博拉·戈德曼·罗森布鲁姆.公共行政学：管理、政治和法律的途径（第5版）［M］.张成福，等，校译.北京：中国人民大学出版社，2002：16.
④ 马庆钰.公共服务的几个基本理论问题［J］.中共中央党校学报，2005（1）：58-64.
⑤ 娄兆锋，曹冬英.公共服务导向中基本公共服务与非基本公共服务之研究［J］.中国行政管理，2015（3）：102-106.
⑥ 李军鹏.论中国政府公共服务职能［J］.国家行政学院学报，2003（4）：29-31.

施、公共卫生、公共交通、公共通讯、公共咨询、公共信息、公共教育"①等政府兴办及监督的事业均列为政府公共服务的范围；陈振明（2011）将公共服务分为公共教育、公共安全、医疗卫生、社会保障、基础设施、公共交通、环境保护、公共信息、文体休闲及科学技术等十类②；叶响裙（2014）将公共服务的内容范围归纳为"基础教育、基本医疗卫生、就业服务、社会保障、基础科技和公共文化、公共安全、环境保护、基础设施等"③方面。

（3）关于公共服务的特点

公共服务的特点属性一方面来源于公共物品自身内在固有属性，另一方面存在外界或追求公共利益赋予它的价值属性。就物品属性来说，理查德·A.马斯格雷夫（Richard A. Musgrave，1969）认为，"受益的非排他性"与"消费的非竞争性"是界定公共物品的两大标准④。奥斯特罗姆夫妇（Vincent Ostrom & Elinor Ostrom，1977）对公共物品的属性描述更为细化，涉及非排他性、共同消费、难以直接衡量以及选择程度有限等属性⑤。E.S.萨瓦斯（E.S.Savas，2002）认为"排他性和消费特性是对物品和服务进行分类的两个重要参照因素"⑥。他根据物品与服务的排他难易程度以及消费的共同性，确立了拥有排他和个人消费特征的个人物品、排他和共同消费特征的共同消费、非排他和个人消费特征的共用资源、非排他和共同消费特征的集体物品这四种理想类型物品，认为公共物品理论正是通过对社会物品的排他和消费属性强弱程度的判断，将纯公共物品、准公共物品、混合物品和私人物品加以区分。约翰·D.多

①余世喜.公共服务型政府的内涵及其基础分析［J］.暨南学报（哲学社会科学版），2007（3）：1-5.

②陈振明.公共服务导论［M］.北京：北京大学出版社，2011：67-68.

③叶响裙.公共服务多元主体供给：理论与实践［M］.北京：社会科学文献出版社，2014：57.

④MUSGRAVE, RA. Provision for Social Goods［A］. Public economics : an analysis of public production and consumption and their relations to the private sectors: Proceedings of a conference held by the International Economic Association［C］.London: McMillan, 1969：124-144.

⑤Ostrom V, Ostrom E. Public Goods and Public Choices［A］. E.S. Savas （ed.）. Alternatives for Delivering Public Services: Toward Improved Performance（1st Edition）［C］. Boulder, CO: Westview Press, 1977：7-49.

⑥E.S.萨瓦斯.民营化与公私部门的伙伴关系［M］.周志忍，等，译.北京：中国人民大学出版社，2002：63.

纳休、理查德·J.泽克豪泽（John D.Donahue& Richard J. Zeckhauser，2015）则将公共物品的两个决定性特征总结为"某人从公共物品获益并不会使得其他人的获益减少，并且不可能限制仅让那些进行了支付的人获得"[①]。从价值属性来看，谢星全（2017）在探讨基本公共服务质量的层次性问题时，提出"公共利益是基本公共服务的宏观质量"[②]，他将公共利益界定为充足性、均衡性、可及性、普惠性四个维度，分别强调基本公共服务数量是否充足、分配过程是否均衡、使用是否便捷、是否可以被全体居民大致均等地享受。此外，叶响裙（2014）在总结公共服务基本特征时，除认同公共服务的普惠性特征之外，还强调公共服务具有公平性与动态性特征，即"让所有服务对象都公平便捷地享受公共服务"[③]且"公共服务随着社会发展水平的变化而具有阶段性特征，呈现不断扩展和提高的趋势"[④]。其中，对于动态性的理解，部分学者从非基本公共服务向基本公共服务转化的角度进行解读，如娄兆锋与曹冬英（2015）认为"当基本公共服务中的某些问题得到解决之后，非基本公共服务致力于解决的某些问题会转入基本公共服务的领域"[⑤]，部分学者则从技术革新引发公共服务特点变化的角度解释，如刘渊（2016）认为"互联网＋公共服务"市场具有末端主体多元化、市场竞争平台化、线上交易自由化的特征[⑥]。

　　此外，部分学者未对公共服务的共性特点进行重点描述，而是侧重区别不同公共服务类型的个性特征，如娄兆锋与曹冬英（2015）从问题紧迫性程度、覆盖面广度、供给水平高低、政府关注度高低、公共物品属性差异几个方面区别基本公共服务与非基本公共服务特征，二者除均具有动态性特征之外，前者

①约翰·D.多纳休，理查德·J.泽克豪泽. 合作：激变时代的合作治理［M］.徐维，译. 北京：中国政法大学出版社，2015：33.

②谢星全. 基本公共服务质量：一个系统的概念与分析框架［J］. 中国行政管理，2017（3）：68-72.

③叶响裙. 公共服务多元主体供给：理论与实践［M］. 北京：社会科学文献出版社，2014：57.

④叶响裙. 公共服务多元主体供给：理论与实践［M］. 北京：社会科学文献出版社，2014：57.

⑤娄兆锋，曹冬英. 公共服务导向中基本公共服务与非基本公共服务之研究［J］. 中国行政管理，2015（3）：102-106.

⑥刘渊. 推动"互联网＋公共服务"更好发展——以网络约租车市场治理为突破口［EB］. http://news.gmw.cn/2016-04/21/content_19790253.html.

针对紧迫问题、覆盖面广、供给水平相对较低、政府关注度高、具有公共物品的非竞争性和非排他性，而后者与其相对，针对非紧迫性问题、覆盖面较窄、供给水平相对较低、政府关注度较低、具有一定程度的竞争性与排他性[①]。

2. 关于公共服务供给的认知

（1）关于公共服务供给的作用意义

部分学者从缓解突出的社会问题、健全公共服务供给体制机制、促进公众参与公共服务管理与监督、提高公共资源整体配置效率、提高政府管理能力与国际竞争力方面认知公共服务供给的作用意义；部分学者认为公共服务合作供给使得公共性跨越了公共领域的界限，出现公共性扩散，政府被拉回到社会中间，引发社会治理结构变化[②]。

（2）关于公共服务供给的载体

罗震东等（2011）认为，基本公共服务设施是基本公共服务的载体，基本公共服务设施按服务领域可涉及教育设施、医疗卫生设施、文化体育设施、社会福利设施和生活性基础设施五类[③]。随着信息技术发展，特别是移动互联网的发展，政务微博、政务微信、手机客户端等新服务渠道陆续加入公共服务平台队列，使得移动端成为在线政务服务主要发展方向，在线政务新媒体涉及政务微博、微信公众号和政务客户端[④]。李传军、马凯（2014）就解决信息弱势群体问题的对策建议提出扩展多元化公共服务渠道，使所有人群享受电子公共服务的红利，其中多元化的公共服务渠道涉及线下人工服务、移动电话、网络、政府呼叫中心、广播、电视、固话、电子显示屏、街头信息亭、流动信息服务站[⑤]。

（3）关于公共服务供给的模式

传统的公共服务基本供给模式，根据组织类型划分为政府供给、市场供

① 娄兆锋，曹冬英. 公共服务导向中基本公共服务与非基本公共服务之研究［J］. 中国行政管理，2015（3）：102-106.
② 张康之，向玉琼. 领域分离与融合中的公共服务供给［J］. 江海学刊，2012（6）：99-106.
③ 罗震东，韦江绿，张京祥. 城乡基本公共服务设施均等化发展的界定、特征与途径［J］. 现代城市研究，2011（7）：6-13.
④ 中国互联网络信息中心. 第40次中国互联网络发展状况统计报告［R/OL］. http://cnnic.cn/hlwfzyj/hlwxzbg/hlwtjbg/201708/P020170807351923262153.pdf.
⑤ 李传军，马凯. 电子公共服务中的信息弱势群体问题研究［J］. 电子政务，2014（12）：53-60.

给、志愿供给三大类，其供给制度安排分别为"政府供给是以强制求公益……
市场供给是以自愿求私益……志愿供给是以自愿求公益"①，并具有各自的运
行特征及局限性，彼此之间通常作为相互替代的解决方案，但依赖任何一种单
一供给模式都无法实现公共服务的充分与有效供给，易出现"政府失灵""市
场失灵"与"志愿失灵"。而公共服务多元主体供给或公共服务合作供给作为
复合型的公共服务供给模式、制度安排，基于公共服务的生产与供给（或安
排）可适度分离的理论表述，呈现为政府与私营部门或社会组织分工协作共同
供给公共服务的图景，其同时发挥市场、政府和社会组织的优势，具有"价值
多元性、主体多样性与权责共担性"②的供给特征，有助于打破政府在公共服
务领域的垄断地位，通过引入竞争机制为公共服务供给提供创新动力，并通过
整合来自政府、市场、社会的资源，大幅提高公共服务的质量、效率和水平，
更好地回应社会需求。

　　在公共服务多元主体供给制度安排下，实现中的具体表现形式多样，如
萨瓦斯较为细致地将公共服务供给的制度安排归为政府服务、政府出售、政府
间协议、合同承包、特许经营、政府补助、凭单制、自由市场、志愿服务、自
我服务等10种形式，在各类型中，政府、私营部门、社会组织、消费者、志愿
者消费者团体分别独立或联合承担着不同的角色功能，打破了传统公共服务模
式下政府一方作为安排者、生产者和成本支付方的完全垄断方式③。奥斯特罗
姆夫妇则将政府获取所需公益物品的途径总结为：经营自己的生产单位；与私
人公司签约；确立服务的标准；向家庭签发凭单；与另外一个政府单位签约；
政府直接生产或购买④。美国蒙大拿州信息技术服务部、行政部（2006）认
为，电子政府服务存在自资合同（self-funded contract）、国家资助（the state's
funding）、国家资助与交易费用相结合（a combination of state and convenience

①叶响裙. 公共服务多元主体供给：理论与实践［M］. 北京：社会科学文献出
　版社，2014：47.
②叶响裙. 公共服务多元主体供给：理论与实践［M］. 北京：社会科学文献出
　版社，2014：50.
③E.S.萨瓦斯. 民营化与公私部门的伙伴关系［M］. 周志忍，等，译. 中国人民
　大学出版社，2002：69.
④叶响裙. 公共服务多元主体供给：理论与实践［M］. 社会科学文献出版社，
　2014：53-54.

fee funded）三种供给模式①。其中，自资合同模式，即服务收入来源由服务交易费用提供，即政府不直接提供电子服务，由国家与承包商签署自资电子政府服务合同，政府不直接向承包商支付服务费用，不需为电子服务的开发和维护提供前期资金，相反，由承包商自筹资金建设，并通过向服务用户收取电子服务费获取交易费用，实现电子服务创收；国家资助，由国家直接向承包商支付所提供的服务②。而改革开放以来，我国公共服务供给呈现出供给主体和服务方式逐步多样化，初步形成了政府主导、社会参与、公办民办并举的公共服务供给模式③。

（4）关于公共服务供给的障碍因素

陈振明（2011）认为，我国公共服务供给的障碍因素主要集中于缺乏合适的生产机制和制度安排、缺乏均衡的分配和输送途径两个方面，前者导致公共服务资金投入与产出总量的不对称、低效率，不能满足社会需求、资源浪费等问题，后者造成弱势群体和偏远地区公共服务贫乏④。张雅勤（2017）认为，公共服务供给主体的社会化过程实际是将公共权力赋予社会，在此过程中，公共性本应向社会扩散却产生了公共性阻滞的情况，究其原因，是由于承接公共服务的社会力量，特别是私营部门，其追逐私利的本性，而疏浚阻滞的方法是将公共服务供给主体间的"经济契约"关系革新为各公共服务供给主体间的"多元合作"⑤。相较于张雅勤的理论剖析，威廉·A.科恩（William A. Cohn, 2011）则是通过对安全和监狱（包括少年和移民拘留所）的私有化、暑期赴美带薪实习及文化交流项目等个案的研究，揭示政府公共功能私人化造成的不良影响：移民打击私有化造成外包移民执法也存在着虐待、拘禁等不当行为；留

①Information Technology Services Division and Department of Administration of the Montana State. Examination of the Delivery of E - Government Services［R］. 2006.

②Information Technology Services Division and Department of Administration of the Montana State. Examination of the Delivery of E - Government Services ［R］.2006.

③国务院办公厅关于政府向社会力量购买服务的指导意见（国办发〔2013〕96号）［Z］.2013-09-26.

④陈振明.公共服务导论［M］.北京：北京大学出版社，2011：1-2.

⑤张雅勤.公共性的扩散、阻滞与疏浚——从"购买服务"到"多元合作"的演变逻辑［J］.江海学刊，2017（1）：114-121.

学生增长见识的国际交流活动却成为"血汗工厂"廉价劳动力的获取渠道，学生的健康与人身安全无法得到保障。他认为，政府服务向私营部门转移、公共功能外包给私营部门、国家职能私有化的"合作主义的神话"，已衍生出以牺牲公共利益为代价的不当行为与危害，监督私有化易滋生腐败，在私利驱动下令信任被滥用、公正被歪曲[1]等问题。

此外，在PPP（政府和社会资本合作）实践中，陈志敏、张明等（2015）提出，中国PPP发展的瓶颈与障碍集中在PPP项目吸引力与可获得性不足、政府重融资轻管理、体制机制不健全造成的交易成本较高等方面[2]。

（5）关于公共服务供给的策略

林庆（2016）从"制度体系建设、服务理念转变、信息资源整合"[3]三方面入手解决"互联网＋"时代政府电子公共服务供给的现存问题。陈奇星和胡德平（2011）认为，通过创新政府公共服务方式策略，实施流程再造、构建电子政府、引入竞争机制、建立志愿机制等策略达成，实现公共服务的一站式、电子化、市场化和社会化全方位供给[4]。而在李传军、马凯（2014）针对因年老、受教育程度低、贫困等原因无法使用或拥有信息化设备的"信息弱势群体"获取公共服务困难的问题，提出政府可通过拓展"多元化的公共服务渠道、建设信息化社区、采用公私合作的电子公共服务供给模式等"[5]措施，使信息弱势群体也能享受到政府电子公共服务的便利。李德（2015）认为，应积极促进公共服务供给与群众需求的耦合，追求二者的无缝衔接，实现精准服务，以满足公众日益增长的多元化、个性化的公共服务需求，为此政府应分别从建构有效的公共服务决策机制、引入公共服务第三方评估机制、搭建公益互

---

[1] COHN W A.Outsourced Civics: Robbery, Rupture and Repair [J]. The New Presence: The Prague Journal of Central European Affairs, 2011（4）：66-78.

[2] 陈志敏，张明，司丹.中国的PPP实践：发展、模式、困境与出路 [J]. 国际经济评论，2015（4）：68-84+5.

[3] 林庆."互联网＋"时代政府电子公共服务供给面临的问题及对策 [J]. 机构与行政，2016（6）：13-17.

[4] 陈奇星，胡德平.政府公共服务方式的多元化选择：趋势与策略 [J]. 上海行政学院学报，2011（3）：31-39.

[5] 李传军，马凯.电子公共服务中的信息弱势群体问题研究 [J]. 电子政务，2014（12）：53-60.

助平台实现"微服务"入手提供解决对策[1]。

3. 关于公共服务的研究模型和发展趋势

（1）关于公共服务的研究模型

玛丽亚·兰布鲁（Maria A. Lambrou，2003）提出"一站式"公共服务获取模型，以用户如何有效获取公共服务为视角探讨了电子公共服务系统的体系结构问题[2]；孟春、陈昌盛等（2004）的公共服务基本分析框架涉及"公共服务的范围、公共服务的提供、公共服务的运行机制与公共服务制度激励"[3]四个层次。

（2）关于公共服务实践的发展趋势

淮建军、刘新梅（2007）将其总结归纳为四种侧重点转移，即从重视政府、重视提供者、重视公共管理、重视单向服务到重视非政府组织、重视消费者、重视公共服务、重视服务体系[4]。我们对既有文献作进一步研究发现，截至中国启动"互联网＋"行动计划阶段，从提供方式、途径的变化上来看，公共服务供给的实践发展已经初步显现或必将显现这样的走向或趋势：从传统化公共服务到电子化、网络化公共服务，从以互联网为工具提供电子公共服务到"互联网＋公共服务"，从被动按需提供电子公共服务到主动精准推送电子公共服务[5]。这为我们设计政府电子公共服务的逻辑和实践模型提供了足够的想象空间，也为本书前瞻性预测政府电子公共服务走向并最后提出可行、有效的行动策略提供了有利的环境条件。

---

①李德. 公共服务供给应注重"耦合度"［N］. 人民日报，2015-12-22（005）.

②LAMBROU, MA.Advancing the one-stop shop e-government paradigm［A］. Proceedings of theIEEE International Engineering Management Conferenceon Managing Technologically Driven Organizations: The Human Side of Innovation and Change［C］. IEEE, 2003：489-493.

③孟春，陈昌盛，王婉飞. 在结构性改革中优化公共服务［J］. 国家行政学院学报，2004（4）：21-25.

④淮建军，刘新梅. 公共服务研究：文献综述［J］. 中国行政管理，2007（7）：96-99.

⑤于跃. "问题导向，创新服务"该如何破解［J］. 电子政务，2016（8）：14-16.

（二）电子公共服务的相关研究成果

1. 关于电子公共服务的平台及其功能建设

杨冰之（2011）认为，"智能化公共服务平台"建设要拓展智能化公共服务体系，突出智慧政府惠民功能，本着"整合、重构、协同、便捷"的原则，充分利用新技术和新形态，提高智能化程度，丰富网站的功能体系和表现形态；强化网站价值体系，集成和创新公共服务；整合各类影响系统和上下游资源，构建平台化。[6]郑爱军（2012）认为，电子公共服务平台是充分利用先进的信息技术，同时注重服务外部性、服务对象精确化、服务方式有效性、服务形态多样性，具有综合性、集成性、基础性和总体化的特征的平台。它的主要特征是：以用户为中心，以服务为导向，以信息公开为基础，以在线办事和互动交流为主要业务特征，提供大量的创新性公共服务，强调易用性。电子公共服务平台的具体表现形式主要有问答式、自助式、提醒式、跟踪式和模拟式等五种，能够支持各类政务应用，使信息共享水平明显提高，网上跨部门协同办公全面实施，政府部门间整合度高、协作性强；基本实现信息公开媒体化、网上办事流程化、互动交流即时化、平台改造一体化，网上办事和互动交流的替代率、解决率明显提高，政府门户网站服务事项能够在线一办到底；公民和企业能够随时随地参与到所有政府机构的事务中，与政府进行互动，提出建议[7]。

电子公共服务平台的主要功能包括政府信息发布、公众意见收集、公共事务处理等电子公共服务内容，具体包括：面向公众的服务；面向企业的服务；面向社会提供的一般应用服务及信息发布。平台开发设计的理念和原则主要是：坚持以公众为中心提供服务；针对中国的实际情况，充分利用电话、传真、短信、信件、网络等多种手段，充分发掘政府内部信息资源的潜能，充分提供公众所需的数据和信息，及时有效地处理公共服务中的各种问题，建立适合国情、省情、市情、县情、区情的公共服务系统；建立完善的信息发布管理机制；联机提供服务的同时要加强其他服务手段；建立坚固、稳定、管理功能强大的电子公共服务平台。

---

[6]杨冰之. 智慧门户——智能化公共服务平台内涵与构建 [EB]. http: //www. henan. gov.cn/zwgk/system/2011/12/15/010281956.html.

[7]郑爱军. 政府网站新目标——智能化公共服务平台 [EB]. http: //www. echinagov. com/gov/zxzx/2012/1/5/150109.html.

2. 关于电子公共服务的实现路径和做法

遵循不同的建设理念，各国政府采取了各具特色的电子公共服务发展道路。

美国实现了层次分明的门户整合，从联邦、州到市县各级政府网站的服务内容各不相同，分工明确。美国联邦政府门户网站的设计体现了以"以公众为中心"的价值理念，它分别按服务项目和用户群体进行服务类别划分，使得不同需求、所属不同群体的公众可以更加直接、快速地寻找到所需的服务，通过最多点击三次鼠标就可以实现。同时，美国联邦政府门户网站还设计出符合不同类别群体用户不同需求的不同类型的门户网站，以满足公众的个性化需求。在综合考虑公众的一般需求与公众个性化需求的基础上，美国联邦政府门户网站通过业务集中与网上支付系统的配套使用，实现了"单一窗口、一站式、24小时、自助式"的服务，改进了美国政府电子公共服务的能力。

加拿大政府服务平台"服务加拿大"（Service Canada）是加拿大政府面向社会各界提供全方位卓越服务的基本载体。它通过加强联邦、省、市各级政府的纵向合作及联邦政府各部门间的横向合作，整合联邦政府各部门及各级地方政府的服务，构建起较为完善的三维立体的政府电子公共服务网络，"推动教育、就业、医疗和社会保险等领域服务的全面电子化"[1]，使无论是年轻人、年长者、土著居民、残障人士或是来自农村、偏远地区的用户都可以采用互联网、电话、面对面或信函等多种渠道获得各自所需的公共服务。通过"服务加拿大"，加拿大民众可以获得更快捷、更容易和更方便的服务。

澳大利亚强调政府主导、服务至上，通过整合各级政府和政府部门之间的网上服务，促进信息跨组织跨部门流动共享，并采取一系列反"数字鸿沟"行动，推动面向全体澳大利亚公民的一站式服务的提供。

新加坡政府基于"一站式服务"理念，通过建立电子公民中心，将政府的公共服务与公民的人生各个阶段联系到一起，实现从摇篮到坟墓的服务。[2]

丹麦政府门户网站"公民"（Borger.dk）是具有代表性的"从民众使用角度提供服务"的政府电子公共服务门户网站。在经历了从行政办公与民众互联

---

[1] 加拿大电子政府发展规划与电子政府发展解析［EB］. http: //www.e-gov. org.cn/news/news004/2011-10-23/123785.html.

[2] 赵雪峰. 国外推进电子政务公共服务的经验与启示［J］. 科技致富向导，2010（33）：203+209.

的基础平台到升级成为具有更高级服务的自定义功能之后，"公民"网站可以根据用户需求自由设置的不同主题，为公众提供了更为便捷而具有个性化的公共服务。[①]

　　欧盟非常重视政府门户网站的建设和管理，其政府门户网站具有功能强大、可用性强、简洁实用的特点，注重提供互动服务，特别是向公众提供定制信息、自动化和个性化服务。例如，通过对以前的应用数据记录或由行政部门维护的数据库里进行检索，可以向公众提供已预选填好的个性化表格；利用个性化文件清单，通过网站向用户显示与之相关的文件；通过电子银行申请或类似的电子支付程序，使用户可以实现在线缴纳相关费用；利用私人空间或功能性邮箱或电子文件库，用户可以实时监测其提出的事项申请的进展，知晓事项办理的进展。

　　国外政府门户网站及其政府服务平台的经验为中国电子公共服务建设提供了重要的借鉴，即如何"以公众为中心"传递政府公共服务，如何通过"按需设计"深化对用户需求的理解和认识，向公众提供所需的服务。中国建设电子公共服务平台的可选路径和做法是：坚持"以用户为中心的建站理念""以互动新媒体为特征的应用理念"[②]，本着"整合、重构、协同、便捷"的原则，突出惠民功能，来建设电子公共服务体系。"整合"是要按照"资源集约、信息集中、业务集成"的思路，对子网站、业务应用系统和民生应用系统进行深度整合，建立整合一体、上下互动、左右协同的网站业务系统和集综合型、多用途、集成化、智能化和高绩效的公共服务网络平台，实现基础设施集约化、资源整合化、流程一体化，降低综合成本，提高综合效益；"重构"是要对政府体制机制进行调整，推进基本公共服务均等化，重新构建政府决策系统和重点部门的专业应用系统，强化民生应用体系建设，提高公共服务能力和服务水平；"协同"是要以信息公开推动信息共享，以业务流程优化促进工作协同；优化政府协同业务体系，以"前台"建设带动"后台"建设，以"后台"支撑带动"前台"应用，以外促内、自我完善，实现后台的"一站式""一线

---

①丹麦电子政府成功的三大原因［EB］. http：//www.jsdpc.gov.cn/pub/jsdpc/dzzw/gwjj/201111/t20111101_237386.html.

②郑爱军. 政府网站新目标——智能化公共服务平台［EB］.http：//www. echinagov. com/gov/zxzx/2012/1/5/150109. html.

式""一门式"联动;"便捷"是要加快建立个性化、精细化等各种终端服务功能,如手机网站、我的门户等,实现公民和企业足不出户享用自助服务、个性服务、问答式服务等便捷的智能化服务,用户成本明显降低。政府建设"以人为本、协同高效、服务创新、先进智能、体现品牌"的智能化公共服务平台,要突出以用户为中心、提供大量的公共服务、构建全天候、人性化的智能政府特征,逐步进入"抓品牌、抓绩效、抓创新,以智能门户为主要特征"的发展阶段,实现提升平台化应用能力,加快智能门户平台、统一服务平台、智能交换平台、政府决策平台、智能内容管理和虚拟政府建设的目标,朝向智能化公共服务平台和跨部门协作的内外网安全智能信息交换方向发展。

以深圳市为例,为保证电子公共服务平台的安全,深圳市政府加强了有关法规、标准、管理的建设,专门颁布了《深圳市电子公共服务数字证书使用管理暂行办法》。市科工贸信委印发了《深圳市电子公共服务数字证书使用总体方案》《深圳市电子公共服务数字证书使用技术规范》《深圳市电子公共服务数字证书使用服务规范》等一系列文件,规范政府各部门电子公共服务数字证书的建设、运行、服务和管理。为帮助社会公众更好地了解和使用电子政务提供的公共服务,提高政府社会公共服务水平,深圳市科工贸信委组织编制了《深圳市电子公共服务指引》,并将其向市、区行政服务大厅,街道和社区工作站等公共服务场所投放。为便于查阅,该服务指引按照个人和企业全生命周期对服务事项进行分类,并根据不同对象分为企业篇和市民篇,提供了市民和企业可通过网上办理的各类常用服务的指引,使社会公众能够方便快捷地查询政府部门及部分公共服务机构提供的网上服务内容[①]。

(三)政府电子公共服务的相关研究成果

1. 关于政府电子公共服务的相关概念

与政府电子公共服务相关的概念,在术语使用、概念界定上各有不同,相似相近说法较多,没有统一表述,其中一个原因是对英文术语的翻译差异,比如,电子政务服务、政府电子服务、政府公共服务电子化、(政府)电子化公共服务、公共服务电子化,以及相关的"在线服务""一站式服务""互联网+

①范京蓉. 深化电子政务应用 提高公共服务水平[EB]. http://news.china.com.cn/rollnews/2011-11/02/content_10943859.html.

政务服务"等，其中一个原因是对英文术语的翻译差异，如对e-government service一词的翻译。一些常见的提法如下：

（1）电子政务服务/电子政府服务（e-government service）。芭芭拉·安·艾伦、吕克·朱莱特等（Barbara Ann Allen& Luc Juillet, etal., 2001）从政府服务角度认为："电子政务即敏捷政务，是一种能更好地利用信息、通讯和社会技术用以强化公众服务的政务模式。"[①]胡广伟（2010）认为，电子政务服务是"政府应用信息技术提供公共服务的一种方式，是区别于传统公共服务的全新方式"[②]，其认为电子政务服务是电子政务的一部分，仅涉及公共服务这一政府行政范畴与职能，因此其涉及的业务模式严格上仅包括政府面向企业（G2B）、政府面向公众（G2C）两种业务模式[③]。美国蒙大拿州信息技术服务部、行政部（2006）在《电子政府服务绩效审核》报告中将电子政府的概念简单概括为"政府信息和服务通过互联网以电子方式提供给公民和企业"[④]，并将电子政府服务（e-government services）定义为"互联网上向公民或企业提供特定服务的应用程序或一系列应用程序"[⑤]。D. P. 康拉迪（D. P.Conradie, 2006）提出电子政府服务有两大类型，即基本的语言服务与复杂的数据——数字服务。一类是基本的语言服务，如通过电话（不限于移动电话）呼叫中心服务、手机短消息服务；一类是复杂的数据——数字服务，包括语言和数字数据集成服务（如服务集成了语音身份验证）、直接数字数据传输[⑥]。

①ALLEN B A, Juillet L, Paquet G et al. E-Governance and Government On-line in Canada: Partnerships, People and Prospects［J］. Government Information Quarterly, 2001, 18（2）：93-104.

②胡广伟. 电子政务服务管理［M］. 南京：南京大学出版社，2010：36.

③胡广伟. 电子政务服务管理［M］. 南京：南京大学出版社，2010：36.

④Information Technology Services Division and Department of Administration of the Montana State. Examination of the Delivery of E - Government Services［R］. 2006.

⑤Information Technology Services Division and Department of Administration of the Montana State. Examination of the Delivery of E-Government Services［R］. 2006.

⑥D. P.Conradie.Factors Impacting on the Success of Ict enabled Government Multipurpose Community Centres （MPCCS） In Rural Areas of South Africa ［R］. Paper presented at the Global Business and Technology Associatio conference, Moscow, 2006.

（2）（政府）电子公共服务。李传军（2010）认为：电子公共服务"是政府及其他公共服务机构通过现代通信技术和网络技术等电子化手段，使公共服务得到充分实现的过程和结果。"[①]李乐乐、陆敬筠（2011）认为，电子公共服务"是指政府应用信息技术提供公共服务的一种方式"[②]。赵英（2014）提出："电子公共服务系统是政府向企业、公众提供公共服务的信息系统，是一种区别于传统公共服务的全新业务模式和服务方式，是建设服务型政府的重要内容，是电子政府的核心。"[③]臧超、李婷（2015）认为，政府电子公共服务是电子服务的重要组成部分，"特指政府及下属组织机构通过现代信息科学与技术手段，为自身、公众和企业提供公共服务的过程和结果"[④]。

（3）政府电子服务。唐娜·埃文斯、任大卫（Donna Evans&David C.Yen，2005）指出政府电子服务传统上被理解为政府与公众经由计算机和网站进行沟通交流的模式[⑤]。

（4）（政府）公共服务电子化。柳大伟、刘振夏等（2010）从内部的优势与劣势、外部的机会与威胁等四个方面对政府公共服务电子化进行了SWOT分析[⑥]；戴鸿（2008）探讨当前地方政府公共服务电子化面临的问题与对策思考，同时提出政府电子公共服务具有便捷性、开放性、互动性的特征[⑦]。

（5）（政府）电子化公共服务。赵生辉、汤志伟（2007）认为政府电子化公共服务是"电子政务系统与用户进行交互的接口，……是电子政务的重要

① 李传军. 电子公共服务：电子政府发展的方向 [J]. 行政管理改革，2010
（3）：60-63.
② 李乐乐，陆敬筠. 基于TAM的电子公共服务接受模型及实证研究 [J]. 情报
科学，2011（10）：1509-1513+1528.
③ 赵英. 政府电子公共服务系统的用户接受影响因素研究——基于成都市的实
证分析 [J]. 四川大学学报（哲学社会科学版），2014（6）：109-115.
④ 臧超，李婷. 互联网+背景下政府电子公共服务研究 [J]. 科技资讯，2015
（32）：214+216.
⑤ EVANS D, Yen D C. E-government: An analysis for implementation: Framework
for understanding cultural and social impact [J]. Government Information
Quarterly, 2005, 22（3）：354-373.
⑥ 柳大伟，刘振夏，杨帅. 政府公共服务电子化的SWOT分析 [J]. 中国商界
（上半月），2010（12）：361+360.
⑦ 戴鸿. 地方政府公共服务电子化初探 [J]. 福州党校学报，2008（5）：46-
48.

组成部分，是电子政务应用与发展水平的主要标志"①；张尧、杨樱（2014）提出政府对公众（Government to Citizen，G2C）的电子化公共服务，是指"政府通过电子通信网络系统快捷、便利地向公众提供各种服务"②；周红岩（2014）综合电子政务的内涵与外延，将电子化公共服务界定为"通过现代信息技术等电子化手段，使政府为社会提供全天候、全方位的服务得以充分实现的过程和结果"③。

（6）在线服务。李章程（2011）从发展水平与服务对象两个角度解释在线服务，称在线服务"涵盖在线成熟度和完全在线可获得性两方面，……主要包含电子化企业服务与电子化公民服务"④。

（7）一站式服务。李靖华（2005）的"一站式服务模式"是采用前后台的创新交互模式为公民提供服务，即"前台直接面向顾客（公民）承接服务请求和返回服务结果，后台则是任务的实际执行部门"⑤。此种模式反映了政府服务理念由以行政职责为中心向以"顾客"为中心转变。沈荣华、杨国栋（2006）认为"一站式"服务（one-stop service）是政府部门的"集中"办公或"一站式"办公，这意味着政府相关职能部门的审批业务的集成，由"群众跑腿"向"信息跑路"转变。⑥

（8）服务型电子政府。赵建宏（2009）采用此概念，但未给出定义，其分析了电子政府建设中存在的问题，给出面向居民和面向企业的服务型电子政府新框架⑦。

①赵生辉，汤志伟.基于KANO—SPD矩阵的政府电子化公共服务公众需求分析模型［J］.电子政务，2007（12）：29-36.
②张尧，杨樱.地方政府G2C电子化公共服务满意度的结构方程模型研究［J］.经济研究导刊，2014（15）：166-169.
③周红岩.中国政府电子化公共服务障碍与对策研究［J］.经济研究导刊，2014（30）：263-264.
④李章程.欧洲电子政府公共服务研究［J］.图书情报工作，2011（23）：110-116.
⑤李靖华.政府一站式服务研究综述［J］.科技进步与对策，2005（9）：195-197.
⑥沈荣华，杨国栋.论"一站式"服务方式与行政体制改革［J］.中国行政管理，2006（10）：27-30.
⑦赵建宏.服务型电子政府的实践与思考［J］.中国行政管理，2009（4）：82-83.

（9）"互联网＋政务服务"。在2016年《政府工作报告》中，李克强总理首次提出此概念，强调通过大力推行"互联网＋政务服务……实现部门间数据共享，让居民和企业少跑腿、好办事、不添堵"[①]。

2. 关于政府电子公共服务的现状和对策

唐纳德·F.莫里斯、文明宰（Donald F. Norris & Myung Jae Moon，2005）指出，电子政府建设中的障碍因素除涉及（PC、网络）技术升级、技术或网络工作人员缺乏、缺少技术或网络知识，还涉及财政资金不足、安全问题、隐私问题、上级领导支持等多个方面[②]。薛冰（2007）指出，"发展交叠管辖和权威分散的多组织安排，尚需相应的社会文化条件和政治法律条件与之匹配"[③]。胡广伟（2008）从业务层和智能层的角度研究了地方政府电子公共服务战略层规划问题，提出一个包括4个阶段15步的战略规划方法，详细讨论了电子公共服务的战略规划过程，此外还提出了一个电子政务四层应用模型，分别为理论基础、概念、服务内容和提供方法，分别抽象成基础层、概念层、内容层和方法层[④]。苏哈什·巴塔纳加尔（Subhash Bhatnagar，2009）提出，"电子政府项目成本依赖于初始条件——是否是白手起家来替代人工系统，或者是既有计算系统的延伸。主要成本要素是后端的硬件、软件、数据转换、培训和维护，以及把公共接入点连到后端的通信信息基础设施"[⑤]。郭军华（2010）认为，我国政府电子化服务主要存在的问题包括：电子化公共服务整合度不高；公共服务完备程度不够；"数字鸿沟"和电子化公共服务存在潜在的安全风险。其对此提出六方面优化对策，包括政府服务观念创新、体制改革、创新政府电子化公共服务管理方式、提高政府网站的有效性、促进平等服务以及优化法政环

①李克强.第十二届全国人民代表大会第四次会议，政府工作报告［R］.2016-03-05.

②NORRIS D F, Moon M J.Advancing E-Government at the Grassroots: Tortoise or Hare? ［J］. Public Administration Review, 2005, 65（1）：64-75.

③薛冰.公共行政与自主治理的良性互动——公共管理的现代发展趋势［J］.人文杂志，2007（2）：59-64.

④胡广伟，仲伟俊，梅妹娥.电子公共服务战略规划方法研究及实证［J］.管理科学学报，2008（3）：35-48.

⑤BHATNAGAR S. Unlocking E-Government Potential: Concept, Cases and Practical Insights［M］. New Delhi: SAGE Publications India Pvt Ltd, 2009：25.

境等①。吴昊、汪玉凯等（2009）认为，我国各级政府的电子公共服务开展情况普遍存在着"三多三少"的现象，即"单向型服务"多，"互动型服务"少；"单一型服务"多，"协同型服务"少；"信息共享型协同多，流程整合型协同少"。他们提出之所以会出现"三多三少"的现象，是因为电子公共服务在推进过程中，在需求、管理和法律三个方面存在着困境。而这三大难题显然已经超越了单纯的"技术"或"流程"，属于"制度创新"领域需解决的问题。②瞿鸿雁（2011）认为，我国政府网站电子化公共服务存在制度、管理、技术上的多重欠缺与疏漏，表现为立法上的空白、网站缺少专业管理人员、服务意识淡薄等多个方面，应从加强立法完善制度、提升技术培养人员、加强管理、提高意识、整合信息资源共享、简化页面生动形象、帮助搜索功能强化、交流互动信息反馈等多个方面寻求解决对策③。张尧、杨樱（2014）以公众预期、感知质量、感知价值、公众满意、公众抱怨、公众支持、政府形象为潜变量，构建出地方政府G2C电子化公共服务满意度的因果关系结构方程模型，用于分析公众对政府G2C电子化公共服务的满意结果④。周红岩（2014）则认为，我国政府电子化公共服务存在着信息资源共享程度低、"数字鸿沟"现象、理念障碍、技术障碍和人才素质障碍等问题，为此他从加强协调与合作、促进信息资源的整合、消除理念障碍、创新管理体制、加强信息安全管理和人才的培养等方面提出对策建议⑤。林庆（2016）认为，应加强制度体系建设，健全服务供给机制、建立利益补偿机制、完善考核奖励机制；建立"公众为中心"的服务理念；规划数据整合标准及加强云服务体系建设，促进公共服务信

①郭军华. 我国政府电子公共服务中存在的问题及对策研究［D］. 郑州大学，2010.

②吴昊，汪玉凯，孙宝文. 我国电子公共服务的困境分析与对策建议［EB］. http://www.cia.org.cn/subject/subject_09_xxhzt_6.html.

③瞿鸿雁. 我国政府网站电子化公共服务现状及对策建议［J］. 经营管理者，2011（15）：71-72.

④张尧，杨樱. 地方政府G2C电子化公共服务满意度的结构方程模型研究［J］. 经济研究导刊，2014（15）：166-169.

⑤周红岩. 中国政府电子化公共服务障碍与对策研究［J］. 经济研究导刊，2014（30）：263-264.

息资源整合。①霍卓莉（2017）认为，"互联网＋"视域下政府公共服务创新面临着服务投入与公众满意度的矛盾、服务精准化和精细化不足、对"互联网＋"思维认知的不足、政府信息公开不足、跨政府部门信息共享业务协同难、行政审批痼疾难以根除等多重问题，而上述问题的解决需要从思维、技术、政策及法治四个层面开拓创新路径②。

此外，理查德·席克斯（Richard Heeks，2001）研究总结了应对整合治理的一揽子战略计划，包括建设数据系统基础设施、法律基础设施、机构基础设施、人力基础设施、技术基础设施、领导力和战略思维以及认知和承诺等七个方面③。国外总结推进政府电子公共服务经验，提出了七大做法，即"调整组织机构、加强自身能力建设、引入EA理论、提高在线服务利用率、推行共享服务、缩小'数字鸿沟'和开展绩效评估"④。从国外推行政府电子公共服务的过程来看，政府在公共服务内容、服务方式及服务渠道上均发生了显著改变。

首先，在服务内容上，从简单满足公众一般需求向主动调查分析公众需求转变，通过及时调查了解服务使用情况与服务满意度，明确公众需求，为公众和企业提供更具个性化的、多元化的服务。

其次，在服务方式上，从访问单个部门网站向访问统一门户网站转变，将所有政府服务项目集成于门户网站，统一提供服务。

再次，在服务渠道上，从单一渠道向多渠道一体化服务转变，根据不同细分用户群的特征和服务特点提供适当的服务渠道，加强传统服务方式与电子化服务方式的融合⑤。

值得一提的是，从国家整体发展考虑，各国制定了很多分阶段的政府

①林庆."互联网＋"时代政府电子公共服务供给面临的问题及对策［J］.机构与行政，2016（6）：13-17.
②霍卓莉."互联网＋"视域下政府公共服务创新［J］.岭南师范学院学报，2017（01）：63-70.
③HEEKS R.Understanding e-Governance for Development（The i-Government working paper series：No.11）［R］. Manchester: University of Manchester, 2001.
④石怀成，黄鹏，杨志维.国外推行电子政务公共服务的重点做法［J］.信息化建设，2007（9）：42-45.
⑤赵雪峰.国外推进电子政务公共服务的经验与启示［J］.科技致富向导，2010（33）：203+209.

公共服务战略目标和实施计划。例如"电子欧洲2005行动计划"（eEurope Action Plan 2005），也称"欧洲（电子）互通框架"（European Interoperability Framework）。计划文本建立了欧洲互操作框架支持泛欧政府电子公共服务的提供，旨在实现在整个欧洲范围内对所有公民和企业的电子政府公共服务供给；"欧洲2011-2015电子政府行动计划"（The European eGovernment Action Plan 2011-2015），涉及了公民与企业授权、增强内部市场或单一市场的灵活性、政府管理效率与效能、开发电子政务的先决条件等四个方面的具体措施，其目标是在整个欧洲建构一个灵活的、协作的、跨越国界的电子政府公共服务平台，在整个欧洲形成一个完整的电子服务体系。2011年6月，新加坡发布了指导下一个五年电子政务建设和发展规划——"新加坡电子政务总体规划2011-2015"（The Singapore e-Government Masterplan 2011-2015, or eGov2015），核心内容是建立一个与国民互动、共同创新的合作型政府，即借助信息通信技术的力量创造一个政府、私营部门和公众共同努力，无缝融合的互动环境。除此之外，在政府电子公共服务绩效评估方面，不少国际研究机构提出了一些有价值的评估指标和方法。同时，公众对政府服务态度等的研究也比较多见。总的来说，政府电子公共服务作为电子政务的核心内容，已成为国际众多研究机构和人员广为关注的领域。

3. 关于政府电子公共服务的目标和趋势

（1）目标研究。我国从2002年开始建设电子政务，电子政务的基本目标是改革公共服务，核心理念是全心全"E"为公众服务，而其对公共服务的新要求是进一步提高服务标准。至今，政府电子公共服务体系从无到有，已具有一定规模，目前实际提供的电子服务涵盖电子采购、电子税务、电子邮政、电子资料库、电子化公文、电子认证、公共电信服务系统、电子审批、电子支付、电子监控、电子咨询、应急联动服务等内容，各级政府门户网站成为信息公开、网上办事和政民沟通的重要渠道。

（2）趋势研究。王立清（2005）提出我国政府电子化公共服务存在服务广度（服务数量）、深度（交互性程度）、地域及行业发展不平衡、缺乏中央政府统一电子化公共服务入口等现状问题，并预测我国政府电子化公共服务未来将向着"一站式"服务、以客户为中心、缩小数字鸿沟促进服务平等、完善电子化公共服务评估体系发展。[1]顾平安（2016）提出未来政府电子公共服务将转向泛在的服务，即由原来分散的互联网服务渠道，转变为借助多种便携终端提供服务，服务类型也由标准化的简单服务转向为公众提供个性化的智能服务[2]。

此外，我国政府在《国务院关于积极推进"互联网+"行动的指导意见》（国发〔2015〕40号）》《国务院关于印发2016年推进简政放权放管结合优化服务改革工作要点的通知（国发〔2016〕30号）》《国务院办公厅关于印发政府网站发展指引的通知（国办发〔2017〕47号）》《国家发展改革委关于印发"十三五"国家政务信息化工程建设规划的通知（发改高技〔2017〕1449号）》等政策文件中指明了政府公共服务未来的发展方向。其中，《国务院关于积极推进"互联网+"行动的指导意见（国发〔2015〕40号）》提出充分发挥互联网高效、便捷的优势，"加快互联网与政府公共服务体系的深度融合，推动公共服务数据资源开放，促进公共服务创新供给和服务资源整合"[3]；《国务院关于印发2016年推进简政放权放管结合优化服务改革工作要点的通知（国发〔2016〕30号）》提出提升公共服务供给效率与政务服务效率，前者注重推广政府和社会资本合作模式，借助社会力量，多渠道提高公共服务共建能力和共享水平，满足群众多层次、多样化公共服务需求；后者强调实体政务大厅向网上办事大厅延伸，打造政务服务"一张网"，实现企业和群众办事的"一口受理"、全程服务"[4]；《国务院办公厅关于印发政府网站发展指引的通知（国办发〔2017〕47号）》设定了政府网站未来的发展目标，即到2020年将政府网站打造成全面的政务公开平台、权威的政策发布解读和舆论引导平台、及时的回应关切和便民服务平台，实现以中国政府网为龙头、部门和地方各级政府网站为支撑，建设整体联动、高效惠民的网上政府[5]；《国家发展改

---

[1]王立清.我国政府电子化公共服务现状与发展趋势［J］.情报资料工作，2005（2）：61-64.

[2]顾平安.发达国家电子政务发展趋势［J］.新重庆，2016（7）：47-48.

[3]国务院关于积极推进"互联网+"行动的指导意见（国发〔2015〕40号）［Z］.2015-07-01.

[4]国务院关于印发2016年推进简政放权放管结合优化服务改革工作要点的通知（国发〔2016〕30号）［Z］.2016-05-23.

[5]国务院办公厅关于印发政府网站发展指引的通知（国办发〔2017〕47号）［Z］.2017-05-15.

革委关于印发"十三五"国家政务信息化工程建设规划的通知（发改高技〔2017〕1449号）》提出大力实施"互联网＋政务服务"，构建公平、普惠、便捷、高效的公共服务信息体系，实现由行政办公需求为主向服务公众需求为主的重心转变，形成线上线下相融合的公共服务模式，形成以数据为支撑的治理能力，提升公共服务的精准性和有效性[①]。

4. 关于政府电子公共服务的服务质量和满意度

李国光、林秀芬（Gwo-Guang Lee& Hsiu-Fen Lin，2005）提出电子服务质量的顾客感知模型，以网页设计、可靠性、问责制、信任和隐私五个维度界定了电子服务的质量，认为这五个维度与采购流程有着重要的关系[②]。阿德尔·哈塔布、哈桑·沙拉比等（Adel Al Khattab & Hasan Al-Shalabi, et al.，2015）认为，影响公众使用电子政府服务意愿的影响因素包括感知易用性（perceived ease of use）、感知有用性（perceived usefulness）、感知风险（perceived risk）和电子渠道信任（trust in electronic channels）。[③]穆罕默德·卡兹米、莫伊塔巴·加里比等（Mohammad Kazemi & Mojtaba Gharibi, et al.，2015）建立电子政府服务质量与公众信任的概念模型，从可靠性（reliability）、效率（efficiency）、公民支持（support of citizens）及信任（trust）四个维度评估电子政府服务质量，其通过对伊朗国有银行使用财政支持服务的用户数据进行抽样调查，得出电子政府服务质量及其四个维度可以引发可信度为99%的公众信任，证明电子政府服务质量及其四大维度对公信力（public trust）的影响是积极而重要的[④]。

巴比斯·马古塔斯、克里斯托·哈拉里斯等（Babis Magoutas & Christos

①国家发展改革委关于印发"十三五"国家政务信息化工程建设规划的通知（发改高技〔2017〕1449号）［Z］. 2017-08-24.

②LEE, G. G., Lin, H. F. Customer Perceptions of E-Service Quality in Online Shopping［J］.International Journal of Retail & Distribution Management, 2005, 33（2）：161-176.

③KHATTAB A A, Alshalabi H, Alrawad M, et al. The Effect of Trust and Risk Perception on Citizen's Intention to Adopt and Use E-Government Services in Jordan［J］.Journal of Service Science & Management, 2015, 8（3）：279-290.

④KAZEMI M, Gharibi M, Mosammam H M, et al. The effect of E-government service quality on public trust：Case study：Saanat o Madan Bank of Iran［J］. Bankacılık ve Sigortacılık Araştırmaları Dergisi, 2015, 2（7-8）：4-18.

Halaris，et al.，2007）认为，电子政府服务质量评估应首先解决的两个问题是"评估什么"与"什么数据将用于评估"，他们针对面向公众（G2C）及面向企业（G2B）的电子政府服务（e-government services）存在诸如无法找到可用的信息与服务、电子服务使用困难、需提供更好的网上服务帮助与语言理解等可用性问题，提出基于服务提供者、公民、系统多个视角下的电子政府服务质量评估本体论（quality ontology），在该理论中，质量本体分为三层结构、122个概念、50个属性以及160个限制条件，其中顶层用于定义一般服务质量，是模型的理论基础，中间层描述电子政府服务质量及其相关质量因素，底层用于特定程序，与特定电子政府网站相关，在网站中本体将被集成，此理论提供了一种360度全面质量评估，便于定期跟踪、测量、改进电子政府服务质量[①]。

美国蒙大拿州信息技术服务部、行政部（2006）认为，行业电子服务成功的测量标准（Industry E-Service SuccessMeasurements）涉及四个方面，即输入测量（Input measures）、输出测量（Output measures）、中期成果（Intermediate outcomes）、最终结果（End，or ultimate outcomes）。在输入测量方面，涉及投入电子政务工作的资源，例如与工作人员、发展、承包商、维护相关的费用和时间；在输出测量方面，涉及输出（产出）电子政务工作产生的即时行动，如点击次数、下载次数、用户在网站上花费的时间，完成的交易次数；在中期成果方面，涉及预期会导致预期目标的输出结果，中期成果包括服务的可及性（Accessibilityof services）、提供信息的准确性、特定群体的采用率、易用性、公民满意程度、有用性、参与机构数量等，大多输出结果是通过用户调查或反馈来衡量的；在最终结果方面，涉及项目的后果或那些"寻求的最终结果"，这些输出结果包括电子政府所节省的成本与时间，以及通过调查测量出的公众对政府的信任[②]。

①MAGOUTAS B，Halaris C，Mentzas G. An ontology for the multi-perspective evaluation of quality in e-Government services［A］. Electronic Government: 6th International Conference, EGOV 2007, Regensburg, Germany, September 3-7, 2007, Proceedings［C］. Berlin, Heidelberg: Springer, 2007: 318-329.

②Information Technology Services Division and Department of Administration of the Montana State. Examination of the Delivery of E - Government Services［R］. 2006.

5. 关于政府电子公共服务的系统架构和功能实现

（1）系统架构。美国率先引入EA理论开发出联邦政府总体架构框架（FEAF[①]），并于2013年发布了FEAF2.0版本，将原有五大参考模型重组后扩展为绩效、业务、数据、应用、基础设施和安全六大类参考模型，并为战略、业务、技术和信息提供了标准化的分类与编目方法；韩国政府于2003年启动开发政府总体架构（GEA[②]），该框架包括政策指令和指南、顶层架构活动（包括架构模型、总体架构完整实施过程及架构建模工具）、架构支撑体系（包括参与模型、架构成熟度模型和架构管理系统等），旨在把面向民众、企业和政府机构的跨政府服务整合到一个平台，截止到2012年10月，已有1400家公共机构的15000个电子政务系统被整合到GEA内[③]。《国务院办公厅关于印发"互联网＋政务服务"技术体系建设指南的通知（国办函〔2016〕108号）》（以下简称"建设指南"）提出构建统一、规范、多级联动的全国一体化"互联网＋政务服务"技术和服务体系，建立由国家级、省级、地市级三级平台组成的"互联网＋政务服务"平台体系，各级平台系统由"互联网政务服务门户、政务服务管理平台、业务办理系统和政务服务数据共享平台"[④]四部分构成，同时建设指南中提出了由"基础设施层、数据资源层、应用支撑层、业务应用层、用户及服务层"[⑤]五个层次组成的"互联网＋政务服务"平台技术架构。

（2）功能实现。吉妮·斯托尔斯（Genie N.L.Stowers，1999）提出电子政府服务内容的六维框架模型，认为政府通过网站向企业、公众提供公共服务，政府网站设计应该包括在线服务、用户帮助、用户导航、法律安全保障、服务架构、特殊人群辅助等六个方面的内容和功能[⑥]；孙伟晔、袁飚（2014）通过

---

①FEAF：Federal Enterprise ArchitectureFramework.

②GEA：Government-wide enterprise architecture.

③王璟璇，于施洋，杨道玲，张勇进.电子政务顶层设计：国外实践评述［J］.电子政务，2011（8）：8-18.

④国务院办公厅关于印发"互联网＋政务服务"技术体系建设指南的通知（国办函〔2016〕108号）［Z］.2017-01-12.

⑤国务院办公厅关于印发"互联网＋政务服务"技术体系建设指南的通知（国办函〔2016〕108号）［Z］.2017-01-12.

⑥STOWERS G N L.Becoming Cyberactive：State and Local Governments on the World Wide Web［J］.Government Information Quarterly，1999，16（2）：111-127.

分析以新加坡"eCitizen"、香港特别行政区"GovHK"为代表的政府公共服务平台建设成果，明确二者通过建立公民全生命周期的全息视图，用以实现以公民为中心的信息聚合，并通过开放平台的方式服务区域所有公众，使服务范围扩大到所有民生和民用服务领域[①]；胡凌琳、吴炜（2016）认为智能化公共服务平台应与"互联网＋"相结合，即通过统一的智能化公共服务应用平台来开发、运用互联网技术部署各个业务子系统，实现面向公众、网上办公、业务重组等基本功能，实现信息公开媒体化、网上办事流程化、互动交流即时化、平台改造一体化[②]；《国务院办公厅关于印发"互联网＋政务服务"技术体系建设指南的通知（国办函〔2016〕108号）》提出建立以国家级、省级、地市级三个层级平台组成的"互联网＋政务服务"平台体系，各级平台系统由互联网政务服务门户、政务服务管理平台、业务办理系统和政务服务数据共享平台四部分构成，可实现政务服务统一申请、统一受理、集中办理、统一反馈和全流程监督等各项功能[③]。

6. 关于政府电子公共服务的平台建设和网络安全

（1）平台建设。杨冰之（2011）认为，"智能化公共服务平台"是政府网站未来发展的新目标，其实质政府网站群和服务型政府网站的结合体，是平台化结构的新型网站，该平台以整合和创新政府公共服务为特征，以用户为中心，提供大量公共服务，在平台建设上以整合、重构、协同、便捷为原则，充分利用新技术和新形态，丰富网站的功能体系和表现形态，整合各类影响系统和上下游资源，突出智慧政府惠民功能，集成和创新公共服务[④]。在国内，国家大力推进"互联网＋政务"建设，在中央政府网站设置主题页面[⑤]聚焦"互联网＋政务服务"，围绕一体化政务服务平台建设、政务服务事项目录、绩效考核

---

① 孙伟晔，袁飚. 云模式下政府公共服务平台的探索实践［J］. 电子政务，2014（9）：142-147.

② 胡凌琳，吴炜."互联网＋"助推城市智能化公共服务平台的建设［J］. 商，2016（13）：44-44.

③ 国务院办公厅关于印发"互联网＋政务服务"技术体系建设指南的通知（国办函〔2016〕108号）［Z］. 2017-01-12.

④ 杨冰之. 智慧门户——智能化公共服务平台内涵与构建［EB］. http://www.henan. gov. cn/zwgk/system/2011/12/15/010281956. html.

⑤ "互联网＋政务"主题页面地址为http://www. gov. cn/zhengce/zhuti/jjhlw_zwfw/index. html.

机制、在地区政府门户网站开设政务服务专题，细化各地区各部门工作目标任务，发布《2017年各地区各部门开展"互联网＋政务服务"工作主要目标任务汇总表》及《国务院有关部门和省（区、市）政府公布的"互联网＋政务服务"工作任务进度表》。各地区政府以打造全省统一、多级联动的电子政务公共服务平台为主，如海南省打造"全省统一、多级联动的电子政务公共服务平台"①，各部门围绕其部门职能加强专项平台建设实现跨地区远程办理，如国资委构建一体化网上政务服务平台，在2017年年底前，推进全国信用信息共享平台、全国投资项目在线审批监管平台、全国公共资源交易平台、全国12358价值监管平台建设等②。

　　国际上，英、法、德、韩等20余个国家均建设了统一的政府公共网络平台，形成电子政务集约化发展趋势。例如英国政府为实现向公共部门集中提供无缝的语音和数据传输服务，开展了整合和建设公共部门网络平台（PSN③）项目，项目预计到2017年将所有非涉密政府公共应用系统迁移到PSN平台④。

　　（2）网络安全。徐明（2016）分别从物理安全、网络安全、应用安全三个层面对电子政务网络安全作风险分析，明确6种物理安全风险、11类网络安全风险，并以网络资源共享应用、数据信息安全为主的应用安全风险，同时，针对上述问题，建立起包括企业级、应用级、系统级及网络级在内的安全控制策略层次结构，针对各层级提出安全控制对策⑤。李展（2015）提出了一系列具体的安全措施，如"严禁涉密信息上网"，以"用户名＋口令"或结合用户机器设备信息（如MAC）地址识别技术或使用硬件加密锁的系统进行用户合法身份认证，利用SSL⑥、VPN⑦等安全传输协议确保信息传输的保密性与完整

---

①海南省工信厅构建全省统一电子政务公共服务平台［EB］. http://hainan.sina. com.cn/news/2015-10-13/detail-ifxirmpy1569099.html.
②发展改革委加快推进"互联网＋政务服务"工作方案［EB］. http://www.gov.cn/ zhengce/2017-05/15/content_5193970.html.
③ PSN：Public Sector Network.
④张铠麟，黄磊.发达国家政府信息化最新发展及对我国的启示［J］.生产力研究，2011（10）：156-158.
⑤徐明.电子政务网络安全风险分析及控制策略研究［J］.商业故事，2016（4）：113-114.
⑥SSL：Secure Sockets Layer，加密套接字协议层。
⑦VPN：Virtual Private Network，虚拟专用网络。

性，严格控制用户权限，利用数字签名实现信息的不可否认性，利用登录日志跟踪用户登录情况，设定访问用户内部IP地址段减少外部入侵风险等[①]。《网络安全法》（2017）从网络运行安全、网络信息安全、监测预警与应用处置三个方面，明确对中国境内建设、运营、维护和使用网络，以及网络安全的监督管理要求。该法强调通过加强"国家网信部门会同国务院有关部门组织的国家安全审查"来保障关键信息基础设施的运行安全，在网络信息安全方面，强调对个人信息安全、隐私和商业秘密的保护，明确规定网络运营者要对其收集的用户信息严格保密[②]。在《网络安全法》正式实施之前，国家互联网办公室就早在2017年5月2日正式公布了《网络产品和服务安全审查办法（试行）》《互联网新闻信息服务管理规定》和《互联网信息内容管理行政执法程序规定》等多个与之相关的配套规定。其中，根据《网络产品和服务安全审查办法（试行）》明确将"网络产品和服务的安全性和可控性"[③]作为审查重点，审查内容涉及"产品和服务自身的安全风险、产品及关键部件的供应链安全风险、产品和服务提供者非法收集、存储、处理、使用用户相关信息的风险"等多个方面；[④]《互联网新闻信息服务管理规定》则将新媒体纳入信息服监管范围，规范对"互联网站、应用程序、论坛、博客、微博客、公众账号、即时通信工具、网络直播等"[⑤]等各类互联网新闻信息服务传播渠道的管理。

（四）延伸讨论

电子公共服务是公共管理机构应用信息技术提供公共服务的过程和结果，而政府电子公共服务是政府通过应用信息技术等电子化手段，运用公共权力和公共资源向社会公众提供服务的过程和结果。电子服务的对象包括政府自身、政府雇员、企业和公众，只有政府在互联网上面向企业和公众提供的那部分电子服务才是政府电子公共服务。政府电子公共服务作为一种新型的公共服务方式，借助于电子政务系统和互联网平台，扩展了政府公共服务的供给渠道，同

---

①李展．"互联网＋"背景下的电子政务系统建设探析［J］．秘书，2015（12）：21-23.

②中华人民共和国网络安全法［Z］．2016-11-07.

③网络产品和服务安全审查办法（试行）［Z］．2017-05-02.

④网络产品和服务安全审查办法（试行）［Z］．2017-05-02.

⑤互联网新闻信息服务管理规定［Z］．2017-05-02.

时信息技术等电子化手段的应用，也可以更大程度上提高政府公共服务水平，使得政府能够在公共服务供给中为企业和公众提供更为高效、优质、透明、多样的服务，进而促进政府职能的有效履行，它是政府公共服务方式的一场变革。但是为了在实践中能真正实施政府电子公共服务并使之取得良好的绩效，并不是简单地将传统的、手工的工作服务方式平移到网上就可以，它需要利用信息技术对传统服务方式和内容进行创新、重组、整合、再造。

一些学者提出了电子公共服务在广度方面的发展，认为可以在服务领域、服务方式和提供者范围方面进行拓展。其中，在服务领域的扩展方面，电子服务将很快向更加广阔的应用领域开拓；在服务方式的扩展方面，将呈现有益的多样化局面；在服务提供者范围的扩展方面，政府将不再是电子服务唯一的提供者。一些学者提出了电子服务在深度方面的发展，主要体现在服务质量的全面提升方面，如各项电子服务切实以顾客为导向、切实使电子服务产生比传统服务更加优化的服务特性。还有一些学者提出了积极促进我国电子公共服务发展的对策措施，主要包括：强化对电子公共服务的认识；重视服务设计；注重电子公共服务资源建设；警惕数字鸿沟现象的继续漫延；关注电子公共服务的成本控制；加强电子公共服务管理体系建设；建立科学的电子公共服务绩效评价机制；实现从电子政务向电子治理的变迁；等等。

具体到电子政务和电子治理，其生发有先后，理解有分歧，涵盖的内容和关系类同，呈现出界限渐趋模糊、趋同日益明显的态势。我们认为，从电子政务向电子治理变迁，意味着政府电子公共服务将成为电子治理的组成部分。

政府管理向政府治理发展，是政府为更好地回应环境变化和危机挑战选择的一条新型发展道路[①]，公共管理向公共治理发展的实践主旨亦大抵如此。由于至今有关治理的概念以及政府在政府治理、公共治理中的角色和作用的争论颇多，莫衷一是，其投映到各国管理和治理实践及其电子政务和电子治理实践中，各自选择的内容范畴和策略条件等势必有所不同，且政府在其中扮演的角色和发挥的作用也表现出诸多差异。为更好地引导和推动中国电子政务和电子治理健康、有序、协同发展，基于国内外已有研究和实践成果考察两者的主要分歧，厘清两者的相互关联，找寻两者趋同的策略和条件，可以在消除相关曲

①周业柱，潘琳.地方政府治理研究评析［J］.学术界，2015（11）：232-238.

解误解、促进两者相向而行的同时，推动政府电子公共服务供给主体之间的平等合作。

1. 关于电子政务的认知分歧及其原因

关于电子政务的认知分歧，仅就电子政务与电子政府概念的关系而言，主要有三种差异化表述，即认为它们一致、从属或不同。

（1）认为电子政府和电子政务一致的人们会将两者不加区别地对待或将两者混用，这种情况不在少数。中国的典型做法是直接把"e-government"译成"电子政务"，如国家行政学院将联合国经济和社会事务部发布的《联合国电子政府调查报告（United Nations E-Government Survey）》译作《联合国电子政务调查报告》。

（2）认为电子政府和电子政务是从属或包含关系的人们有截然相反的结论。一方认为，"电子政府"中的"政府"是狭义的，只包括中央人民政府——国务院和地方各级人民政府；"电子政务"中的"政务"是广义的，指向一切国家政权机关（如立法、司法机关，行政机关及一切公共机关的政务活动）。由于后者比前者所辖范围广，所以电子政务应该包含电子政府。另一方认为，各国电子政府建设主要涵盖电子服务、电子民主、电子商务和电子政务（或电子管理）领域已达共识，据此推断电子政府包含电子政务。

（3）认为电子政府和电子政务不同的人们主张将两者区别对待。例如黄璜提出，"电子政务是电子政府的活动方式，而电子政府是电子政务的行动的'虚拟'主体"[1]。其含义是，政府电子政务是电子政府的活动方式，电子政府是政府电子政务的行动的"虚拟"主体。鉴于电子政务不限于政府的电子政务，至少还涉及其他政务部门的电子政务，电子政府和电子政务两个概念明显存在重合部分。

2. 关于电子治理的认知分歧及其原因

关于电子治理的认知分歧，概括起来主要有三种表现，即分别视其为政府治理电子化、公共治理电子化或持模棱两可态度。

（1）持政府治理电子化观点的人们将电子治理"研究的边界限定在政府

---

[1] 黄璜. 电子治理：超越电子政务的新范式［J］. 江苏社会科学，2006（S2）：49-51.

内部的治理，以及政府与私营部门、政府与第三部门、政府与公民个人的公共治理框架内"①，认为它"主要体现在政府治理的客体、主体、手段和过程四个方面的改变"②。

（2）持公共治理电子化观点的人们认为"电子治理包括利用信息和通信技术（ICT）支持公共服务、政府管理、民主进程，以及公民、民间团体、私营部门和国家之间的关系"③，涵盖转变政府职能，增加参与、公开性、透明度和沟通，转变政府与内外部客户互动，通过电子社会实现社会转型四个层面④。

（3）持模棱两可态度的人们，有的认为电子治理就是电子政府，如维沙卡·芒什（Vishakha Munshi，2008）提出"电子治理和电子政府没有重大差别"⑤。有的认为"尽管这两个术语事实上完全不同，有不同的服务对象和实现不同的目标，但它们常常被用作同义词"⑥。产生这些认知分歧的原因，一方面取决于人们的认知角度或站位，另一方面源于自20世纪90年代以来人们对治理理解的分歧。具体到公共管理领域，认知分歧主要聚焦在将治理视同政府治理或公共治理，抑或不加区分或加以区分。鉴于人们对治理内涵的界定尚未统一，对电子政务和电子治理存在诸多认知分歧在所难免。

3. 电子政务和电子治理的关联

围绕电子政务和电子治理的关联的争论很多，要想澄清两者的关联，一方面可以通过两者各自建设的内容范畴来定义和刻画，另一方面也可以借助两者

---

①秦浩. 电子治理的概念界定［J］. 电子政务，2014（8）：38-45.

②张玲，李颖. 利用新兴信息技术助力政府治理能力现代化［J］. 电子政务，2015（1）：83-89.

③SHARON S. Dawes.The Evolution and Continuing Challenges of E-Governance ［J］. Public Administration Review, 1 December 2008, 68：S86-S102.

④WONG K, Fearon C, Philip G. Understanding egoverment and egovernance: stakeholders, partnerships and CSR［J］. International Journal of Quality & Reliability Management, 2007, 24（9）：927-943.

⑤转引自AJAY Kr. Singh, Vandna Sharma. E-Governance and E-Government: A Study of Some Initiatives［J］. International Journal of eBusiness and eGovernment Studies, 2009, 1（1）：1-14.

⑥AJAY Kr. Singh, Vandna Sharma.E-Governance and E-Government: A Study of Some Initiatives［J］. International Journal of eBusiness and eGovernment Studies, 2009, 1（1）：1-14.

各自涵盖的互动关系来描绘和认知。

（1）两者各自建设的内容范畴

电子政务发展从办公自动化系统建设起步，陆续地在政府内网"通过处理数据实现政府内部工作的自动化"[1]，在互联网建立门户网站进行信息公开、在线服务、网上办事、政民互动类功能建设，依托政务大厅或行政服务中心建设电子行政审批系统推行行政审批制度改革。进入"互联网＋政务服务"阶段，"互联网＋政府"在努力实现政务服务事项的"一号申请、一窗受理、一网通办"的同时，将更多创新性的思维、观念、意识、政策和人才等融入互联网，力图"网尽"所有公共信息和公共服务。在电子政务进化过程中，各级政务部门逐渐变"以职能为中心"为"以公众为中心"，变技术驱动、国家推动为需求驱动、组织重塑，变政务服务"菜单式"被动按需提供为"公民生命旅程式"精准推送，一直努力追求"以公民为中心"、围绕公民需求"一体化"提供政府电子公共服务。进入大发展时期的电子政务，在办公自动化、信息公开、事务处理、政民对话等方面为电子治理积累了资源和经验，其内容范畴在不断外展，除了对信息基础环境、信息系统建设、信息人信息素养培育等技术基础和公众基础提出更高要求之外，还对政府基础准备（包括政府观念、行政文化、政府职能、组织结构、工作流程、责权体系、管理体制、运行机制等行政体系要素的创新和改革）提出了原则性要求，促进了政务自身的适应性改变。

与电子政务相同，"电子治理不包括仅集中于私营部的电子贸易和电子商务"[2]。它的理想化初始状态是：以电子政府为基础，基于电子政务内容范畴拓展，由"只是电子政务部分发展到也包括电子公民、电子服务和电子社会"[3]。其面向政府治理，从将电子政府界定为"政府利用相关技术特别是基于web的网络应用程序，为市民、合作伙伴、员工、政府实体及其他机构提供

①HEEKS R. Understanding e-Governance for Development（The i-Government working paper series: No.11）［R］.Manchester: University of Manchester, 2001.

②HEEKS R. Understanding e-Governance for Development（The i-Government working paper series: No.11）［R］.Manchester: University of Manchester, 2001.

③HEEKS R. Understanding e-Governance for Development（The i-Government working paper series: No.11）［R］. Manchester: University of Manchester, 2001.

信息访问和服务交付"[①]可窥一斑。其面向公共治理，从吸引更多公共组织和私营组织共建共享信息资源、合建合维治理生态以及为不同组织将业务扩展到公共事务领域提供支持等方面看出端倪。电子治理旨在创建统一的治理平台、更多的数字连接以及国家综合数据库，"通过处理和交换数据来支持和转换治理的外部工作"[②]，令治理主体广泛参与去中心化治理项目开发建设和公共服务合作供给全过程，在促进电子治理应用发展的同时，也推进电子政务使用数量持续增长。

（2）两者各自涵盖的互动关系

电子政务和电子治理都是关系的集合体，同时又都处于复杂的关系网络之中。它们各自涵盖的关系既是它们本身的存在方式，也体现着其所属实体之间的相互作用。改善这些关系是电子政务和电子治理的一项核心任务。

电子政务的关系，体现在结构方面偏重内部关系，涉及电子政府后台——电子政务网络中的G2G、G2E、E2G关系；体现在功能方面聚焦电子政府前台——互联网上的外部关系（包括G2B、G2N、G2C等）及其过程和结果。这些关系既表征为组织与组织、组织与人之间的数字关系，也表征为组织与系统、人与事物之间的数字关系。由于目前电子政务建设内容主要是"以公众为中心"按需提供公共信息和公共服务，后台建设围绕前台需求来驱动和进行，前台的外部关系受制于并取决于后台的内部关系，即外部关系的改善依赖内部关系的改善来成就，所以，电子政府的内外部关系事实上存在着客观的互为因果关系。如若将各级政府和部门构成的电子政府视作一个整体，其电子政务的外部关系将总体表征为政府（以内部联合基础上的整体性的方式存在）与外部实体（主要是公共服务对象）之间的一对多的、由内向外的输出关系，集中体现为政府与外部实体之间的互动关系，其中，单向度的服务输出占大多数，虽然也有很多服务设计为双向度的互动，如外部实体的服务需求和意见、建议也应反馈（回输或耦合）给政府，但实际上允许外部实体回输信息的功能很少，

---

①Information Technology Services Division and Department of Administration of the Montana State. Examination of the Delivery of E-Government Services ［R］.2006.

②HEEKS R. Understanding e-Governance for Development（The i-Government working paper series: No.11）［R］. Manchester: University of Manchester, 2001.

大多数还只停留在理论研究探索层面，实现程度和实际功效都很有限。由于政府缺乏统筹周密的顶层设计和改革计划，现实世界中诸多行政体系要素变革和调适还未到位，不仅造成行政体系要素与新的环境和需求不相匹配的情况大量存在，还使得电子政务系统无形中成为固化落后的管理体制、业务流程和权力运行机制并阻碍其变革的"元凶"。受累于政府自己制造出的这些障碍和麻烦，影响并反映在内外部关系运行中，就是电子政务系统的质量和绩效难以让公众满意，加之技术性的基础条件——信息基础设施、隐私、安全、信息系统等还未建设到位，政府要在现实环境和条件下妥善处理好电子政府的内外部关系并非易事。

电子治理的关系，主要体现在治理结构和功能方面，是一种多中心（无中心）、多向度、弹性互动的网络关系，除了电子政务涉及的政府与各类实体之间的关系以外，还涉及公共部门之间的关系，公共部门与私营部门、非营利组织和社区组织之间的关系以及与民间社会机构之间的关系等，更多地表征为治理主体之间的互动。由于这些关系反映了现实世界中的种种关系又超越了这些关系，无法摆脱其人为建构的事实①，且"全天候"式的互动频繁、复杂又难于应对，要使这些关系都达到平等、友好和持续改善难度很大，需要政府在不断优化电子政务的结构功能的基础上与其他治理主体开展更加有效的合作，与社会各子系统进行良好的功能耦合，以不断促进电子治理结构和功能的改善。

相对而言，电子政务的内外部关系较具刚性，其关系改善需要依靠行政体系要素的变革和创新提供支撑，电子治理的关系更具弹性，改善关系的明智做法只能建筑在建立更多数字关联、提供更多服务渠道的基础之上，从而为各方加强沟通交流、反映利益诉求和实施监督问责提供便利条件和有效策略。

基于上述分析，电子治理和电子政务的类同之处，既表征为两者的相同点，也体现在两者的趋同点。相同点主要体现在两者的重合部分——电子政务的内容范畴和内外部关系方面，当下两者的内容范畴和涵盖的互动关系之间明显表现出包含与被包含的关系。趋同点主要表现在电子政务的内容范畴与电子治理的内容范畴渐趋一致，而政府在公共治理中的角色和作用正在发生根本性的变化，未来两者的界限将日趋模糊。此外，两者的类同之处还体现在以下方面：

---

① 张锐昕. 电子化政府绩效评估系统的角色和功用初探［J］. 江苏行政学院学报，2013（1）：107-112.

　　一是在主体选择方面，由强制规定转向市场选择。理论上，把电子政务建设和运维的主体理想化地限定为公共部门，受公共部门的观念意识、技术能力、人员素质等方面的限制，实际上在电子政务建设和运维当中一直无法排除企业及其他组织人员的全程参与甚至深度参与，即便系统和信息等面临无法回避的安全风险。电子治理将建设和应用主体拓展至包括私营部门和公众，这是市场选择的结果，同时也是治理环境变化、风险增多、需求攀升以及行政手段难以调节外部性问题和阻止不合作行为等原因导致包括政府在内的治理主体不得不专注于自身核心竞争力、掌控好自身角色定位以及应发挥作用和所擅长领域，进而寻求广泛合作、共同发展与风险共担以致促成治理电子化的结果。

　　二是在关键业务方面，由各有侧重转向相互承继。在电子政务发展初期，其关键业务聚焦于政府内部办公自动化；在政府上网后，其业务侧重电子管理、电子服务、电子商务和电子民主，旨在"利用信息和通信技术、互联网、新媒体，进行政府内外部关系转变，实现服务交付、顾客参与和治理的持续最优化"[1]，虽然电子民主建设进展缓慢，政府治理只限初涉，但更为开放的电子政府却"不仅反映出互联网兴起以来网络化取得的成就，而且反映出政策制定中协商模式在更大范围中的转变"[2]；待真正进入治理阶段，电子政府将面向公共行政将业务拓展到包括治理和公共行政的四个领域：国家的经济和社会的计划；它与公民和法治的关系（电子民主）；其内部运作及其与国际环境的关系，包括可以由信息和通信技术塑造的所有政府角色和活动[3]。相对地，电子治理主要致力于三个领域——"完善政府程序：电子政务；连接公众：电子公众和电子服务；以及建立与公民社会的互动和公民社会内部的互动：电子社会"[4]，三个领域的业务互有重合且不断扩展，有望借助电子公民、电子社会为电子政务之电子民主铺平道路。足见两者在治理尤其是政府治理功能建设方

①Gartner Group. Key issues in E-Government strategy and management ［R］. Gartner Research, 23 May, 2000.

②Kelly, T. Unlocking the Iron Cage: Public Administration in the Deliberative Democratic Theory of Jurgen Habermas ［J］. Administration and Society, 2004, 36（1）：38-61.

③David Brown. Electronic Government and Public Administration ［J］. International Review of Administrative Sciences, 2005, 71（2）：241-254.

④HEEKS R. Understanding e-Governance for Development（The i-Government working paper series：No.11）［R］. Manchester: University of Manchester, 2001.

面相互承继性显明。

　　三是在关注流程方面，由争论分歧转向态度一致。"电子治理的基本目的是简化国家、州和地方各级政府，公民，企业等的流程"①，电子政务的目标也包括简化政务流程。虽然维克托·迈尔–舍恩伯格、大卫·雷泽（Viktor Mayer–Schönberger&David Lazer，2007）曾批评"电子政府太多关注于技术——技术上可行——而不是信息的流动"②，苏哈什·巴塔纳加尔（Subhash Bhatnagar，2009）也认为"在向所有利益相关者提供服务中，电子治理关注流程，而电子政府主要关心产出"③，但这些都是针对电子政府构建早期的情况。自电子政府的派生概念——信息政府提出以后，流程反思和优化开始在电子政府实践中受到重视和得到强调，政府已然在电子政务建设中刻意纠正以往"不关注流程，只关心产出"的做法，并在流程梳理以至再造上持续发力，电子政务和电子治理在关注政务流程和服务流程方面早已表现出明显的趋同。此外，寻找两者类同之处的线索还包括：电子政府绩效可用于对"善治"贡献的测量；④联合国强调"连接性治理"概念，以提供更好的组织、协调和整合的信息流、新的事务处理能力、反馈和协商的新机制、更多的民主参与形式，并将其视作电子政府的发展趋势⑤。这些都为政府电子公共服务系统建设及政府电子公共服务供给发展提供了理论指导。

　　由推行电子政务进展到推进电子治理，既是政府管理向政府治理、公共管理向公共治理发展的必然要求，也是政府为适应市场经济、民主政治和网络行

---

①Business Jargons.E–governance［EB］. https：//businessjargons.com/e–governance.html.

②SCHÖNBERGER V M., LAZER D. From Electronic Government to Information Government［A］. Governance and Information Technology: From Electronic Government to Information Government［C］. Boston: The MIT Press, 2007：1–14.

③Subhash Bhatnagar.Unlocking E–Government Potencial：Concept, Cases and Practical Insights［M］. New Delhi: SAGE Publications India Pvt Ltd, 2009：10.

④Sabina, Castelfranco. Certification and security in E–services: from E–government to E–business［R］. E–Government Conference Opens in Palermo Naples, 11 April, 2002.

⑤联合国经济和社会事务部. 联合国电子政务2008调查——从电子政务到互联治理［EB/OL］. 2009［2009–11–15］.http：//unpan1.un.org/intradoc/groups/public/documents/UN/UNPAN028607.pdf.

政环境变化要求，满足日益攀升的公共服务需求，应对公共事物中各种复杂性问题所做的必然选择。在全球行政改革运动中，伴随政府管理向治理模式发展变迁，关于电子政务和电子治理的认知分歧影响到电子政务和电子治理的实践走向和发展，必须尽快加以解决。

国内外研究成果及实践做法给予我们的启示是，促进国家电子政务和电子治理发展并相向而行的策略和条件包括但不限于：制定全国统一的电子政务和电子治理的关键性政策、规划、标准及规范，对其进行统一计划和指导；从法律基础设施、机构基础设施、人力基础设施、技术基础设施、领导力和战略思维等方面入手，构建国家级的、具有全局性和灵活性的较为完整的实施框架，准备战略与战术的整体性解决方案；赋予原有领导电子政务建设的领导机构以领导电子治理建设的职责，以采取稳妥而高效的推进模式，使其在驱动和激励公共部门改革、泛城市合作组织建设以及全民信息素养培育方面提供政治、政策和财政支持。完整的策略和条件需涉及从顶层设计到基础建设、从信息资源共享体系到应用体系构建等方方面面，还可辅以"微政务"治理模式的"以公众为中心的理念、对民生的直接关切、公私平台的融合以及各种治理途径的合作"，[①]以此为促进两者相向而行提供所需的关键性基础条件、前瞻性战略准备和精细化战术措施，并将之进一步上升到国家战略高度进行整体筹划直至最终实施。

三、研究思路及内容结构

政府电子公共服务研究和实践涉及多层次、多学科的理论和方法的运用，需要借助于新技术和新方法，仅仅依靠行政管理学科自身难以解决其所面临的各种现实问题。为此，我们采用的研究方法不局限于行政管理专业领域，除了利用文献研究法、概念分析法、网络调研法、观察法、比较研究法、个案研究法之外，还加进了其他学科的理论和方法，如信息研究法、系统分析法、功能分析法、工程化方法等跨学科研究方法，以利综合运用新公共管理、新公共服务、治理理论、协同政府、项目管理、客户关系管理、信息管理、知识管理等

---

①黄璜.微政务：一种嵌入式的治理初探［J］.行政论坛，2016（6）：42-46.

多学科的观点、知识和方法，从整体、多层次、多角度上对政府电子公共服务供给问题进行综合性研究和全局性筹划。

我们基于对公共服务与政府公共服务、电子公共服务与政府电子公共服务这些概念之间的全同关系、属种关系（即真包含关系、上属关系）、种属关系、交叉关系、全异关系（即不相关系）等各种关系的研究以及对这些概念的内涵和外延的分析，来研究确定政府电子公共服务概念的内涵和外延。概念分析中主要遵循的规则有：严格区分某一概念的客观内容和可能出现的主观曲解；从历史的观点来分析概念的变化，准确把握其内容实质；用简洁的语言准确表述有关概念或术语；比较有关概念的异同点；等等。

（一）研究思路

本书遵循"概念模型→逻辑模型→物理模型"的演进脉络和"理论层面→规范层面→方法层面"的叙事框架，从研究政府电子公共服务的基本概念和主要特点切入，总结概括了政府电子公共服务供给的理论资源以及国家已经为国家信息化、电子政务及电子商务建设准备好的、或正在建设的、或计划拟建的政府电子公共服务供给可资利用的基础条件，得出政府电子公共服务系统的概念模型；再将理论资源和基础条件作为实施依据，据此为政府电子公共服务系统开发的责任主体和实施主体设计必须共同遵守的操作和实施规范，将政府电子公共服务系统的概念模型转换为政府电子公共服务系统用户能够接受的三类应然逻辑模型；在此基础上，针对应然逻辑模型的标准化和规范性约束进路，分析目前中国在政府电子公共服务供给方面的实际进展状况与实践中存在的问题，并针对所筹划的政府电子公共服务供给的愿景目标，探讨趋向政府电子公共服务供给愿景目标的路径策略，以图为达成方法层面的政府电子公共服务系统的物理模型做出理论贡献。

（二）内容结构

　　主体部分的四章与绪论、结论一起组成本书的总体框架结构。主要内容和具体脉络如图0.1所示。其中的理论概述、逻辑基础、现实问题和目标策略等四个部分，展示出了从"对概念模型的分析探讨"到"对逻辑模型的系统设计"再到"对物理模型的反思重构"的演进脉络，是从信息系统建设的角度设计了政府电子公共服务供给从现实世界物理空间转换到虚拟世界网络空间的映射操作轨迹，描述的是政府电子公共服务系统建设的技术路线图。而从信息资源组织的角度上看，这三块涉及政府信息资源组织的理论、规范和方法等三个层面，展现的是政府电子公共服务供给研究的完整的叙事框架。

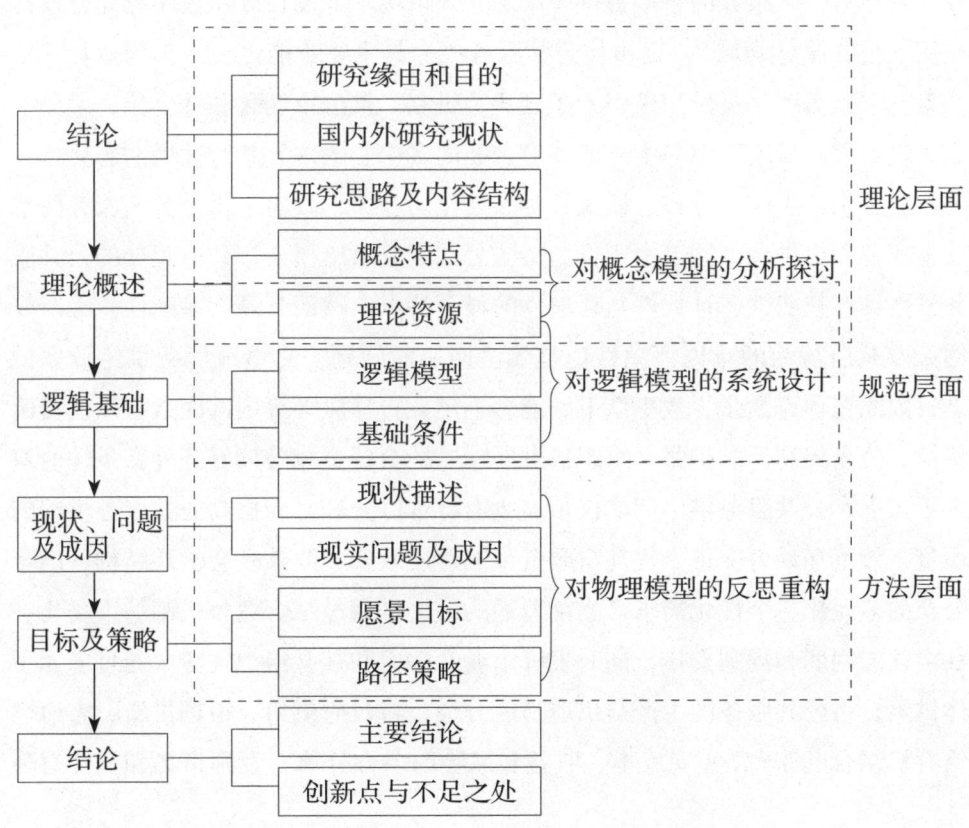

图0.1　本书内容结构

第一章　政府电子公共服务的理论概述

从公共服务体系的发展情况来看，国外特别是发达国家，自19世纪后期以来，在经历了市场经济早期的有限服务时期、二战后公共服务体系的发展和健全时期、20世纪70年代开始的公共服务体系改革时期这三个阶段后形成了相对健全的、较为完善的公共服务体系。在公共服务体系逐步建立和完善的过程中，政府扮演的角色，从最初充当"守夜人"基本不提供现代意义上的公共服务，到作为公共服务的直接提供者广泛介入市场不能发挥作用或不能充分发挥作用的公共服务领域[①]，逐步使公共服务成为其主要职能之一，再到兼具"生产者""购买者"身份积极引入市场竞争机制，推进市场化和社会化，使公共服务供给模式显现出由单中心的政府垄断向多中心的多元参与发展的态势。在公共服务供给主体、方式、模式日益多元化的今天，政府不再是公共服务的唯一生产者和提供者，这是由于作为传统公共服务供给模式，政府主导的公共服务虽然具有权威性、计划性与普遍性的显著特点，然而其高度垄断性、无产权约束及政府行为的难以评估性也是无法回避的问题，易造成服务供给效率低下，因此在预算紧张、效率低下、能力不足、转移风险等内部因素，以及资源稀缺、公众权利诉求扩张、组织投资冲动、社会资金风险偏好等外在条件的双重干预下，公共服务供给问题仅依靠政府将难以处理，为提高公共服务供给的质量、效率和动力变革，提高财政资金的使用效率，改善社会治理结构，满足公众的多元化、个性化需求，当前普遍的做法是通过结合竞争机制的市场化、社会化的制度和规则安排，同时发挥市场、政府和社会组织优势，通过多元主体供给，将公共服务的生产与供应适度分离，将政府供给、市场供给、志愿供给有机结合起来[②]，实现成本、收益和风险的多方分摊，发挥市场和社会对公

---

①国家行政学院课题组.关于公共服务体系和服务型政府建设的几个问题（上）[J].国家行政学院学报，2008（4）：8-12+90.

②此处观点参考：叶响裙.公共服务多元主体供给：理论与实践[M].北京：社会科学文献出版社，2014：47.

共服务供给的补充作用。

不可否认的是，由于居于独特地位，拥有公共权力，占有公共资源，具有权威性和可信度，政府仍然是公共服务投入的主要来源。从治理的角度出发，在由公共机构、私人机构或公共机构与私人机构的合作体共同构成的电子治理主体[1]中，政府是治理结构中的首要行动者或最主要的公共服务提供者，是公共服务供给的基础力量。在多元主体供给过程中，"政府与社会组织、企业通过共同行使权利、共同承担责任、联合投入资源、共同承担风险并分享利益等方式，生产和提供公共服务"[2]。这种供给模式呈现出坚持效率、公平、正义的价值多元性，以及多元主体的权责共担性，以有效整合社会资源实现对社会需求的更好回应，在此过程中，政府作为首要行动者，以保证或强化政府自身公共服务职能和责任为前提，"通过职能分解、转移、委托和授权，将具体生产过程让渡给企业、社会组织"[3]，引导、促进和保障这一供给机制的有效实施，承担着提供财政支持以及或安排、或主导并联合其他组织提供公共服务的职责，况且政府为保障公共服务供给所采取的"资助"和"监管"等干预方式也是其他供给主体所无法替代完成的，所以，政府事实上同时肩负"生产者""购买者""资助者""安排者""制度规则制定者""监管者"等多重角色。

为适应信息技术广泛应用和网络日益普及的趋势，利用电子政务建设蓬勃发展的机遇，战胜网络空间中服务供给无边界、服务需求多样化甚或过度化、服务内容不确定、服务各方身份隐匿等问题带来的挑战，使"政府主导、多元合作"这一创新型的公共服务模式在网络空间以政府电子公共服务形态高质高效地运作，亟须引入多学科力量联合攻关，解决公共服务供给主体之间的资源共享、良性互动、业务协同等问题。而解决这些问题应进行的理论研究上的基础工作则是厘定政府电子公共服务的内涵和外延，并明确政府电子公共服务的特点，因为各方只有在基本概念上达成共识，才能避免由于"概念上的混乱，

①孔繁玲.构建电子治理运行机制探析［J］.学习与探索，2006（6）：70-72.
②叶响裙.公共服务多元主体供给：理论与实践［M］.北京：社会科学文献出版社，2014：50.
③叶响裙.公共服务多元主体供给：理论与实践［M］.北京：社会科学文献出版社，2014：51.

往往容易助长实践中的混淆"[1]的状况发生，才有可能实现合作共赢。

一、政府电子公共服务的概念特点

（一）政府电子公共服务的内涵界定

科学、合理地界定政府电子公共服务的内涵，需要从厘清政府公共服务和电子公共服务的内涵入手。

1. 政府公共服务的内涵

为便于明晰政府电子公共服务系统开发的责任主体（只是政府）和实施主体（不只政府）的合作模式并理顺多元供给机制中各主体之间内在的逻辑关系，我们基于前述的多角度解释法，如物品解释法、利益解释法、主体解释法、价值解释法、内容解释法和职能解释法等理论研究成果，从政府电子公共服务供给主体的角度考虑，对既有的公共服务的内涵进行层次上的区分，即将人们对公共服务的认知大体归结为三类：

第一类是广义的，如"公共服务是指为社会公众提供的、基本的、非营利性的服务"[2]，或公共服务是为了满足公共需要，由公共部门或私营部门组织提供活动产品的活动[3]。

第二类是相对狭义的，如：公共服务是由公共组织机构使用公共权力与公共资源向公民所提供的各项服务[4]。

第三类则是更为狭义的，如："现代社会中的所谓公共服务，是指政府运用公共权力和公共资源向公民（及其被监护的未成年子女等）所提供的各项服务。"[5]

这三种内涵界定的主要区别在于：第一种对供给主体不予限定，第二种供

---

①王浦劬，莱斯特·M.萨拉蒙，等.政府向社会组织购买公共服务研究——中国与全球经验分析［M］.北京：北京大学出版社，2012：6.

②王立华.电子政务概论［M］.西安：西安交通大学出版社，2011：138.

③王语哲.公共服务［M］.北京：中国人事出版社，2006：1.

④郑慧.加拿大公共服务改革研究：公共服务供给机制的重构［M］.北京：社会科学文献出版社，2011：4.

⑤何云峰，孟祥瑞.政府对新生社会组织的催化与公共服务社会化［J］.上海师范大学学报：哲学社会科学版，2011（4）：11-19.

给主体覆盖所有公共组织机构，第三种将供给主体限定为政府，视公共服务为政府的专属职能，认为公共服务就是政府公共服务。

在上述三类定义中，我们不赞同后两种内涵界定，原因在于实践中的公共服务已不再是公共组织的专利，且"原来由政府承担的许多社会职能，越来越多地被转移给具有中介性质的各种社会组织"①，如今的公共服务，主要遵循比较优势原则，通过逐渐引入竞争机制和采用合同、委托等方式，由政府、其他公共组织、社会组织甚至私人组织形成互补性的合作伙伴关系来共同提供。当然，除政府之外的其他组织提供的公共服务"可能需要政府出资购买，但也有慈善机构之类的社会组织可能提供不需要政府出资的公共服务"②。这一方面说明公共服务并非完全由公共组织或政府来提供，另一方面又说明无论公共服务供给主体发生怎样的变化，政府仍然是公共服务投入的主要来源，这就为我们只把由政府直接提供的，或安排其他组织提供的，或主导并联合其他组织合作提供的公共服务归属于政府公共服务范畴提供了合理性。

叶常林、金太军对政府公共服务概念的使用与界定，支持了我们对公共服务与政府公共服务不能混同使用的观点，他们认为："政府公共服务是指政府为了满足社会公共需要而提供的产品与服务的总称。"③进一步地，句华明确提出"狭义的公共服务仅指那些由政府负责安排的具体的公共服务项目"④。基于上述观点，我们认为政府公共服务是政府直接提供的，或安排、主导并联合其他组织提供的公共产品和公共服务的总称。这类公共服务更多地涉及基本公共服务，表明政府仍然是公共服务供给的基础力量。

2. 电子公共服务的内涵

正如需要对公共服务和政府公共服务作区分一样，也需要厘清电子公共服务和政府电子公共服务的异同。显而易见，二者的共同点是所利用的工具和途径相同，即皆应用信息技术和通信网络。表面上这是二者常常被同一使用的原

---

①何云峰，孟祥瑞.政府对新生社会组织的催化与公共服务社会化［J］.上海师范大学学报：哲学社会科学版，2011（4）：11-19.

②何云峰，孟祥瑞.政府对新生社会组织的催化与公共服务社会化［J］.上海师范大学学报：哲学社会科学版，2011（4）：11-19.

③叶常林，金太军.电子政务［M］.合肥：中国科学技术大学出版社，2010：116.

④句华.公共服务中的市场机制［M］.北京：北京大学出版社，2006：9.

因，但究其根源，词语的混淆反映出使用者对公共服务和政府公共服务的内涵认知的含混。例如吴昊、汪玉凯和孙宝文认为，"电子公共服务是指政府应用信息技术来为个人、企业及其他社会团体提供公共服务的过程"[①]，同样，李乐乐与陆敬筠（2011）定义的电子公共服务也将服务主体限定为政府[②]，而这与叶常林、金太军定义的"政府电子化公共服务"[③]以及赵国俊定义的"政府公共服务的电子化"[④]并无本质区别，严格来说，这些定义都是政府电子公共服务的定义，而非电子公共服务的定义。相比而言，李传军的定义有所不同，他认为电子公共服务的实施主体不仅包括政府还涉及其他公共服务机构[⑤]。当然，也有一些学者提出使用电子政府公共服务的概念。由于我们研究的政府电子公共服务侧重政府及其安排的合作方在线面向社会公众提供公共服务，为避免产生歧义，我们不赞同将政府电子公共服务与电子政府公共服务二词混同的做法，因为对电子政府公共服务可作两种理解：一是电子化的政府公共服务；二是电子政府的公共服务。

有鉴于上述原因，我们使用电子公共服务和政府电子公共服务两种名称并作以区分，把政府电子公共服务定义为：政府应用信息技术和网络，直接提供的，或安排、或主导并联合其他组织提供的公共产品和公共服务的过程和结果。

当然，如果不需加以特别区分的话，也可把电子公共服务与公共服务电子化、电子化公共服务、电子化的公共服务、在线公共服务视为同一事物，而对政府电子公共服务，则可称作政府公共服务电子化、电子化的政府公共服务。但对于一些人把政府电子公共服务与电子化的政府服务以及在线政府服务不加区分的做法，我们持反对意见，认为应该谨慎区分，因为这涉及不同的建设主体、服务主体和服务对象等问题，公共性和安全性的等级和要求不同，实践

---

① 吴昊，汪玉凯，孙宝文. 我国电子公共服务的困境分析与对策建议［EB］. http://www.cia.org.cn/subject/subject_09_xxhzt_6.html.

② 李乐乐，陆敬筠. 基于TAM的电子公共服务接受模型及实证研究［J］. 情报科学，2011（10）：1509-1513+1528.

③ 叶常林，金太军. 电子政务［M］. 合肥：中国科学技术大学出版社，2010：120.

④ 赵国俊. 电子政务［M］. 北京：电子工业出版社，2003：88.

⑤ 李传军. 电子公共服务：电子政府发展的方向［J］. 行政管理改革，2010（3）：60-63.

中应区别对待。"从政府职能关键维度来看，电子政府包括电子服务、电子民主、电子商务和电子管理，统称为电子政务。"①可见，电子政务包括电子服务，而电子服务的对象包括政府自身、政府雇员、企业和公众，政府在互联网上面向企业和公众提供的电子服务属于政府电子公共服务的范畴，是其一个子集，亦即政府电子公共服务是电子服务应用的一项主要内容而非全部。

同时，正是由于政府电子公共服务与电子政务密切联系，还有一些学者与研究人员直接提出或使用"电子政务公共服务""面向公众服务的电子政务"等概念或说法，有些说法并未予以明确定义。例如，赵雪峰在总结分析国外推进电子政务公共服务的经验与启示时使用了"电子政务公共服务"的概念；②石怀成、黄鹏和杨志维则直接使用电子政务公共服务一词介绍国外推行电子政务公共服务的主要理念③；与之类似，刘燕、陈英武和周长峰的电子政务公众满意度指数模型是在分析电子政务公共服务的质量特性的基础上提出的④；孙宝文、王天梅、涂艳则是从电子政务不同发展阶段的研究重点的角度出发，采用"面向公共服务的电子政务"的说法进行国外电子政务研究述评⑤。上述不同提法或用词源于将公共服务视为电子政务的一项功能、能力或重要建设内容，即各方的研究均指向政府所提供的电子化公共服务、在线服务，而这与本书论及的"政府电子公共服务"并无本质差别。

（二）政府电子公共服务的内容范围

"根据公共需求，提供公共服务，是现代政府的基本职责"。⑥理论上政

---

①ANDERSEN K V. E-government and public sector process rebuilding: dilettantes, wheel barrows, and diamonds［M］. Springer Science & Business Media, 2004：81.

②赵雪峰. 国外推进电子政务公共服务的经验与启示［J］. 科技致富向导, 2010（33）：203+209.

③石怀成，黄鹏，杨志维. 国外推行电子政务公共服务的主要理念［J］. 信息化建设, 2007（7）：35-38.

④刘燕，陈英武，周长峰. 电子政务公众服务与公众满意度测评研究［J］. 经济研究导刊, 2009（7）：193-195.

⑤孙宝文，王天梅，涂艳. 面向公共服务的国外电子政务研究述评［J］. 国家行政学院学报, 2012（1）：111-114.

⑥赵景来. 政府创新与建设公共服务型政府研究述略［J］. 天津社会科学, 2011（3）：79-82.

府应当清楚它应该直接提供哪些公共服务、能够安排哪些组织提供哪些公共服务，可以主导并联合哪些组织合作提供哪些公共服务，以及可以利用信息技术和设施在网络上安全、可靠、有效地提供哪些公共服务，但事实并非如此。这些问题长期困扰着各级政府的决策者和管理者们。实际解决这些问题，有赖于对政府电子公共服务的内容范围做出合理界定。

归纳各国学者有关政府电子公共服务的内容范围的各项研究成果，主要从服务对象、服务内容、发展阶段等方面进行分类，也有从服务平台、服务性质、服务提供方式、服务提供过程中信息的传导方向、服务涉及的部门等方面进行分类。

首先，以服务对象分类。政府电子公共服务供给的服务对象主要是公民和企业。例如胡广伟、仲伟俊、梅姝娥（2008）认为，"EGPS的服务对象主要包括两类：公众与企业组织。其中企业组织还可细分为企业、非营利性公共组织、社会团体等"[1]。李章程（2011）认为，"就服务对象来说，（在线服务）主要包含电子化企业服务与电子化公民服务"[2]。王建玲，邱广华（2011）认同Dialogic公司的研究报告中强调的两个变量——电子服务的先决条件和电子服务的使用强度，认为电子服务的使用强度"涉及到公众如何使用特定公共电子服务、商业部门如何使用特定公共电子服务以及企业使用信息技术的程度等"[3]。欧洲电子政府公共服务"测评聚焦于电子政府前后台公共服务，对象是20项电子化公共服务项目，包括对公民提供的12项服务……为企业提供的8项服务"[4]。此外，还有学者认为服务对象除公众与企业外，还涉及政

①EGPS: Electronic Government Public Service，电子（政府）公共服务，"（政府）"为著者所加，见胡广伟，仲伟俊，梅姝娥.电子公共服务战略规划方法研究及实证 [J].管理科学学报，2008（3）：35-48.
②李章程.欧洲电子政府公共服务研究 [J].图书情报工作，2011（23）：110-116.
③王建玲，邱广华.公共部门电子服务质量评价研究 [J].中国行政管理，2011（7）：34-37.
④李章程.欧洲电子政府公共服务研究 [J].图书情报工作，2011（23）：110-116.

府以及政府雇员①、其他公共组织②等，如方志远划分的五类服务对象就包括了政府对公众（G2C③）、政府对企业（G2B④）、政府对政府（G2G⑤）、政府对非营利组织（G2N⑥）、政府对雇员（G2E⑦）。⑧而根据对政府电子公共服务内涵的理解，在政府公共服务前后台供给的模型中，政府电子公共服务前台面向的是直接的公共产品和服务的消费者——公民（个人）与企业（法人），后台面向的是政府内部各层级政府、部门、政府雇员，以及作为公共服务多元供给主体的私营部门、非营利组织，虽然政府电子公共服务平台也为这些多元供给主体提供了共享资源、协同合作的平台与渠道，但从严格意义上来说，作为多元主体公共服务供给的最终受益者，政府电子公共服务的服务对象应只包括公众与企业，即政府电子公共服务严格来说只包括电子化企业服务和电子化公民服务，即G2B和G2C模式。

其次，以服务内容分类。主要涉及信息服务与在线办事服务。信息服务主要通过信息发布、互动交流以及解读回应等功能形式展现。信息发布是政府网站非常重要的服务内容，在《中华人民共和国政府信息公开条例》中⑨，对于政府信息公开的范围、方式和程序，以及监督和保障机制都做出了明确要求。政府信息发布服务并没有明确的目标对象指向性，任何个人或组织，只要能访问政府网站，就可以按照自己的需要得到相应的信息服务，信息发布的内容范围很广，一般包括本地的经济、文化、人文、地理等地方概况信息、政府机构信息、政府文件信息、信息资源目录信息、政务动态、数据下载服务等信

①臧超，李婷.互联网+背景下政府电子公共服务研究［J］.科技资讯，2015（32）：214+216.

②胡广伟，仲伟俊，梅姝娥.电子公共服务战略规划方法研究及实证［J］.管理科学学报，2008（3）：35-48.

③G2C: Government to Citizen.

④G2B: Government to Business.

⑤G2G: Government to Government.

⑥G2N: Government to Nonprofit.

⑦G2E: Government to Employee.

⑧FANG Z.E-government in digital era: concept, practice, and development ［J］. International journal of the Computer, the Internet and management, 2002, 10（2）：1-22.

⑨中华人民共和国政府信息公开条例（国务院令〔2007〕第492号）［Z］. 2007-04-05.

息服务内容，政府信息发布服务的最基本要求是实时、准确、权威，访问速度快。互动交流的内容范围主要包括百姓留言、评论、实时在线访谈、意见建议征集、问题调查、信息咨询、投诉等功能，目的是搭建政府和百姓之间的交流平台，了解、听取、汇聚民意，解答百姓关心的问题，政府互动交流平台最基本要求是使用方便、栏目设置合理。政府网站的解读回应功能，越来越受到各级政府部门的重视，其目的是在政府部门制定、发布重要政策文件时，应同时发布政府由权威部门提供的政策、文件解读材料，使百姓在学习政策文件的同时，更能了解到文件的背景、形成过程、目的意义，以及文件要解决什么样的问题。可以以文字、图表、音视频等多重形式展现，也可以借助新媒体进行传播，其目的是扩大信息的传播范围，提高政府与百姓之间的互动效果。办事服务是政府网站的核心服务内容，按照国家要求，办事服务平台的前端（展现给公众的）要统一服务入口，集中发布政府提供的办事服务目录，以统一的、整体的形象为百姓提供在线服务，同时形成网上服务清单，科学合理地将服务内容按主题、对象进行分类，按照统一的命名规则规范服务命名，合理展现在公众面前；办事服务的后端要做好各部门信息系统对接工作，按照国家制定的信息共享与信息交换标准实现部门之间的信息共享与交换，同时办事服务平台要连接国家形成人口、法人等资源库，真正实现"一窗式"的受理、记录、反馈三项统一。总体来讲，办事服务内容应该覆盖所有公民个人、法人企业整个生命周期所需要的政府公共服务，具体的服务内容多种多样，对服务的分类方式也各异，有按服务部门分类的，有按服务对象分类的，也有按热点关注进行重点展现的，各种分类各具特色，但总体来看，按服务对象对服务进行分类的人文关怀更多，越来越受到各政府网站的关注。

再次，以发展阶段分类。国内外关于电子公共服务发展阶段模型（也称阶段划分）的研究成果很多。比较而言，国外的研究较为系统，涉及三阶段、四阶段、五阶段、六阶段等多个阶段模型，表现为不同的发展阶段所提供的服务内容有所不同，体现出各自不同的侧重点以及理论基础和服务理念的差别。例如，马克·霍华德（Mark Howard，2001）提出的发布、交互、事务处理三阶段模型[10]；钱德勒、伊曼纽尔（Chandler，S. & Emanuels，S，2002）提出的

---

[10]HOWARD, M. E-government across the globe: how will "e" change government? [J]. Government Finance Review, 2001, 17（4）：6-9.

发布、交互、事务处理、服务集成四阶段模型将事务处理与服务集成分开，更加明确了部门、机构间的集成，凸显跨部门和跨机构合作提供公共服务的困难性[1]；凯伦·莱恩与李政宇（Karen Layne&Jungwoo Lee，2001）的四阶段模型通过对集成的纵向、横向划分来说明同类应用的可延伸性和不同应用之间的耦合度，具体分为编目、交互、纵向集成、横向集成四个阶段[2]；董礼胜（2009）将治理理论应用于电子政府发展阶段，提出在治理理论引导下电子政务的发展大致要经历四个阶段：以组织为中心的电子政务阶段→以公众为中心的电子政务阶段→以组织为中心的电子化治理阶段→以公众为中心的电子化治理阶段[3]；联合国（2002）提出的五阶段模型则将政府网站建立作为政府电子公共服务的开端，将跨部门的无缝隙服务或一站式服务作为政府电子公共服务的理想阶段[4]；姜奇平和汪向东（2004）基于政务目标将电子政府发展分为五种依次展开和递进的阶段性策略：技术应用型电子政务建设、管理信息化型电子政务建设、扁平服务型电子政务建设、电子民主型电子政务策略、全面响应型电子政务[5]；雷切尔·西尔科克（RachelSilcock，2001）则从网站建设及应用角度出发，划分信息单向发布、双向交易、单一入口多功能网站、个性化门户网站、部门间公共服务集群、政府全面整合和实现企业转变六个阶段，强调政府电子公共服务最终要实现完全的业务整合，实现政府的企业化转型[6]；英国德勤咨询公司（2010）提出电子政府发展的六阶段模式：信息发布与传播；"正

[1]CHANDLER, S, and EMANUELS, S, Transformation Not Automation［A］. Proceedings of 2nd European Conference on E-Government［C］. St Catherine, College Oxford, UK, 2002：91-102.

[2]LAYNE, K. and J. Lee. Developing fully functional E-government: a four stage model［J］. Government Information Quarterly, 2001, 18（2）：122-136.

[3]董礼胜，雷婷.国外电子政务最新发展及前景分析［J］.中国社会科学院研究生院学报，2009（6）：5-14.

[4]United Nations Division for Public Economics and Public Administration, American Society for Public Administration.Benchmarking E-government: A Global Perspective: Assessing the Progress of the UN Member States［R］. New York: United Nations, 2002：12.

[5]姜奇平，汪向东.行政环境与电子政务的策略选择［J］.中国社会科学，2004（2）：81-83.

[6]Rachel Silcock. What is e-government［J］. Parliamentary affairs, 2001, 54（1）：88-101.

式的"双向业务;多功能门户网站;门户个性化;公共服务的集中;完全整合和政府再造①。

上述阶段划分明显地都是以事务为导向而非以问题为导向的。由于人们认同"受技术、公民需求和公共部门的经济现状的影响,描绘阶段的顺序是必然的"②,所以这类研究成果对实践发展的指导意义是很显著的。只是早期的电子政府的研究人员假定政府各部门在进行下一阶段前必须完成等级结构中的上一阶段,这导致了行政效率是民主参与的前提的习惯假设③,由此也导致行政与政治哪个更重要、谁先谁后一类问题争论,也延伸到了政府电子公共服务领域。此外,还有其他多种类型划分方式可供借鉴。例如,以服务提供方式分类,分为信息发布、信息搜索、文件下载、电子邮件、表格下载、电子合同、电子会议等;以服务提供过程中信息的传导方向分类,分为单向型服务和互动型服务;以服务涉及的部门分类,分为单一型服务和协同型服务;以服务平台类型分类,可分为政府网站服务、政务微博服务、政务微信服务、移动客户端服务;以服务性质分类,可分为信息服务、沟通服务、个性化服务和交易服务④。

综上,政府电子公共服务的内容范围正处于快速扩展和上升变化之中,虽然其不同发展阶段所提供的服务内容不同,各自侧重不一,体现的服务理念和方式有别,但其各种阶段模型之间却存有许多共性内容,基本都涵盖了单向发布、简单交互、在线应用等阶段,而其主要差别则体现在与交互式事务处理的复杂性相关的阶段划分上,反映出公共服务内容进展的方向和追求。

虽然上述分类可为政府电子公共服务的外延界定提供内容参照并据以进行愿景预测,但其过于笼统和可操作性不强的问题是明显存在的,易致实践无序而操作无所依从。为此,我们建议政府电子公共服务内容范围拓展应采取基本

①安德鲁·查德威克.互联网政治学:国家、公民和新传播技术 [M].任孟山,译.北京:华夏出版社,2010:255-256.

②SCHÖNBERGER V. M., LAZER D. From Electronic Government to Information Government [A]. Governance and Information Technology: From Electronic Government to Information Government [C]. Boston: The MIT Press, 2007:1-14.

③MARIA J.D' agostino, SCHWESTE R., CARRIZALES T., MELITSKI J. A study of e-government and e-governance: an empirical examination of municipal websites [J]. Public Administration Quarterly, 2011, 35(1):3-25.

④王立华.电子政务概论 [M].西安:西安交通大学出版社,2011:146.

理念、目标追求、具体措施等实施路径，并依从实现内容、实现顺序、条件准备方面的原则确定操作策略。

下述研究和实践成果为我国政府电子公共服务内容范围拓展提供一系列具有针对性和可操作性的实施路径，包括：①基本理念，主要涉及"以公众为中心"、惠及所有人、无处不在或"泛在"、无缝整合及开放的政府（或透明的政府）、响应的政府、变革的政府、集成的政府①。前四个是从公共服务自身角度出发提出的，后四个是从政府角度出发提出的。②追求目标，涉及可及性、可用性和易用性。"可及性是指通过无障碍设计使包括残疾人在内的所有公民都能获得电子化公共服务，也称为包容性、可获取性等"②。可及性的实现不仅依赖于信息基础设施的普及，也需要多样化的电子公共服务方式的参与。而可用性和易用性则是提高公众接受度的两个主要技术指标，这两项指标要求以顾客需求为导向而非政府需要为导向、以过程而非职能进行电子公共服务设计③。③具体措施，涉及"调整组织机构、加强自身能力建设、引入EA（Enterprise Architecture）理论、提高在线服务利用率、推行共享服务、缩小'数字鸿沟'和开展绩效评估"④。赵雪峰将各国政府推行政府电子公共服务的具体表现归纳为服务内容、服务方式及服务渠道上的三种变化，即从简单满足公众一般需求向主动调查分析公众需求转变；从访问单个部门网站向访问统一门户网站转变；从单一渠道向多渠道一体化服务转变⑤。从而为公民个人及企业法人提供更具个性化、多元化的、集成化的电子化服务方式。

借鉴国内外相关研究成果并据此做出抉择，我们认为政府电子公共服务的内容范围应依照下述原则来确定操作策略：一是从实现内容上，既提供基本公共服务，又响应公众个性化需求提供多元化、差异化服务，对穷人和残疾人

①石怀成，黄鹏，杨志维.国外推行电子政务公共服务的主要理念［J］.信息化建设，2007（7）：35-38.

②井西晓.我国电子化公共服务实现的路径［J］.学习月刊，2011（2）：32-33.

③井西晓.我国电子化公共服务实现的路径［J］.学习月刊，2011（2）：32-33.

④EA: Enterprise Architecture, 企业架构，见石怀成，黄鹏，杨志维.国外推行电子政务公共服务的重点做法［J］.信息化建设，2007（9）：42-45.

⑤赵雪峰.国外推进电子政务公共服务的经验与启示［J］.科技致富向导，2010（33）：203+209.

等弱势群体提供特殊化、包容性服务，通过兼顾共性与个性化需求，以实现彻底、有效、包容的公共服务供给目标。二是从实现顺序上，先从公众基本需求出发，提供基本公共服务内容，再依据公众需求偏好和权利诉求，从需求强、投入少、见效快的公共服务项目入手，逐步提供多样化的公共服务。三是从条件准备上，应树立科学理念（包括以公众为中心、以服务为导向、惠及所有人、全天候、全方位、无缝、整合、开放、透明、快速响应、集成等），强化服务意识，强调公共利益，担当公共责任，追求公共价值，并将这些理念、意识、利益、责任和追求嵌入到政府电子公共服务的功能内容及其运作过程当中成为技术规制，以达成供给主体与客体之间的理解与信任。

遵照上述原则，政府电子公共服务在实施层面所涉内容可归结为：建设国家信息基础设施，降低电信服务资费，推广信息技术培训，以弥合各地区之间、城乡之间的"数字鸿沟"，使更多公众能够共享政府电子公共服务；建设统一公共服务平台，科学规划服务栏目并设置合理功能，合理整合政府、其他公共组织、社会组织以及私人组织的资源和项目，进而完整呈现实时、动态、透明的服务过程和全面、及时、准确的信息内容，以实现一站式、无缝隙并泛在的服务愿景，提高政府电子公共服务的效率、效益、质量和数量，达到令公众满意的效果；依据合同建立和维持一整套合作制度和游戏规则，要求所有供给主体提供资源和信誉，遵守制度和规则，并信守合同和协议，以保障这种多中心合作能共担公共责任，履行权利义务，解决矛盾冲突，减少不确定性，分散风险点，实现合作共赢。

（三）政府电子公共服务的主要特点

公共服务是大众化的服务[1]，是基本的服务[2]，是内容广泛的服务[3]，是非营利性服务[4]。政府电子公共服务作为一种新型的公共服务，实现了政府部分公共服务的电子化，它不仅实现了公共服务手段的电子化，同时也是电子环境

---

[1] 一般以一个地区为单位，向这个地区的公民普遍提供的服务，不是只为特定少数人提供的服务。

[2] 满足人们日常社会生活中基本需求的服务。

[3] 公共服务既要提供物质产品（水、电、气、路、通讯、交通工具等），又要提供非物质产品（安全、医疗、教育、娱乐等），并且，公共服务的项目随着社会的发展而不断增多。

[4] 公共服务是一种低价位的服务，以保证人们能够持续性地消费。

下公共服务供给的新模式。在这里，"服务"是核心，是根本，是目标；"政府"是服务供给的主体或控制、监督供给的主体；"电子"是公共服务实现的技术手段和方式的集合；"公共"表明服务客体的范围。政府电子公共服务在本质上属于公共服务，但与传统的公共服务毕竟不同，它在具备传统的公共服务共性的同时，还具有其自身的个性特征。

　　不同学者对政府电子公共服务的特性描述各有不同，有的从服务方式、服务途径、服务内容等大方向进行整体阐述，如王立华[①]；有的进行细致划分，如叶常林和金太军指出的六个特点[②]以及李传军提出的八个特征[③]。我们综合各家观点，对说法相似、内容相同的部分进行归类，曾总结归纳出政府电子公共服务的十个基本属性，分别是网络化、集成化、智能化、个性化、自助化、透明化、便利性、回应性、互动性和高效性。①网络化。政府电子公共服务通过网络平台提供。登录政府门户网站，公众可以在网络上享受到政府及其他公共服务主体提供的电子公共服务，内容从信息发布服务逐渐扩展到事务处理服务。②集成化。政府电子公共服务打破了不同职能部门之间各自为政的传统方式，通过优化业务流程和简化审批手续来横向整合不同职能部门的业务，实现网络化的协同办公，再通过与其他公共服务主体的合作，为公众提供一种"无缝隙或整体化而非碎片化的公共服务"[④]，即"一站式"服务。③智能化。智能化是指政府服务提供部门通过与其他服务主体的合作，综合利用信息技术，为社会公众提供高水平的智能化服务。智能化服务可有效减少政府服务过程中

①"在服务方式上，政府电子化公共服务打破了传统政府公共服务时间与空间的限制，可以利用网络实现24小时不间断服务；在服务途径上，政府电子化公共服务利用网络技术、计算机技术等现代智能化技术，能够实现服务的集成与整合，有助于公众获得高效、全面的服务；在服务内容上，政府电子化公共服务利用互联网可以向公众提供"一对一"的个性化服务，提高了政府公共服务的自助化程度。"见王立华.电子政务概论 [M].西安：西安交通大学出版社，2011：139.

②即随时随地提供服务、以公众需求为导向、智能化、集成化、自助化、个性化等六个特点。见叶常林，金太军.电子政务 [M].合肥：中国科学技术大学出版社，2010：120−122.

③即网络化、便利性、回应性、集成化、个性化、互动性、透明性、高效化等八个特征。见李传军.电子公共服务：电子政府发展的方向 [J].行政管理改革，2010（3）：60−63.

④POLLITT C. Joined−up Government: a Survey [J]. Political Studies Review, 2003（1）：34−49.

的人为干预，使得服务更为规范、科学，对提高政府工作效率和节省政府服务成本成绩显著。④个性化。传统的公共服务由于受到人力、物力、时空的限制，政府无法针对不同的个体提供个性化的服务。借助网络平台，政府能够面向社会公众的个体服务需求提供多样化、精准化、"一对一"的政府电子公共服务。⑤自助化。通过互联网络或其他电子化手段，公众可以按照个人意愿自主地选择公共服务，这在提高政府公共服务自助化程度的同时，也有效地保护了公民个人的隐私权，同时也提高了公众对政府公共服务的满意度。⑥透明化。政府电子公共服务提供使公众无须进入政府机关即可通过网络提交申请和申办事项，只需在一定时限内查收办理结果而无须理会服务机关内部的具体运作方式，公众无须依靠自己的奔波推动办理过程，这种透明化减少了传统公共服务提供中的"暗箱操作"的可能性。⑦便利性。有别于传统的面对面的人工服务，政府电子公共服务通过应用信息技术和网络平台实现了信息共享和实时通信，能够以全新的"7×24"式的不间断服务方式，全天候、跨地域、随时随地提供服务，使得公众可以便利地享受到政府提供的公共服务。⑧回应性。政府电子公共服务通过建立标准化、规范化、一体化的公共服务平台，可以为公众提供方便快捷的服务获取渠道，使公众不必花费时间和精力往返于不同政府部门之间，从而使政府以公众需求为导向，最大限度地面向公众的个性化要求提供多样化的服务，极大地提高了政府的回应性和服务意识。⑨互动性。政府电子公共服务将传统的"政府→公众"一方主动的单向服务方式转变为"政府←→公众"双向互动的服务方式，通过基于网络的新型"政府—公民"交流界面，公众可以进行服务申请、意见发表等操作，政府则需在第一时间回应公众的需求，实现公众与政府间的信息交互与事务处理。⑩高效性。高效性体现在公众获取公共服务成本的降低和政府提供服务成本的降低，意味着政府公共服务收益的提高。

　　已有的政府电子公共服务实践，更多地被认同具有全球性、泛在性、开放性、交互性、便利性等技术特性，但实际上，它应更多地具有追求公共利益、负载公共价值、追求社会公平、实现公共效益最大化等公共行政特征，当然也应该兼具互联网思维带来的更多的创新特色。基于上述观点和前期研究成果，我们把政府电子公共服务的主要特点归纳为供给主体的去中心化、服务规程的标准化、服务过程的可控性、服务结果的无差别性、服务需求的可预测性。

1．供给主体的去中心化

当前，政府倡导多元公共服务供给，国家在政策文件中也倡导"提供基本公共服务尽可能采用购买服务方式，第三方可提供的事务性管理服务交给市场或社会去办"[①]。相比政府为唯一直接供给主体的服务供给模式，多元供给在政府与企业、社会组织间建立起公共服务供给的合作网络，通过服务外包、订立合约、公私伙伴关系等多种形式实现公共服务的联合供给，政府在保证公共服务被有效提供的前提下，不必成为直接的公共服务提供者，而是兼具服务出资者、服务提供者、供给协调者等多重身份，部分服务由政府直接组织生产并提供，部分服务事项则可交由私营机构、民间和社会力量共同参与。这既可以释放政府供给压力，充分利用社会资源，又可以通过引入竞争机制，发挥市场在资源配置中的决定性作用，充分发挥社会团体、行业协会、商会和中介机构的作用。而且相较政府机构依结构调整服务的供给模式，市场和社会组织可以根据用户需求提供更为个性化的服务，公共服务供给的灵活性得到增强。同时，众创、众包、众扶、众筹等协同共享的发展模式，拓展了政府与市场资源、社会资源的对接渠道，加速了政府电子公共服务手段、方式、方法的迭代更新，通过借助社会资源，为公众和企业提供优质的、用得上的、分享的公共服务。

在互联网中，中心化意味着集权，去中心化主要是指技术对普通用户的赋权，它意味着权力分散，意味着人人都是中心，又意味着没有绝对的中心。去中心化并不等同于人人平等，因为总会有人更善于利用技术赋予的可能性，而有人则不善用或不在乎。对政府电子公共服务来说，去中心化意味着政府的职责是服务，应作为公共议题的安排者、协调者、仲裁者、服务者、引导者行事，与社会组织及公民各方应建立起平等互信、交流合作的关系，从而在基于公共价值、忠诚、公民权以及公共利益等行政精神的支配下，达成帮助公民明确表达并满足其共同利益诉求的目的，使得各方在广泛参与、对话协商、分享权力的氛围下，共同参与公共决策，实现多元化治理。

但是，在多元供给网络中，政府对其他供给主体兼具监督和约束作用，易造成"政事不分""政企不分"或"政事同盟"的现象，从而易造成公共利

[①]李克强.第十二届全国人民代表大会第三次会议，政府工作报告［R］.
2015-03-05.

益部门化、行政保护和腐败问题，在公共服务资源分割上难以形成公正平衡。供给地位的不平等是传统公私合作关系中的一大问题。相较于线下公共服务供给，线上公共服务供给在网络空间中，电子公共服务平台为服务供给各方提供了开放共享的数据资源，打破"信息孤岛"，有助于解决信息不对称造成的资源分割不公问题，打破政府与其他供给主体之间的利益链条与依附关系，为公共服务提供者创造更加透明、公平的竞争环境。同时，基于网络平台信息开放共享的特点，可以有效解决监督信息不完备的问题，建立政府监管、媒体与公众的舆论监督等多重监管形式的服务监督机制，为政府电子公共服务有效供给提供更加完备的约束机制，为监督供给行为提供一种良性压力，把政府应该管的事情管好，形成去公共服务供给主体权力中心，只以公民需求为中心的公共服务供给模式。

2. 服务规程的标准化

服务规程是以描述性语言对某一特定的服务过程所包含的作业内容与顺序，以及对该服务过程应达到的某种规格和标准所做的详细而具体的规定，简单地说，它是指某一特定服务过程的规范化程序和标准。对政府电子公共服务来说，它的服务规程是其与其他实施主体之间进行信息流、业务流以及其他工作衔接的一系列规则和标准，应包括服务对象和范围、服务内容和程序、服务规格和标准以及服务规格的衔接和系统性，应由国家和行业主管部门制定并发布统一标准，要求从事政府电子公共服务实施的相关组织和人员必须在规定的时间内按标准进行服务。当前，国家在推行"互联网+政务服务"过程中，在政务服务标准化方面，围绕服务事项清单标准化、办事指南标准化、审查工作细则标准化、考核评估指标标准化、实名用户标准化、线上线下支付标准化等问题展开[①]。

从信息的角度看，政府电子公共服务进行的服务就是对信息采集、处理、加工、包装、反馈的过程，从服务申请到结果反馈的整个在线服务过程以数字驱动，所有操作行为皆在线进行，要实现全流程的在线电子公共服务，必然要求电子公共服务系统基于共同遵守的规范设计，规范系统数据的格式与交换标准，将不同的系统、功能、流程整合再造，畅通数据交换与共享渠道，实现业

---

① 国务院办公厅关于印发"互联网+政务服务"技术体系建设指南的通知（国办函〔2016〕108号）〔Z〕. 2017-01-12.

务协同与服务整合，形成业务流、资金流和信息流"三流合一"的标准化服务供给模式。

3. 服务过程的可控性

对政府来说，在整个政府电子公共服务供给过程中，各责任主体和实施主体的职责范围、权力控制目标、主要涉及部门、主要监控位置和涉及文件都可准确定义，其数据结构及相关政策和管理规定也可精确掌握，这意味着通过业务数据实现对业务行为运作的效率、过程、结果的有效还原与回溯变得可行。为此，政府可借助于信息技术手段实现对各流程、环节和节点处的业务运行状况和人员操作情况的跟踪、监控、审计、分析，实现对服务过程中业务中间流转状态与服务结果的跟踪查询，实现对服务质量、时效、过程的全程、可视化管控与实时监督，促进政府权力运行规范化、标准化、透明化和公开化。公众可享用先进的技术设备，利用微信平台、移动APP等多种自助终端，既加强政府对政府电子公共服务过程的可控性，也加强公众对政府权力运行的可控性。此外，服务过程的可控还有利于监督和问责，促使政府提供更丰富的服务。

4. 服务结果的无差别性

政府依托电子公共服务系统实现政府在线电子化公共服务。在整个电子政务体系结构中，自数据管理、数据服务、应用平台、业务功能、业务接入、服务渠道到客户端各个层面，涉及总体标准、应用标准、应用支撑标准、信息安全标准、网络基础设施标准、管理标准等多方面的标准规则，无论数据存储、传输、交换、共享，还是系统架构、平台建设、业务流程设计、信息安全管理，均严格遵循统一的程序设定、流程规范、标准规则。技术标准和数据标准的共同作用，可以使整个服务过程中的每一环节均在预定程序规制与结构化设计下推进完成。这种在线服务模式以技术理性规避各种人为不确定因素引发的服务过程或结果的不公正性与不公平性，决定了其最终服务产出的无差别性，是一种合规的优质公共服务。需注意的是服务结果的无差别性与政府电子公共服务可以满足公众多样化、个性化的服务不同，前者服务结果的无差别性强调单一某项服务供给受程序、规则下框架下的结果稳定性，而后者是从公众需求、服务功能角度出发，强调的是服务内容的延展性，因此二者有所不同。

5. 服务需求的可预测性

基于网络平台与电子政务系统的政府电子公共服务，通过政府信息系统和公共数据互联开放共享，加快政府信息平台整合，为公众提供了一种开放、对等、交互的在线服务模式。其核心价值理念与服务宗旨是"以人为本，用户至上"，即服务供给以公众需求为导向，适应不同领域、阶层、地区的服务响应需求，既要满足公民基本公共服务需求，又要响应公民多样化与个性化需求。在政府电子公共服务平台中，从服务输入到输出，从服务申请、服务获取到结果反馈，累积了大量基础数据、业务数据、公众行为数据，对这些数据进行分析、处理和整理，可以获取大数据，掌握大数据的规律，发现大数据的趋势，解决大数据应用中的问题，从而对公共需求进行准确预测和预警，以此掌握、跟踪用户需求，实现精准服务推送，提高供给策略的针对性、科学性和时效性，提升公共服务供给效能及监管水平，保障供需平衡，增强政府公共服务的主动性、精确性、便捷性，做好个性化精准推送服务。

政府电子公共服务的供给者是与其所设计的各个虚拟的供给主体相对应的、现实世界中的相应的供给主体——政府及其安排、联合的其他组织，谓之现实的供给主体。由于虚拟的供给主体是现实的供给主体虚拟化的结果，本质上是现实的供给主体的物化形式（有一定程度的异化，并不强求相符），不能脱离现实的供给主体独立运作。所以，必须依照现实的供给主体的职责、权利、义务和关系设计虚拟的供给主体的功能、权限、责任和关联，并最大程度地利用技术优势，在使各方供给主体共享资源的基础上，达成以技术规制规范和控制现实的供给主体的行为、权利、义务和关系的目的，并利用技术系统跟踪和评估影响政府电子公共服务运行的各种关系、各方绩效及其责任归属情况，以更好地发挥政府电子公共服务的功效。

值得注意的是，网络空间的无边界性、网上公共服务客体的不确定性及其身份的隐匿性，无疑增大了政府电子公共服务供给的范围、数量和难度，所以，政府电子公共服务可能远远超出现实政府的职权行使范围和能力承受程度，以至政府在承担或安排电子公共服务供给中面临诸多"瓶颈"。要突破"瓶颈"，政府需要与其他供给主体紧密合作，共同面对和解决问题。鉴于多中心合作更需建立在资源共享、良性互动和业务协同的基础之上，需要对政府电子公共服务的概念赋以合适内容，建立合理框架，以求达成各方共识。于是，在相似概念中选择、使用适合的概念，并赋予其新的含义，成为我们研究政府电子公共服务内涵和外延的初衷。当然，既有的相关研究成果对政府电子公共服务的主体表述不一、系统解析不够、具体内容笼统的状况和我们试图增强各方对话性并减少实践随意性的追求，亦加速促成了这项研究成果的完成。

政府电子公共服务概念界定的意义不仅在于可以为学者和实践者系统、深入地开展相关研究和从事具体实践工作提供理论支撑和实践依据，同时也在于能够为系统建构政府电子公共服务概念体系、逻辑框架和实践模型创造条件，并为国家正在积极推行的电子政务建设以及大力推进的基本公共服务均等化提供基础支撑。可以预见，随着中国网民突破9亿人大关，未来公众对政府电子公共服务的内容、数量、质量的需求必将逐渐攀升。政府可借助电子政务建设契机，通过加强信息基础设施建设、降低电信服务资费、推广技术培训等措施来消弥"数字鸿沟"，使更多的"信息穷人"变成"信息富人"，从而让更多的人享受到政府电子公共服务的成果。

6. 服务提供的精准化

精准服务涵盖三层含义，即要求服务内容的精准性、服务质量的精致性以及服务态度的精耕性。

首先，服务内容的精准性，强调服务要精确（或准确）、适当，即要切中市场需求，能够准确定位公众需求，并提供合理适当的服务。精准服务是市场化及信息化双重趋势下所赋予政府电子公共服务的特定属性，在市场规则引导下，最好的公共服务产品应是高品质、低成本、以客户为导向、确保竞争优势的，是在最低成本下可以最大程度地满足客户需求的产品，是符合服务对象切实需要的服务。

其次，服务质量的精致性，具有精益求精、完美、最好的含义，即已经很好的还要做到最好、好到极致，对公共服务或公共产品质量高标准、严要求，实现对公共服务或产品质量的精品意识与工匠精神。

再次，服务态度的精耕性，强调管理者应注重制度安排的顶层设计、统筹规划，在组织运行、人员技能、服务态度等方面精心组织、精耕细作，实现公共服务的市场化的能力、专业化的水平、信息化的手段。

二、政府电子公共服务供给的理论资源

由于政府电子公共服务是电子政务的重要组成部分，论及政府电子公共

服务供给的理论基础需要先弄清楚电子政务的理论基础是什么。截至目前，研究电子政务的理论基础的学者并不多，直接的研究成果也有限，有代表性的人物和观点包括：杨安认为，电子政务的理论基础是现代信息理论和新公共管理理论①；孟宪国认为，电子政务的理论基础包括新公共管理、新公共服务、协同政府和管理信息系统②；高家伟认为，电子政务的理论基础是现代信息化理论、新公共管理理论和法治国家理论③；汪向东、姜奇平认为，与电子政务相关的公共行政理论包括韦伯官僚制、公共选择、新公共管理、新公共行政、后现代公共行政④；邓崧、崔运武认为，电子政务的理论基础包括新公共管理、新公共服务、公共产品理论、治理理论等现代公共管理理论⑤。归纳起来，电子政务的理论基础涉及现代信息理论（或信息化理论）、韦伯官僚制、公共选择、新公共管理、公共行政、新公共服务、公共产品理论、治理理论、协同政府、管理信息系统、法治国家理论等十余种理论。

至于政府电子公共服务供给的理论基础，研究成果就更为有限，有代表性的人物和观点包括：杨晓君认为，电子政务公共服务的理论基础包括管理理论基础和技术理论基础两部分，其中管理理论基础包括新公共服务理论、服务型政府、政府业务流程再造、客户关系管理、公众满意度，技术理论基础包括web services技术、XML技术、voice XML技术、数据挖掘技术、关联规则、J2EE技术⑥；郭军华认为，政府电子化公共服务的理论工具包括新公共管理理论和

---

① "现代信息理论在电子政务中的体现和运用主要表现为管理信息系统理论和信息资源管理理论。新公共管理理论在电子政务中的体现和运用主要表现为无缝隙政府理论和政府再造。" 见杨安.电子政务理论与技术［M］.北京：清华大学出版社，2007：29.

② "无论电子政府构建还是电子政务构建，都需要依靠新公共管理、新公共服务、协同政府和管理信息系统等理论支撑才能进行"，见张锐昕.电子政府与电子政务［M］.北京：中国人民大学出版社，2011：36.

③高家伟.论电子政务的理论基础：以"价值支配科技"的基本观念为核心［J］.行政法学研究，2004（1）：7-12.

④汪向东，姜奇平.电子政务行政生态学［M］.北京：清华大学出版社，2007：3.

⑤邓崧，崔运武.现代公共管理理论与电子政务［A］.中国管理现代化研究会.第三届（2008）中国管理学年会——会计分会场论文集［C］.中国管理现代化研究会：中国管理现代化研究会，2008：898-905.

⑥杨晓君.电子政务公共服务体系结构研究［D］.贵州大学，2008.

客户关系管理理论[①]。

就政府电子公共服务供给的论域而言，本论题的研究对象，即论域中的所含元素，基本可以限定在政府公共服务和电子公共服务的范畴内，以新公共管理、新公共服务作为理论基础是合理的选择，但它是否足够支撑政府电子公共服务实践拓展需要做进一步研究。基于文献研究法，我们发现治理和协同政府理论、项目管理和客户关系管理理论，以及信息管理和知识管理都应在政府电子公共服务理论资源中占有一席之地。这些学科的观点、知识和方法的综合运用，将有助于从整体化，多层次、多角度对政府电子公共服务供给问题进行综合性研究和全局性筹划。此外，要保证政府电子公共服务在网络空间中高质、高效地运作，政府还需在信息基础设施、应用系统和信息资源等方面加强建设，以为之提供有效支撑。

（一）新公共管理和新公共服务

1. 新公共管理

新公共管理始于20世纪80年代西方国家兴起的政府改革运动，其精神内涵表现为管理主义与新制度经济学两个方面[②]：管理主义主张将企业管理的方法、技术、手段应用于政府管理中，重视效率，注重成本管理、质量管理与绩效管理，强调资源的有效利用与开发，强调专业化管理、结果导向、分权与放松规制，通过制度革新，打破"体制的桎梏"[③]，再造政府组织结构，优化行政业务流程，以此提高政府公务员的公共服务能力，提高政府行政效能与服务质量；新制度经济学强调把激励结构（如将市场竞争机制）引入公共服务中，强调通过承包和准市场运作模式实现有效竞争，提高公共服务供给效率。显然，新公共管理更关心竞争、市场、消费者以及结果，它对政府电子公共服务供给实践的指导作用体现在以下方面：

首先，新公共管理强调目标导向及结果控制，倡导"一个公共管理者不仅

---

①郭军华.我国政府电子公共服务中存在的问题及对策研究[D].郑州大学，2010.

②俞可平.治理与善治［M］.北京：社会科学文献出版社，2000：89.

③珍妮特·V.登哈特，罗伯特·B.登哈特.新公共服务：服务，而不是掌舵［M］.丁煌，译.北京：中国人民大学出版社，2010：译者前言.

仅是服从指令，他注重的是取得结果和为此负有的责任"①，即从传统对程序负责转向对产出的控制及对结果负责，重视服务提供的效率、成本、效果及质量，注重利用财政控制及绩效评估的量化方法和效率标准，通过清晰的目标与绩效监控实现控制管理，提高管理效率及效果。这一点引导和告诫政府不仅要注重政府电子公共服务供给过程，还要关注服务结果，以期在通过信息技术实现其形式和过程的可视化的基础上来达成对其过程和结果的监控，并对错误事物和失误环节实施问责。

其次，新公共管理强调政府应定位于"掌舵"而非"划桨"，即强调政府责任在于政策制定，至于具体的政策执行及服务提供这类"划桨"工作则通过权力下放实现管理与执行操作的分离，并进一步通过引入竞争与激励机制，整合公共部门、私营部门、第三部门间的资源优势，通过建立公私合作伙伴关系与民营化，提供公共服务。在此情况下，政府角色则由传统的政策执行者转为治理者，这一点正是政府电子公共服务供给所应追求的理想状态。如今，政府电子公共服务选择政府网站为公共服务的主要提供平台，向公众提供信息发布、业务办理、交流互动、在线反馈等多项内容，并借助政务微信、政务微博、移动客户端等多种方式拓展服务渠道丰富服务内容，正是这种角色转换的成果。

再次，新公共管理强调顾客导向，即主张把私人部门中的顾客理念应用于政府部门中，将公务员的回应对象由当事人和选民转为顾客，将顾客放在首位，注重顾客需求，加强质量控制，提供回应性服务。政府电子公共服务供给把公众需求放在首位，认真聆听公众心声，深度挖掘公众当前与潜在的多样化、个性化需求，并在信息处理流程再造、系统功能设置与交付界面设计上全面体现公众需求特点，以增强公众用户体验感与认同感，满足不同类型顾客的不同需求，承诺公共服务时效，这些都是新公共管理顾客驱动原则的具体体现。虽然新公共管理以顾客为导向的理念有其局限和不足，但企业化政府所强调的将绩效评估、目标管理、成本核算等工商企业的管理方法、技巧应用于公共行政领域，同时讲求成本核算、投入与产出、目标结果导向的企业管理精神，将有助于提升政府电子公共服务供给责任主体和实施主体的责任感，也有

---

① 欧文·E.休斯.公共管理导论（第3版）［M］.张成福，等，译.北京：中国人民大学出版社，2007：7.

利于对相关主体实施绩效管理，建立目标责任制，采用全面质量管理，并通过签订绩效合同，实行合同外包，推行服务承诺来达到低成本、高效率地提供服务的效果。

此外，新公共管理所奉行的是效率至上原则，而政府电子公共服务是政府应用电子政务系统实现在线服务的一种新的公共服务模式，它以提供方便快捷、公平普惠、优质高效的公共服务和提高政府执行力与公信力为目标，其追求的高效快捷与之相一致；新公共管理强调政府组织结构再造，改变原有金字塔式官僚等级结构，趋向扁平化管理，而政府电子公共服务以电子政务技术为依托，强调通过在电子政务系统和公共服务平台上，重组组织结构与业务流程，打破组织机构壁垒，实现一站式服务，这正与国家推进行政体制改革，强调加快政府职能转变，简政放权、放管结合，强化上下联动和统筹协调，优化服务流程，激发地方政府、各部门服务热情的发展理念不谋而合。

总之，新公共管理理论对政府电子服务发展的作用和影响，可表现在推进政府在线服务、促进部门业务协同、实行政府电子公共服务外包、推动信息共享、促进政府电子公共服务绩效评估等方面。

2. 新公共服务

新公共服务理论兴起于20世纪90年代，是由登哈特夫妇（Janet V.Denhardt & Robert B.Denhardt）提出的有别于"新公共管理"的一种全新的现代公共行政理论。"所谓'新公共服务'，指的是关于公共行政在以公民为中心的治理系统中所扮演的角色的一套理念"，"是关于公共行政在将公共服务、民主治理和公民参与置于中心地位的治理系统中所扮演角色的一系列思想和理论"[1]。新公共服务批判了新公共管理单纯追求效益、效率、效能的价值取向，倡导"公共利益、公共权利、民主程序、公平和公正、回应性"[2]等理念，强调"民主化、公共性、合法性、公民精神、政府责任在公共管理中的作用"[3]，认为公平比效率更重要，强调政府的职责在于服务而非"掌舵"，旨在"重塑

---

① 珍妮特·V.登哈特，罗伯特·B.登哈特.新公共服务：服务，而不是掌舵［M］.丁煌，译.北京：中国人民大学出版社，2004：7.
② 申建军，刘智勇等.北京市行政服务体系建设研究［M］.北京：首都经济贸易大学出版社，2010：55.
③ 张锐昕.电子政府与电子政务［M］.北京：中国人民大学出版社，2011：53.

公平、公正、民主、正义等价值取向，修正管理主义的价值方向"①。

政府存在的目的是为公众提供优质、高效、便捷的公共服务，而政府电子公共服务是政府利用信息技术为公众提供公共服务，它扩大了政府公共服务的范围，提高了公共服务的可得性，使得更多的人可以享用公共服务与产品。值得注意的是，虽然政府电子公共服务提供离不开信息技术的广泛运用，但不可忽视的是，政府电子公共服务究其本质是一种公共服务形式，其向公众输出的仍是一种公共服务，其目的是实现公共利益，追求的是社会的公平和正义。为此，政府在推行政府电子公共服务时，在关注效率和业绩，追求公共服务的高效率的同时，应更多地把视线转向民主、公平、正义、回应与公共责任等实质性公共价值，使政府公共服务惠及包括老年人、残疾人、外来务工人员等弱势群体在内的所有群体，形成一种惠及所有人、无处不在的、极具回应性的公共服务。而要实现这一愿景，依赖于政府公共服务理念与能力的塑造与提升。以公民为导向、倡导公共服务精神的新公共服务理论恰好为政府电子公共服务愿景的实现提供了重要的理论支撑。

新公共服务理论可为政府电子公共服务提供的理论资源主要表现在以下几个方面：

首先，新公共服务是以服务为导向的现代公共管理，它强调政府资源与公民社会的协调融合，强调在向公众提供公共物品和服务、促进公共利益最大化的同时，兼顾民主公平正义的价值理念，强调公共权力使用的公平性与民主性。在角色定位上，新公共服务理论认为"政府的职能是服务，而不是掌舵"②。政府在公共服务中所扮演的角色并非像企业家那样起到控制或掌控的作用，而是作为服务者，在提供公共产品与服务的同时还担负着"公共服务和产品提供过程中的协调者、调解者、甚至仲裁者的角色"③，负责整合、动员、把握进程和管制，确立服务意识，制定和完善相关服务流程和体系，加强政府各部门、政府间及政府与企业和社会组织间的沟通合作。而公民一改公共服务的消费者角色，以积极决策参与者、公共事务管理者、社会政策执行者的

①张锐昕.电子政府与电子政务［M］.北京：中国人民大学出版社，2011：53.
②珍妮特·V.登哈特，罗伯特·B.登哈特.新公共服务：服务，而不是掌舵［M］.丁煌，译.北京：中国人民大学出版社，2004：7.
③张锐昕.电子政府与电子政务［M］.北京：中国人民大学出版社，2011：54.

身份，投入到公共政策制定、公共事务管理、社会政策执行中来。其中企业和社会组织则成为公众参与的主要组织载体，发挥着社会治理的作用[1]。这一点正是政府电子公共服务需要秉持的理念和做法。

其次，新公共服务理论强调以公民为主导，政府的角色是负责的参与者而非企业家，这使政府的行政方式发生了改变，不再单纯的以"掌舵"的方式控制社会发展的方向，而是作为一个负责的参与者，通过"共享式公共治理"[2]的形式，与公民、私营组织及非营利组织共同寻求公共议题的解决方案，实现权力共享，促进集体的共同的公共利益观念建立，共同推动社会发展进程，促成政府治理模式由管理型向服务型转变，实现公共治理的多元化。新公共服务理论所倡导的理念主要是服务于公民而非顾客，政府的职能是服务而非控制或掌舵，强调政府的公共责任应基于"公共行政官员即便是在涉及复杂价值判断和重叠规范的情况下也能够并且应该为了公共利益而为公民服务"[3]这一基本理念。而政府电子公共服务以为公众提供"方便快捷、优质高效、公平普惠"的公共服务为目的存在，"电子公共服务的核心价值就是为公众提供服务，只有公众积极地接受并使用，电子公共服务的诸多优势才能发挥出来，服务的价值才能得以体现"[4]。因此，政府电子公共服务从公众获取服务的易用性、简便性着手，充分考虑不同用户的信息素养水平，追求服务系统中的人性化设计，在服务后台优化服务处理流程简化处理环节，进行服务资源整合提供主题服务，在服务前台为公众打造一站式服务平台，提供统一的服务入口，拓展多样的服务获取渠道，均是对"以公民为中心"，基于用户需求分析的回应，旨在从根本上改善政府的公共服务质量。

再次，新公共服务倡导政府对公众的回应性。政府的责任问题不是简单的对政府官员负责（如公共行政理论），也不是进行企业家式的管理（如新公共管理理论），而应从实现公共利益、为公民服务的角度去关注"宪法法律、

---

[1]徐晓林，李卫东.智慧治理：国家治理能力现代化的重大变革［J］.智慧城市，2016（1）：11-16.

[2]张锐昕.电子政府与电子政务［M］.北京：中国人民大学出版社，2011：53.

[3]珍妮特·V.登哈特，罗伯特·B.登哈特.新公共服务：服务，而不是掌舵［M］.丁煌译.北京：中国人民大学出版社，2004：86.

[4]李乐乐，陆敬筠.基于TAM的电子公共服务接受模型及实证研究［J］.情报科学，2011（10）：1509-1513，+1528.

社区价值观、政治规范、职业标准以及公民利益"①，主张政府应承担公共责任，即"公共行政官员即便是在涉及复杂价值判断和重叠规范的情况下也能够并且应该为了公共利益而为公民服务"②。政府在追求公共利益过程中，不是简单地、被动地接受与回应公众的利益需求，而是采取一种积极主动的态度，为公众提供表达共同价值观念的平台③，通过与公民建立起信任和合作关系，与之共同去发现和明确表达共同利益，并推动公共利益的实现。而政府电子公共服务借助于互联网网络平台，综合运用各种现代信息技术，通过建立标准化、规范化、一体化的公共服务平台，可以为公众提供方便快捷的服务获取渠道，同时通过政府与公众之间的在线交互，可以"快速获取和准确识别表达不同利益诉求的信息"④并及时回应，利用各信息系统的业务协同推动公共诉求的实现，能够推动公共利益的表达与实现，极大地提高政府的回应性和服务意识，使政府行为更富有责任感更能体现公共性。实际上，明确政府要提供一种多数公民都想要的产品与服务，反映了公共服务的普适性与便捷性，这与政府电子公共服务的最终目标是一致的。同时，新公共服务强调服务于公民而不仅是满足直接顾客的需求，注重倾听并理解公众诉求，政府电子公共服务正是获取公众需求的最佳途径。

从次，新公共服务强调社会责任，鼓励服务对象主动参与管理决策、协商对话。政府要实现彻底有效的电子化公共服务，需要寻求与社会的广泛合作，需要采用以"政府为主导，多元协同"的公共服务供给模式，将政府电子公共服务的供给主体扩展到除政府（我国是政府和事业单位）之外的非营利组织、私营企业、民间自治团体等，通过引入竞争机制、内部市场甚至部分股权私有化等方式，实现私私竞争、公私竞争或公公竞争，进而实现公共产品与服务的有效供给，最典型的例子就是采用合同出租的形式，通过招投标将公共部门的事务承包给私营企业或非营利机构，以实现政府电子公共服务的有效供给。

---

① 珍妮特·V.登哈特，罗伯特·B.登哈特. 新公共服务：服务，而不是掌舵[M]. 丁煌，译. 北京：中国人民大学出版社，2004：7.

② 珍妮特·V.登哈特，罗伯特·B.登哈特. 新公共服务：服务，而不是掌舵[M]. 丁煌，译. 北京：中国人民大学出版社，2004：115.

③ 珍妮特·V.登哈特，罗伯特·B.登哈特. 新公共服务：服务，而不是掌舵[M]. 丁煌，译. 北京：中国人民大学出版社，2004：40.

④ 张锐昕. 电子政府与电子政务[M]. 北京：中国人民大学出版社，2011：56.

政府电子公共服务为政府、合作伙伴、公民提供了良好的互动交流平台，从而有助于政府追求更高的社会责任感，培养公民民主参与意识；有助于政府部门清晰辨识公众需求、追求公众利益，促进管制型政府向服务型政府转化，明确政府行为动机的基础是不断提供公共服务，而不是单纯地缩小政府规模，不是"掌舵"控制社会发展方向。

最后，新公共服务认为效率不再是政府工作的唯一价值标准，在关注效率和业绩，追求公共服务的高效率的同时，应更多地把视线转向民主、公平、正义、回应与公共责任等实质性公共价值，以公平公正为价值理念。而这正与政府电子公共服务推行"惠及所有人"[①]的理念不谋而合。此种理念主要是指通过多渠道向包括老年人、残疾人、边远地区居民及少数民族等在内的所有群体提供政府电子公共服务，同时这种渠道可以为大多数人承担、选择和使用，促进了电子包容（e-Inclusion）[②]，因为政府电子公共服务就是要提供一种惠及所有人、无处不在的、极具回应性的公共服务。

（二）治理和协同政府

1. 治理

詹姆斯·N.罗西瑙将治理定义为"由共同的目标所支持的，这个目标未必出自合法的以及正式规定的职责"[③]，"既包括政府机制，同时也包含非正式、非政府的机制"[④]。联合国全球治理委员会将治理解释为一种持续的互动过程，其基础是协调而非控制，即指"个人和公共或私人机构管理其公共事务的诸多方式的总和"[⑤]。"它是使相互冲突的或不同的利益得以调和并且采取

①石怀成，黄鹏，杨志维. 国外推行电子政务公共服务的主要理念［J］. 信息化建设，2007（7）：35-38.
②石怀成，黄鹏，杨志维. 国外推行电子政务公共服务的主要理念［J］. 信息化建设，2007（7）：35-38.
③詹姆斯·N.罗西瑙. 没有政府统治的治理［M］. 张胜军，等，译. 南昌：江西人民出版社，2001：5.
④詹姆斯·N.罗西瑙. 没有政府统治的治理［M］. 张胜军，等，译. 南昌：江西人民出版社，2001：5.
⑤俞可平. 治理与善治［M］. 北京：社会科学文献出版社，2000：4.

联合行动的持续的过程"①。"治理"的适用范围广泛，大到全球治理②、小到社区治理③；有强调公共领域的公共治理④，有侧重私人领域的公司治理⑤；有强调合作网络关系的网络治理⑥，有注重数字化、电子化手段的数字治理⑦与电子治理⑧；有强调治理主体间协调、整合关系，克服碎片化的整体性治理⑨，也有强调"合法性、透明性、责任性、法治、回应、有效、参与、稳定、廉洁和公正"⑩价值取向的"善治"。

从公共行政的角度，治理或公共治理强调政府与私人组织、非营利组织、公民间的合作治理过程。其中，政府不是治理过程中的唯一主体，而是依靠多元治理主体的力量实现公共事务的多中心治理；各主体间相互依赖、地位平等，在治理过程中以协调为基础，开展持续互动、协同合作，通过相互交换、共享资源、集体行动达成共同目标实现共赢，最终实现公平有效地提供公共产品与公共服务，实现公共利益最大化。

进入21世纪，各国更加重视利用信息技术改善管理和治理，并将电子治理作为实现善政和善治目标的有力手段。发展中国家的电子治理正处于进行时。由于认识到"电子治理在当前和未来发展中可以发挥关键作用，可以对治理

---

①俞可平.治理与善治［M］.北京：社会科学文献出版社，2000：4.

②韩兆柱，翟文康.西方公共治理前沿理论述评［J］.甘肃行政学院学报，2016（4）：23-39+126-127.

③程秀英，孙柏瑛.社会资本视角下社区治理中的制度设计再思考［J］.中国行政管理，2017（4）：53-58.

④张星久，官茂元.再探"利维坦"：基于公共治理的考察视角［J］.社会科学论坛，2017（3）：175-184.

⑤朱慈蕴，沈朝晖.不完全合同视角下的公司治理规则［J］.法学，2017（4）：149-157.

⑥佟德志，刘小溪.网络治理模式中的聚合与复合［J］.探索与争鸣，2016（9）：102-106.

⑦郑跃平，HINDY L. Schachter.电子政务到数字治理的转型：政治、行政与全球化——评Digital Governance: New Technologies for Improving Public Service and Participation［J］.公共行政评论，2014（1）：170-177.

⑧秦浩.电子治理的概念界定［J］.电子政务，2014（8）：38-45.

⑨赵玉林.协同整合：互联网治理碎片化问题的解决路径分析——整体性治理视角下的国际经验和本土实践［J］.电子政务，2017（5）：52-60.

⑩俞可平.论国家治理现代化（修订本）［M］.北京：社会科学文献出版社，2015：29-32.

的效率和有效性进行重大改进，并能为政府提供决定性的未来合法性，对发展中国家来说不是'是否发展电子治理'的问题而是'怎样发展电子治理'的问题"⑪面对电子准备度（Readiness）⑫缺乏和计划与现实之间存在的巨大差距，产生过许多电子治理失败案例的发展中国家正在寻求有效的策略并为之准备必要的条件以应对挑战。中国也是一样，在此驱动电子政务向电子治理方向有序发展的关口，急需从中外已有研究成果中汲取养分为我所用。

治理理论对政府电子公共服务发展的作用和影响，可表现在以下几个方面：

首先，治理主体的多元化带来了责任主体的多元化。政府与市场、社会和个人形成了联动的治理过程，政府与其他主体间契约关系的达成令多元主体合作承担治理责任，在此过程中政府的角色更多是作为资金提供者与供给监督者而非公共服务的直接生产者发挥作用，政府责任也由直接履行责任转向保障责任、担保责任，同时私人组织、社会组织也成为重要的责任承担主体，"代履行了某些公共职能、掌握公共资源、提供公共服务，也承担了无差别对待、信息公开、普遍服务等责任"⑬。在多元治理结构下，治理责任由政府向市场、向社会扩散，需要市场主体与社会主体充分履责，合理使用公权力，防止侵害公共利益，公正无偏私地对待服务对象，有赖于政府采取一系列保障措施，加强诚信建设，充分落实监督监管责任。政府电子公共服务借助于统一的电子公共服务平台，由政府主导、市场及社会参与实现多元主体供给的公共服务，权力分散化和行动多元化易造成权责不清、协同不畅，政府需加强对公共服务供给主体的监督、管控，约束公权力的行使，从制度层面加以控制，建立惩戒机制，在公共治理背景下配置新的责任方案与制约机制，并且从技术层面加强对服务质量、时效、过程进行全程可视化管控与实时监督。

其次，治理是在共同目标作用下采取的持续的互动过程。治理强调多元主体间的协调机制，其通过立法、条约、协定、公约及条例、章则等正式的具有

---

⑪HEEKS R.Understanding e-Governance for Development（The i-Government working paper series: No.11）［R］. Manchester: University of Manchester, 2001.

⑫准备度，是指一件事情的事前准备程度，电子准备度（E-readiness）用来衡量一个社会从信息和通信技术中获得机会的准备情况。见刘新萍，袁佳蕾，郑磊.地方政府数据开放准备度研究：框架与发现［J］.电子政务，2019（9）：2-11.

⑬王瑞雪.论行政法上的治理责任［J］.现代法学，2017（4）：33-39.

法律含义的制度形式加以控制，以及行业内自治、自我规范、契约或合同形式（合同约束）等事先征得各方同意的非正式的机制加以协调，通过法规形式与契约形式的结合，将国家主导的权力结构与市场导向的扁平化低强制性权力结构相结合，以此保证合作过程的互动交流、沟通协商，保证合作各方得以自由表达诉求、平等参与协商、资源共享得以顺畅进行。治理是不同利益、身份、权力的聚合，是不同经济和社会视角的共存，是利益、竞争、身份、风险的共同体，合作主体各自利益诉求不同，其意见分歧的本质是权力与利益的较量，合作伙伴关系的建立前提是梳理利益分歧达成共识，实现利益共赢。政府电子公共服务，借助于信息化手段有助畅通多元治理下的互动交流渠道，信息资源的有效整合，有助于促进合作伙伴间的实时互动，相较于传统互动缩短了时间迟滞，令服务供给主体可以对新问题、新需求、新机会进行快速反应，畅通跨部门、跨政府层级间的沟通交流渠道，实现有效对接，而且网络空间的互联互通可以绕过结构障碍分享经验与政策协调，及时调整，就相关问题达成一致意见，实现相互协调的网络空间法律、政策和原则。而契约或者合同形式令数字环境的微观管理更加灵活，更适用于网络空间治理中。

再次，网络治理有两层含义，其一是以网络为工具进行治理，其二是将网络视为治理的对象，是对互联网络、是对虚拟网络空间的治理。例如"爱沙尼亚的电子治理是一个由制度、法律和技术框架构成的错综复杂的生态系统"[①]。已知"（网络空间）是可以绕过结构障碍促进经济和社会发展的工具，是进入全球市场的路径"[②]。网络技术一方面具有降低成本、提高效率与突破时空界限等多个积极影响，但另一方面虚拟空间的不确定性与安全问题，也决定了对互联网络的管制、管控的必要性，以减少虚拟世界的恶行、暴力对现实的实践影响，控制网络技术的负面影响，良性利用网络的传播与组织功能，这要求既要从市场与社会、公司与技术精英融合的技术角度进行治理，加强政府与非国家行为体（如相关电信、网络技术、电子商务等领域的行业组

---

①VASSIL K. Estonian e-Government Ecosystem：Foundation，applications，outcomes［EB/OL］. http://pubdocs.worldbank.org/en/165711456838073531/WDR16-BP-Estonian-eGov-ecosystem-Vassil.pdf.

②蔡翠红. 国家-市场-社会互动中网络空间的全球治理［J］. 世界经济与政治，2013（9）：90-112+158-159.

织）的相互合作、指导与协调，建立生成编码规范、标准，对通讯协议、域名地址的标准化管理，又要从政府角度加强对网络空间的法律管制，网络空间审查和过滤常态化，对网络内容进行过滤，规范网络空间行为准则。同时，虚拟空间中政府面临着灵活的互联网络结构以及多中心治理背景下多元供给关系网络带来的挑战，政府需要协调与管理服务供给主体关系、保持各业务系统顺畅通讯，管理的关键在于协调而非传统的控制模式。

2. 协同政府

协同政府理论是在20世纪90年代中期以来的公共部门管理改革中产生和发展起来的。它是对20世纪80年代新公共管理改革所带来的"机构裂化"和公共服务碎片化等改革实践局限性进行反思的基础上进行的超越新公共管理的第二轮改革，突显了20世纪90年代中期以来政府行政管理改革的新思维，打造了一种全新的公共管理模式。

协同政府强调以政府工作人员的协作为核心，借助交互式、协作性和一体化的管理方式与技术，通过整合政府部门职能，梳理优化政府行政流程，整体集成政府各信息系统，跨越组织界限实现各部门的无缝隙连接，从组织结构、领导结构、决策结构、监控结构、评估机制等方面建立起部门间网络化的协同办公模式[1]，解决后台各政府机构和部门之间的工作协同问题，保证政府（机构）及社会组织、私人组织等公共管理主体在共同的管理活动中协调一致，以"达到功能再造整合、有效利用稀缺资源、提供无缝隙服务的整体政府"[2]。协同政府作为一种公共管理新模式，代表了政府管理的一种发展趋向，旨在打破部门间各自为政、信息分割和机构裂化、信息孤岛等痼疾，使政府向公民提供无缝隙的或整体化而非碎片化的公共服务成为可能，是政府电子公共服务一条龙实现和一体化呈现的主要依托，能够为政府电子公共服务提供坚实的理论支撑。

首先，倡导协同的服务。"协同政府"理念体现为一种新的组织间合作方式，这种"协同"不仅包括组织内基于流程优化基础上的各职能部门的协同办公，同时还涉及多个组织之间通过协调达到以最小的成本提供更好的公共服

---

①张锐昕. 电子政府与电子政务［M］. 北京：中国人民大学出版社，2011：57.
②张锐昕. 电子政府与电子政务［M］. 北京：中国人民大学出版社，2011：62.

务①。这种组织间的合作方式取决于"组织成员、合作规模和界限以及合作成员所处的环境等"②不同的组织间变量，合作成员可以包括"个人、组织内的部分机构、公共组织、私有机构或志愿性机构"③。通过这种协同的合作方式或治理方式，可以促成单一的、非合作的机构间的合作，可以最大程度地集合可用资源，达到政策目标④。政府要实现彻底有效的电子化公共服务，需要寻求与社会的广泛合作，需要采用以"政府为主导，多元协同"的公共服务供给模式，将政府电子化公共服务的供给主体扩展到除政府（我国是政府和事业单位）之外的非营利组织、私营企业、民间自治团体等，以提高政府公共服务的能力与水平。

其次，追求整合的服务。"协同政府"理念体现了一种新的公共服务提供方式，意图把分散的公共服务整合起来，主张通过跨部门整合优化业务流程，促进部门间沟通协调，排除部门间协同工作的障碍，对各部门规划、决策、组织、实施、监控进行协同，最大限度地解决部门分割所带来的公共服务碎片化的问题，为网络环境下的政府电子化公共服务供给提供有效路径。以往各部门只从自身需求出发，只考虑自身业务系统的建设需要，没有采取统一的技术标准与规范，导致各部门间、各系统间无法实现互联互通，信息不能共享，形成技术孤岛与信息孤岛⑤。这种信息孤岛的存在、逆协同的工作模式，使公众不得不在多个部门间寻找服务，特别是公众申请办理的事项涉及多个政府职能部门时，这种部门分割造成的碎片化的结构直接导致政府管理整体效能低下，增加了公众和企业的办事成本，使得政府公共服务职能的良好履行大打折扣。

协同政府理论主张通过网络平台、利用信息技术实现信息资源的跨部门流动，使得各政府部门在统一的信息环境下协同办公，这样可以提高政府的办

---

① 孔新峰，宋雄伟. 论英国"协同政府"的理念及对中国的启示 [J]. 行政与法，2011（6）：8-11.

② 孔新峰，宋雄伟. 论英国"协同政府"的理念及对中国的启示 [J]. 行政与法，2011（6）：8-11.

③ 孔新峰，宋雄伟. 论英国"协同政府"的理念及对中国的启示 [J]. 行政与法，2011（6）：8-11.

④ 孔新峰，宋雄伟. 论英国"协同政府"的理念及对中国的启示 [J]. 行政与法，2011（6）：8-11.

⑤ 蔡立辉. 电子政务：信息时代的政府再造 [M]. 北京：中国社会科学出版社，2006：183.

事效率，减少企业和公众的办事时间，打破当前政府部门间各自为政、信息割据、机构裂化、信息孤岛等逆协同现象，通过优化跨政府部门的业务流程，借助于信息通信技术将同一项业务所涉及的部门、功能环节、机构人员、信息整合为一个"整体化、网络化、无缝隙的跨部门协同办公流程"①，能够有力推进跨部门职能体系整合。同时，通过完善"一门受理、统筹协调、规范服务"的运作方式，通过建立协同化、整体化、信息化、网络化的公共服务界面，实现前台受理与后台办理间的互联互通，解决各窗口部门间的关联整合与资源共享问题②；通过实现跨部门的信息资源共享与业务流程再造，使政府协同服务的能力得以提升，使公众无需进入政府机关即可通过网络提交申请和申办政务服务事项，之后只需在一定时限内查收办理结果而无须理会服务机关内部的具体运作方式，无须依靠自己的奔波推动办理过程，使公众感受到整个政府提供的是没有边界的、无缝隙的、整体化的、非碎片化的公共服务。

（三）项目管理和客户关系管理

1. 项目管理

任何一个政府电子公共服务项目的建设实施，都涉及诸多的影响要素，在整个项目生命周期之内的任何一个节点、任何一个阶段都需要有严格、科学的项目管理手段来支持，才能有效降低项目风险的发生，最大限度地接近项目目标的实现。

人们真正认识项目和项目管理是从20世纪40年代开始的，经历了从传统项目管理向现代项目管理的发展演进过程，完成了由最初"管理项目"向"基于项目的管理"转变，形成一种新的管理理念、方法和科学体系。③

"项目是为了完成某种独特的产品或服务，在一定的资源和要求的约束下，有组织地进行的一次性工作。"④而项目管理则是"项目的管理者，在有限的资源约束下，运用系统的观点、方法和理论，对项目涉及的全部工作进行

①张锐昕. 电子政府与电子政务［M］. 北京：中国人民大学出版社，2011：64.
②蔡立辉. 电子政务：信息时代的政府再造［M］. 北京：中国社会科学出版社，2006：184.
③郭蕊. 国内外项目管理研究的理论、框架及其进展［J］. 现代管理科学，2006（5）：27-29.
④张锐昕. 项目管理［M］. 北京：清华大学出版社，2013：21.

有效地管理"。一次性、独特性、目标确定性、活动的整体性、组织的临时性和开放性、成果的不可挽回性是项目的显著特征，而充分了解与掌握项目特点则是项目有效管理和控制的基础和前提。项目的一次性属性是指项目有明确的起点和终点，很难被其他项目完全复制和照搬，这种一次性属性是项目有别于其他重复性操作的根本所在，并且项目的其他属性也都与该属性直接相关；因为项目的一次性，也就决定了项目的独特性，没有完全相同的两个项目，每个项目都是独一无二的，任何项目所产生的产品或服务都有其自身的特点；目标的确定性包括时间性目标、成果性目标、约束性目标，以及其他需要满足的要求等，在实际工作中，完全按照原有项目管理计划进行，完全满足项目确定性目标的项目很少，根据项目的实际需要，目标的确定性允许有一个可以变动或修改的幅度或范围；项目的整体性是指项目中的所有要素相互关联、相互制约，构成一个有机整体，增加或缺少某些要素都将不同程度影响项目目标的实现；在项目的各个阶段，根据项目的实际需要，以及参加项目人员自身的实际情况，项目组人员和数量都有可能发生变化或调整，没有严格的人员边界划分和界定，由此决定了项目组织的临时性和开放性；项目不同于其他可重复性的操作可以重新开始，项目在诸多要素约束下启动、实施、结束，不管成果如何，不管项目成功还是失败，其结果都是不可改变的，没有重新再来一次的机会。

项目自身的属性和特点也决定项目风险的客观存在性，风险要素多种多样、风险关系复杂多变，没有有效的项目管理机制来约束，各类风险实现的概率会加大，理想化的项目目标实现的可能性会大大降低。项目管理涵盖的范围很广，包括项目的范围管理、时间管理、成本管理、质量管理、人力资源管理、沟通管理、风险管理、采购管理、集成管理等九方面的管理内容。其中，项目范围管理是对项目工作内容进行控制的过程，包括界定规划项目范围、进行范围调整等内容；项目时间管理涉及对项目时间进度计划、评估、调整的管理和控制过程；项目成本管理涉及资源配置、成本，以及费用预算与费用控制等复杂工作内容；项目质量管理包括质量规划、质量控制、质量保证等多个方面；项目人力资源管理包括组织建设、团队建设、人员选择等工作内容；项目沟通管理强调通过有效的沟通交流，获得关于项目进展的准确信息；项目风险管理包括风险识别，风险量化，以此为基础制订相对应的风险控制策略；项目采购管理包括采购计划的制定、招投标准备、采购实施、资源选择、合同管理等项目工作；项目集成管理是"从全局视角出发，以项目整体利益最大化作为目标，以项目各专项管理计划的协调与整合为主要内容开展的系统性项目管理活动"①。

　　任何一个项目都要经历从开始到结束的一系列过程，这从始至终连接起来的过程通常被称为项目的生命周期。在项目的整个生命周期中会体现出明显的阶段性，通常将项目的生命周期分为需求开发、设计、实现、测试、发布等五个过程。各阶段既相互独立，又相互影响，尤其是各阶段存在的风险会向下传递，因此，越早的阶段的风险影响范围越大，比如，由于需求的偏离或错误，会导致后面的各阶段工作不断向前回溯，所产生的成本会不断加大，项目周期会不断延长。

　　随着国家"互联网＋政务服务"战略的实施，互联网与传统政务的融合度越来越高，绝大多数传统的政府公共服务供给模式将被政府电子公共服务模式所取代。在这样的背景之下，政府电子公共服务系统的质量如何，不仅会影响到某一项具体业务的办理，更会影响到政府的公信力，甚至会对政府的执政能力产生制约和影响。在互联网的环境下，与以往的系统相比，政府电子公共服务系统具有用户群体大、数量多、不确定性强、复杂度高、安全威胁大、连续稳定运行时间长等方面的显著特点，这些都对政府电子公共服务系统的可靠性、稳定性、安全性、可控性提出了更高的要求，没有严格、科学、合理的项目管理作保障，项目过程中任何潜在的风险都有可能造成政府电子公共服务过程中的灾难性后果。

　　政府电子公共服务项目以需求开发为项目起点，需求开发的质量将直接影响整个项目的方向和结果，是项目管理的重中之重。需求管理的不完善，需求开发不彻底，需求范围不断变更、调整，不仅仅会造成开发设计工作的变更、致使项目周期延长、项目成本加大，更会影响相关成员的积极性，严重的会造成整个项目失败。需求开发包括需求调研、需求分析、需求定义、需求确认、需求审计、需求变更、需求跟踪等多个过程。在需求调研过程中，组织内部的调研、需求信息收集工作固然重要，但了解相关的、类似的系统建设情况，收集相关的外部信息也是需求开发，乃至整个项目能否成功的重要过程。需求分

_____
①张锐昕. 项目管理［M］. 北京：清华大学出版社，2013：110.

析对人员素质的要求很高，既要有需求分析、软件开发相关知识和经验，又要具有很强的交流沟通和问题抽象能力。以往的经验证明，某些政府部门，过分依赖开发企业进行需求开发，缺少对需求开发的主动性和能力，不能主导并深入参与其中，是导致项目失败的重要原因。需求调研过程中，在关注系统功能性需求，明确功能范围的同时，更要针对具体政府电子公共服务系统的环境、用户、运行维护特点，确定有针对性的性能、安全、运维等方面的需求，要站在整个项目生命周期的视角，确定综合的项目需求。项目时间的确定要经过充分的调查和论证，摒弃长官意志，用数据说话，科学合理地确定项目的时间范围。项目成本管理是每一个政府机构都非常关注的事情，综合来看，项目成本并不是越少也好，项目的综合需求是确定项目成本的核心依据，加强项目各方面管理，减少项目风险发生是减少项目成本最好的良方。产品或开发企业的选择也是政府电子公共服务系统项目非常重要的阶段，国家对参与政府信息系统建设的产品和服务企业都有明确的要求，在产品和企业选择方面，政府机构需要结合自身的实际需求对产品和企业进行综合评价，在考察企业能力、经验、责任的同时，尤其应该重点考察开发企业的项目管理能力，考察项目管理过程，对企业的保证能力和所提供的产品质量形成客观的评价。任何一个项目单位都希望项目能在预定的时间范围、预定的成本范围之内，实现所有的功能，达到所有的性能指标要求，加强整个项目过程的管理是达到或接近这一目标最有效的办法，通过严格的项目管理，在很大程度上能够减少风险的发生，但不可能阻止其发生，因此，接受残余风险，与各相关责任方共同面对风险，共同应对解决困难也是每一个政府机构都应该具有的素养。项目管理是有效的，但不是万能的，如果没有项目管理的执行主体，没有人的保障，项目管理很难发挥其应有的作用，加强政府项目管理组织建设，加强项目管理人才培养是保证政府电子公共服务系统项目建设的关键。

2. 客户关系管理

客户关系管理（CRM[①]）是一种"旨在改善企业与客户之间关系，提高客户忠诚度和满意度的新型管理机制"[②]。它源于市场营销理论，最早被应用于

---

① CRM: Customer Relationship Management.
②许芳. 现代企业管理中的CRM［J］. 决策借鉴，2002（1）：38-42.

企业管理领域中，强调重视客户价值，倡导"以客户为中心"的管理思想，从业务流程的构架、产品服务的设计到快速反应机制的建立均围绕着客户需求展开；它利用个性化的营销管理和服务方法，借助于数据仓库、数据挖掘等技术手段，通过完善的客户服务和深入的客户分析，能够满足客户的个性化需求，有效改善企业与客户的关系，对维系、提升与客户的关系，提高企业利润和降低成本有很大帮助，在实现客户收益最大化的同时，也实现了企业与客户的双赢[1]。政府和企业在与服务对象的关系上有所不同。在企业管理领域中，为求得最大利润，客户关系管理往往更注重维系与有价值客户之间的关系而忽略没有价值的客户；在政府公共服务领域中，其服务对象没有高低贵贱之分，不论其社会阶层、经济背景都要平等对待，特别是弱势群体要尤其关注，都要提供同样优质的服务[2]。从本质上来说，政府与公众、企业与客户均体现了服务主体与服务客体间产品或服务的供给关系，尽管二者出发点不同，一种是出于自身利益，以营利为目的，另一种从公共利益出发，提供非营利性的公共服务，但是，无论是出于私利还是公益，都是以实现利益最大化为目标，即企业利益最大化或公共利益最大化。基于二者的相似性，客户关系管理在政府公共服务领域有重要的应用价值，特别是"以客户为中心"、注重企业与客户内外部关系的改善等客户关系管理理论所倡导的核心思想值得政府电子公共服务在改善政府内外部关系中借鉴与参考。可以说，客户关系管理是政府电子公共服务生存力的体现，对提高政府电子公共服务的供给能力有利。

首先，倡导"以客户为中心"。"公众需求是政府电子化公共服务存在的逻辑前提，政府电子化公共服务的核心价值在于对公众需求给予充分的回应。"[3]要想使政府提供更为有效的公共服务，使公众获得更为满意的服务，就要以公众为导向，"一切以方便公众使用和满足公众需求为出发点"[4]。许

①周斌.客户关系管理对电子政务的借鉴［J］.同济大学学报（社会科学版），
　2005（4）：109-114+119.
②周斌.客户关系管理对电子政务的借鉴［J］.同济大学学报（社会科学版），
　2005（4）：109-114+119.
③赵生辉，汤志伟.基于KANO-SPD矩阵的政府电子化公共服务公众需求分析
　模型［J］.电子政务，2007（12）：29-36.
④石怀成，黄鹏，杨志维.国外推行电子政务公共服务的主要理念［J］.信息化
　建设，2007（7）：35-38.

多国家在电子政务建设初期就提出"以公众为中心"的理念，使之成为各国电子政务公共服务建设的首要原则。美国在2002年公布的《电子政务战略》中就曾指出，"过去以政府机构为中心（Agency-centered）的做法已经制约了政府生产力的提高和为公众服务的能力"，必须转变为"以公众为中心（Citizen-centered）"的新模式。①而电子政务在实现政府电子化公共服务过程中所遵循的"以公众为中心"的价值理念与客户关系管理所倡导的"以客户为中心"的核心理念是一致的，均是围绕各自的服务对象，从服务对象的需求出发开展服务的。因此，将客户关系管理"以客户为中心"的管理理念应用于政府电子公共服务领域，可以打破政府过去以政府机构和职能为中心的工作模式，改变公众企业围着政府部门转的局面，令政府对自身服务提供者的角色有更清醒和深刻的认识，进而更全面、深入地了解公众需求，在不断提高政府服务质量、提升公众满意度的同时，真正实现"以民为本"的治理目标。

其次，注重改善政府内外部关系。美国的高德纳咨询公司（Gartner Group）认为，"电子政务是指政府等公共部门利用互联网和信息通讯技术来改善其对内和对外的关系，从而实现政府服务的优化和连贯性，增加公众的参与程度，达到改善治理的目的"②。这一定义将电子政务的本质看作是政府对其内部和外部客户关系的管理，它将社会公众看作是政府的客户，政府服务的改善取决于政府与公众之间关系的改善。客户关系管理作为一种改善企业与客户关系的管理机制与手段，它通过提高客户满意度来达到客户忠诚的目的，而将之应用于政府电子公共服务领域，可以通过提高客户满意度改善政府内外部关系，为实现政府公共服务的优质高效供给提供有力的理论支撑。

通过客户关系管理实现政府内外部关系的改善，主要可以体现在以下方面：

第一，客户细分理念的应用。由于用户需求是多层次与多方面的，并不仅局限在政府所提供的产品和服务上，用户更希望可以按照自己的需求获得个性

---

①Office of Management and Budget. E-Government Strategy [R/OL]. http: // www. usa. gov/Topics/Includes/Reference/egov_strategy.pdf.

②Gartner Group. Key Issues in E-Government Strategy and Management [R]. Research Notes, Key Issues, 23 May 2000.

化的服务。采用客户细分[①]的思想，将政府电子公共服务的对象（可称为"用户"）进行适当的群体划分，通过用户细分并结合服务种类细分，可以更好地把握用户的真正需求与偏好，在此基础上方可为不同用户群体的不同需求提供具有针对性的、多样化的服务，在降低服务成本的同时，有助于维持并改善政府与公众之间的关系，实现优质高效的公共服务供给。美国联邦政府门户网站的设计正体现了这种客户细分的理念，它分别按服务项目和用户群体进行服务类别划分，使得拥有不同需求、所属不同群体的公众可以更加直接、快速地寻找到所需的服务，通过最多点击三次鼠标就可以实现。同时，联邦政府门户网站又设计出符合不同类别群体用户不同需求的不同类型的门户网站，以满足公众的个性化需求。正是通过客户细分，联邦政府得以综合考量公众的一般需求与个性化需求的实现，改进政府公共服务供给的能力，为政府电子公共服务建设提供重要的借鉴作用。

第二，服务内容的整合。从社会公民个人角度考虑，服务内容的整合意味着围绕用户生命周期对其不同人生阶段所需政府服务的整合，通过"及时维护一个用户信息库，跟踪用户生命周期的不同阶段"[②]，从整个生命周期实现对用户的个性化服务的提供。新加坡政府通过建立电子公民中心，将政府的公共服务与公民的人生各个阶段联系到一起，实现从摇篮到坟墓的服务[③]，就是这一内容的最佳体现。从系统建设和功能实现的角度考虑，服务内容的整合意味着"从公众的需求和偏好出发来组织政府的公共服务"[④]，"对各政府部门分别提供的服务内容进行全面整合"[⑤]，实现"一站式""一条龙"服务。这种层面的服务内容整合，涉及政府内部流程的优化重组、各业务系统的整合、

[①] 客户细分指依据客户的不同需求与喜好进行分类，并为其提供有针对性的产品和服务。见周斌. 客户关系管理对电子政务的借鉴 [J]. 同济大学学报（社会科学版），2005（4）：109-114+119.

[②] 周斌. 客户关系管理对电子政务的借鉴 [J]. 同济大学学报（社会科学版），2005（4）：109-114+119.

[③] 赵雪峰. 国外推进电子政务公共服务的经验与启示 [J]. 科技致富向导，2010（33）：203+209.

[④] 周斌. 客户关系管理对电子政务的借鉴 [J]. 同济大学学报（社会科学版），2005（4）：109-114+119.

[⑤] 周斌. 客户关系管理对电子政务的借鉴 [J]. 同济大学学报（社会科学版），2005（4）：109-114+119.

政府内部各职能部门之间乃至各级政府间的协同办公，需要打破现有行政部门界限，把分散的公共服务整合起来，通过跨部门的业务集成，实现信息共享与交互。这种以公众需求为导向所组织起来的公共服务模式，打破了部门分割、碎片化的结构，促进了不同政府部门间的沟通与协调，排除了部门间协同工作的障碍，改善了政府各部门间的关系，提高了政府公共服务的整体效能，提高了政府电子公共服务的连贯性，促进"无缝隙或整体化而非碎片化的公共服务"[6]的实现。

第三，服务渠道的整合。埃森哲公司（Accenture）提出了评估电子政务客户关系管理（CRM）水平的一项新指标，即渠道支持性，它"是指政府网站是否与其他通讯渠道（如呼叫中心）相集成"[7]，反映了用户使用其他替代渠道获得服务的难易程度。政府与公众之间主要的交互渠道是政府门户网站，但是，出于对服务渠道的不同态度、偏好及使用能力限制，这种服务渠道并不一定适合所有用户群体使用，因此，政府在向用户提供电子公共服务的过程中，需要综合考虑不同用户群体的不同需求，通过分析不同用户群体对不同渠道的态度、偏好及使用能力，"借鉴 CRM 与客户多渠道沟通的思想"[8]，整合政府电子公共服务渠道，为公众提供除政府门户网站之外的其他替代渠道，使用户可以选择其所接受的服务渠道与政府交流互动，以期获得更加便利的电子公共服务。在整合不同交流互动渠道、实现服务渠道创新的同时，还需要避免"信息孤岛"或"数位落差"的存在，要保证无论采取互联网、手机、数字电视或是呼叫中心哪种服务渠道，公众所获得的电子公共服务是一致的。

（四）信息管理和知识管理

1. 信息管理

可以从广义与狭义两个角度理解信息管理，广义的信息管理主要指对信息资源的与信息活动的管理，而狭义的信息管理仅指围绕信息资源的形成、传

---

[6]POLLITT C. Joined-up Government: a Survey［J］. Political Studies Review, 2003（1）：34-49.

[7]Accenture. eGovernment Leadership: High Performance, Maximum Value［R］. Accenture, 2004：107.

[8]许芳. 基于客户关系管理的政府电子服务理念探讨［J］. 理论月刊，2006（10）：61-63.

输和利用而开展的各种管理活动，包括"用户信息需求分析、信息采集或获取、信息传输、信息加工、信息储存与维护、信息服务或传播使用等业务工作内容"①。

从信息的观点和角度看，政府电子公共服务就是信息采集、获取、传输、加工、储存维护、传播使用的过程，是对信息管理的主体、客体、目标、方式、环境五大基本要素的管理，政府电子公共服务系统开发建设需遵循"服务、实效、准确、实用、经济、系统、激活、共享、搜索"②等原则，依照信息管理的基本原理，消除面临的各种"不确定性"，考虑投入产出效益，加强信息反馈，以此追求较高品质的服务和绩效。

结合政府电子公共服务前后台供给模式，从供给结果与服务过程来看，政府电子公共服务是信息技术与公共服务和产品的结合，是信息技术与政府组织及流程的结合。这种公共服务模式的创新主要集中在两个方面：一方面是向公众提供"一站式"、全面响应的服务，其所有的产品或服务的状态与获取渠道被赋予信息化特征，通过服务本身直接提升公共价值；另一方面是将信息技术与政府业务流程再造、组织结构调整相结合，通过建立政府电子公共服务平台系统实现数据共享、跨区域、跨部门、跨层级的业务协同，以此通过提升治理能力营造良好治理环境，间接生成公共价值③。这两方面的创新，其本质上都是基于信息流管理的业务模式再造，旨在通过改变传统业务流程和方法，实现政府部门内部、部门间、政府间、政府与社会间的有效的信息交换，以提高效率与服务质量。

信息管理对政府电子公共服务发展的作用和影响，主要表现在以下几个方面：

首先，信息管理的作用和影响表现在对资源的有效配置和管理上。公共管理者通过占有充分、完整、准确、及时的高质量信息来降低行政成本、提高服务价值。对电子公共服务平台的管理实质上是对数据、对信息的管理，是对关键服务环节中的信息进行获取、加工、保护、调取与呈现的过程。政府电子公共服务面向最终用户（企业和公众），旨在提供一个网络空间下的有效、连贯、可靠的公共服务，其利用信息技术作用于虚拟空间跨越组织边界，通过整

---

①王英玮.信息管理导论［M］.北京：中国人民大学出版社，2010：55.
②王英玮.信息管理导论［M］.北京：中国人民大学出版社，2010：73-80.
③余坦，王益民.电子政务公共价值生成机制研究［J］.行政与法，2016（5）：1-9.

合服务资源、促进系统平台互联互通，实现数据交换与信息共享，将政府服务流程和程序简化优化，打破信息孤岛，通过跨地区、跨部门、跨层级业务协同，实现对服务分裂性与管理碎片化所引发的信息不对称、信息碎片化的救治。当前，加强数据共享平台建设，是政府电子公共服务重点建设任务之一，通过汇聚、梳理、整合服务资源，制定信息资源目标体系标准和信息资源交换标准，构建公共信息资源目录体系与交换体系，为政府电子公共服务提供给统一的数据支撑。

其次，信息管理不仅意味着通过对信息资源进行有效而明确的管理从而达到促进业务目标实现、高效高质交付公共产品及服务的目的，同时对信息资源的开发也是信息管理的重要内容，在政府电子公共服务中最直接的表现是利用信息技术进行信息资源的价值挖掘，以公众需求为导向，对公众需求的分析与提炼，并将信息逐渐融入产品和服务中，为公众创造更多价值。参照信息管理追求高品质的服务和绩效原则，政府电子公共服务注重对服务质量、用户体验、服务效果的追求。一方面，服务对象有知悉政府信息的权利，也就是知情权，且信息公开或信息服务也是政府电子公共服务的一项重要内容，同时，实现数据开放不仅可以使公众获取更多的政府信息，也有助于缓解由信息不对称引发的政府与公众间的信任危机，增强双方的互信理解与良性互动，实现透明的政府。透明对公众来说强调了政府（或公共部门）的信息开放及易访问程度[1]，因此，政府电子公共服务在信息展现时既要提供充足的信息量、确保信息的时效性，同时也需考虑信息内容的有序展现、合理分类，如对服务事项内容清单要素的规定、服务事项统一命名与科学分类等，以及注意信息服务的深入程度，如用户查询办理结果的跟踪程度，是否可查询相关的实时信息。另一方面，在信息的采集、传输、加工、储存维护、传播使用过程中，面对海量信息数据的爆炸式增长，基于数据安全及创新服务模式的考虑，也要求政府提高对数据的掌控和综合利用能力，准确辨识数据的真实性，从混杂的数据中获取隐含信息和特征，快速、有效地提取数据潜在价值。

再次，为保证政府电子公共服务系统高效、稳妥运行，为公众提供安全

①Bertelsmann Stiftung. Balanced E-Government: E-Government - Connecting Efficient Administration and Responsive Democracy [R] . Bertelsmann Stiftung: Gütersloh, Germany, 2002.

可靠的电子公共服务，保证信息安全与公民隐私保护，需加强网络信息安全管理，综合运用技术防护与法律保障手段，加强对网络信息系统的硬件、软件、数据、物理环境的运维保护，加强安全保护软件生产和系统安全解决方案设计，提高反病毒、反黑客技术等网络信息安全防范技术，加强入侵检测，注重信息内容监控及安全审计分析，加强对网络健壮数据管理解决方案，保证信息来源的真实性、内容的完整性、准确性、保密性，加快完善相关法律法规，明确电子签名、电子支付的法律效力，在满足系统功能性需求的同时，找到功能性（可用性）和安全性的平衡点。此外，信息管理不仅是对系统与程序的管理，还涉及人的管理，即既要抵御系统与程序风险，又要防范来自内部人员的安全风险。因此，需要加强对人员访问权限、操作规范管理，制定相关安全管理策略，提高工作人员的信息安全意识，注重从知识结构、知识存量、应用技能等方面提高综合信息素养。

2. 知识管理

知识是知识经济时代组织最重要的资源，知识管理以现代信息技术、管理理论、学习理论等为理论支撑，利用数据挖掘、人工智能等先进技术，通过发掘、传播、利用知识，实现对知识的创造、共享和使用，从而以集体智慧提高组织学习能力、应变能力、创新能力，其管理目标在于"运用知识的共享与创新来解决经营决策问题"[①]。知识管理的范畴有狭义与广义之分，狭义上指的是对知识本身的管理，广义上指的是对知识及知识管理的人员、技术、设备、环境等相关知识资源的综合管理。知识管理以智力性和创新性为特点，以知识创新为直接目标，通过知识积累、共享、交流实现知识创新与价值创造，提高组织行动效力。知识管理涉及的领域众多，如从技术角度关注数据挖掘、数据仓库、知识地图、知识网络、信息管理系统设计、人工智能，从行为科学角度强调知识管理是对人的管理，涉及对个体技能或行为的评估、改变或改进，从技术与行为科学二者综合考量，强调信息与人的综合管理。

知识管理对政府电子公共服务发展的作用和影响，主要表现在以下几个方面：

首先，知识管理利用知识地图、语义网、主题地图、本体（Ontology）等多种知识组织技术对已获得知识进行形式化描述、存储，可以有效地组织知

---

①王雪原，董媛媛，徐岸峰. 知识管理［M］. 北京：化学工业出版社，2015：21.

识，实现对无序资源的探索、关联。"知识管理是面向专业化和个性化的全方位管理。"①其按照相关主题、专业领域进行组织管理与服务，以此实现对用户问题的确切把握，同时，相较于信息管理，知识管理有助于组织向更高层次的智能服务、智慧服务、精准服务跃升，其通过人工智能、知识库建设等多种手段对各供给主体的资源与知识进行有效管理，通过组织学习、知识传导，培育不断学习与知识共享的组织文化，实现知识创造与创新，建立完整的知识体系，将无序资源进行有效整合，通过建立各主题间的语义关联及进行有效的资源指引，可实现对具体用户的具体问题进行有针对性的知识服务，实现主动推送。以用户为中心是政府电子公共服务的根本价值追求，理想的服务供给强调资源集约、信息集中、业务集成和服务个性化的服务模式。用户知识管理是以用户需求、偏好作为知识管理的目标和对象，通过对用户需求的诊断、用户偏好的提取、用户价值的分析，最终实现用户知识的创新和转移。用户知识管理理念的引入，为政府提供了充分了解用户行为、需求、期望的工具，如通过对用户的价值分析和测量，可以更好地从用户角度判断公共服务价值，感知用户满意度，又如通过用户知识与系统内部知识资源整合，有助于政府根据不同用户群体需求设计和选择合适的服务方式与服务内容，实现精准服务、智慧服务。

其次，"知识管理作为识别、管理和共享政府所拥有信息资源的方法，目标是快速而方便地找到所需要的知识，使最恰当的知识在最恰当的时间传给最恰当的行政人员"②。公共组织，特别是政府或者说在传统官僚文化的影响下，官僚更加关注于权威和权力方面的知识，"权力斗争"永远是官僚组织内部无法回避的一个内容。但在信息时代背景下，政府的运作更多要驱向于更加公开透明化、更具回应性等运行特质，需要将以往"不可言状"的背后理论置于前台，需要运用更多现代管理思想，从多个知识范畴调整、修正政府的运转机制，以更为科学规范的解决方式，以正向的沟通方式寻求解决之道。对于知识管理来说，其中一项重要作用是通过有效的知识和信息积累，挖掘信息内在价值（知识），从而以此调整或修正个人或组织的行动准则以应对现行问题，进而完善自身与组织决策。政府作为公共服务主体以及社会信息与知识资源的最大拥有者，需要认识、借鉴、运用知识管理的理念与方法创新服务模式，实

①孙建军. 信息资源管理概论［M］. 南京：东南大学出版社，2008：234.
②程刚，郭东强. 略论电子政务与知识管理的关系［J］. 市场周刊，2008（3）：92-94.

现政府部门间、各级政府间、政府与合作伙伴间安全有效的信息共享与知识交流，实现政府部门间、各级政府间的工作协同。为了实现最佳的行政决策，政府电子公共服务需要借由知识管理实现对政府以往经验与知识的共享与利用，形成动态经验知识库，基于数据挖掘与知识发现技术、知识管理领域的案例表示与推理技术，实现对已有服务数据、信息的深度分析和案例重用，对各类知识获取、表示、求精、编辑与存储策略进行探讨，研究系统中分布、异构知识的集成机制，"充分发掘已有信息的存量价值，通过对存量知识的优化组合来挖掘政府的知识与信息的内在潜力"①，使之成为关键知识资本，建立政府电子公共服务"知识疆域"（knowledge realm），提高政府决策理性与公共服务质量，提高政府应变和创新的能力。

再次，政府电子公共服务是以主动推送或申请回应的方式呈现给公众的产品和服务的过程，实质上是知识拥有者/提供者（政府）向知识接收者（服务对象）提供有价值的知识和知识流（服务）的过程，此供给模式的后台管理涉及政府各部门、各级政府间的业务流程管理，要确保这一过程的高效与有效性，需要借由知识管理对政府多个部门多个业务流程中所涉及的无序知识进行系统化实时性的有效管理，对涉及知识②、知识拥有者、知识提供者、知识接收者、知识链结点③及知识环境等要素的知识特征进行深入了解与认知，并在此基础上分析、理顺、优化、重构其间的和谐关系，探讨各知识主体间的协同与管理策略，实现知识共享和再利用，促进服务信息、知识、业务流程、系统及服务的集成与整合。

---

①何书瑶. 基于知识管理的电子政务研究进展［J］. 黑龙江科技信息, 2016（11）：174-176.

②知识涵盖数据、信息以及显性知识与隐性知识。

③知识链结点包括知识辨识、获取、表示、求精、存储、应用、创新与进化等。

第二章　政府电子公共服务供给的逻辑基础

渐进地研究一个系统的概念模型与逻辑模型是管理信息系统开发的策略，其目的在于通过得到逻辑模型来直接反映用户需求，这对系统的物理实施有着重要的指导作用，其作用在于可以通过实体和关系勾勒出用户的数据蓝图，以求得最优的物理模型——描述的是"如何做""如何实现"系统的物理过程。

对于政府电子公共服务供给而言，第一章的概念特点和理论资源为其实践操作提供观点和方法基础，建构了概念模型。在建立起概念模型的基础上，本章研究逻辑模型，主要用于描述对象系统——政府电子公共服务供给的主要要素、业务和过程，即描述系统要"做什么"或者具有哪些功能，旨在明确公民服务需求与政府公共服务供给之间的关系及其互动过程，为进一步开发建设政府电子公共服务系统创设条件；而研究基础条件，则是为政府电子公共服务系统建设和物理实施提供软硬件基础环境。这两者所奠定的逻辑基础可为政府电子公共服务系统乃至整个电子政务系统以至电子治理系统建设指明前行方向，提供行为准则，也可借此营造多元服务主体乃至多元管理主体甚至多元治理主体共建共享共用共治的新的行政生态。

一、政府电子公共服务供给的逻辑模型

对于某个具体的政府公共服务项目而言，在具备最基本的逻辑模型、理论方法和基础条件之后，面临的首个最为现实的问题是，如何由现实政府公共服务系统转换至虚拟空间的政府电子公共服务系统，即采取怎样的技术路线来实现现实政府公共服务系统的电子化、网络化、智能化和一体化。通常采用的做法是设计逻辑模型，将其作为转换工具，来架构起现实世界与虚拟世界之间的桥梁，疏通由现实世界通往虚拟世界的道路。比如，埃森哲提出的公共服务价值治理框架（APSVGF[①]），由成果、平衡、参与及问责四个高度相关的部分

①APSVGF: Accenture Public Service Value Governance Framework.

构成，表达了人们参与治理的关系，代表了更为公开的治理模式，意在"将人们——公民、服务用户和纳税人——与他们选择的、领导他们并塑造和指导他们的公共服务的人联系在一起"[①]；欧洲参考各国电子政府顶层模型研究成果提出的治理体系架构（GEA[②]），是一个高层次的体系框架，集成了一系列的领域模型，包括政府管理系统领域模型、整体对象模型、公共政策描述对象模型、提供服务对象模型和整体过程模型[③]。这些是我们之所以要在本章着重探讨逻辑模型建构的根据和缘由。

信息管理和信息系统视角下的系统，可狭义地理解为软件程序，也可广义地推演到计算机系统（还包括硬件部分）以及开发和建设它所赖以支撑的需求、关系、过程等要素构成的大系统，因此，我们所研究的政府电子公共服务供给的逻辑模型大体涉及上述各要素。鉴于电子政务论域中的系统研发主要是研究系统的解决方案，并不包括对系统进行实际的编码设计，故我们在此研究政府电子公共服务供给系统如何实现，也不必涉及计算机编程类技术，而只需提供建构政府电子公共服务供给系统的逻辑模型以作解决方案即可。

逻辑模型研究采取的技术路线是，遵循"对系统目标有用"的原则和逻辑，设计需求模型、关系模型和过程模型等对政府电子公共服务系统建设最具指导和规范（准则）价值的关键性部分。至于哪些模型可归属于关键性的，主要是依据以下路径进行抉择：一是依据政府电子公共服务的内涵、外延和特点来确定；二是从政府电子公共服务供给的理论资源的观点、知识、方法以及目前国家已经为国家信息化、电子政务及电子商务建设准备好的、或正在建设的、或拟计划建设的相关技术条件入手寻找基础性资源、挖掘基础性条件、汲取关键性元素；三是通过多学科视域交叉障碍审视问题和利用跨学科知识方法寻求解决障碍问题的关键性线索和关键性资源。之后在依据理论知识和实战经验做出抉择，对关键性的逻辑模型逐一进行描画、阐释和规制，以此为政府电

①RANDLE G, MCQUEEN J, Parston G. From e-Government to e-Governance：Using new technologies to strengthen relationships with citizens［R］. Accenture Research & Insights, 2009：3.

②GEA: Governance Enterprise Architecture.

③Vassilios Peristeras.The Governance Enterprise Architecture（GEA）: A Blueprint for E-Government Development［R］. In Greek National Centre for Public Administration and Decentralization, Nov., 2004.

子公共服务供给系统的开发和建设提供行动准则和操作指引。总之，是力图在做到"加强在某一个视角上的纵深研究或者多个视角的综合考察"[1]的基础上，找到"由谁在什么时候什么地点通过什么提供怎样的政府电子公共服务，以及为什么提供和如何提供"问题的答案。[2]

（一）政府电子公共服务供给的需求模型

需求与供给都是微观经济学的基本概念。对于政府公共服务而言，需求是指在一定时期内，公民因需要一件公共服务产品而产生的要求或愿意且能够购买的公共服务产品数量；而供给是指在一定时期内，政府部门及其所属工作人员响应公民需求而提供的公共服务产品供给或愿意且能够供应的公共服务产品数量[3]。由于需求分析是系统开发的出发点，对系统设计起着指导作用，而"建模是在需求分析结果的基础上展开"的，设计模型当然也应从需求模型开始。"需求决定供给"[4]，设计需求模型的目的是直接反映公众和企业在政府电子公共服务供给方面需要什么，并对政府电子公共服务系统要设计什么（包括供给主体组成范围、供给载体选项等问题域）予以准确表达，以此为政府电子公共服务供给找出要解决的"问题"，提供业务应用可行范围、供给主客体互动范围及具体的供给载体选项等可资利用的资源。正因为"服务是一个'需求—供给'的双向过程，只有知其所需，才能为其所供"[5]，为此，用需求模型对政府电子公共服务中的相关需求进行尽可能准确的抽象表示，可为后续进行政府电子公共服务供给系统的关系、流程、结构和功能的物理模型设计提供

---

[1] 淮建军，刘新梅. 公共服务研究：文献综述［J］. 中国行政管理，2007（7）：96-99.

[2] 此处受淮建军、刘新梅观点"未来研究可以按照统一标准建立一个动态的公共服务的内涵演化理论体系，从而回答'由谁在什么时候什么地点怎样提供什么样的公共服务，以及为什么'的问题"启发而得，同上。

[3] 根据经济学的需求与供给的定义而来，即需求是在一定时期内，在各种可能的价格水平，人们愿意而且能够购买的商品量；供给是在一定时期内，在各种可能的价格水平，厂商愿意而且能够供应的商品量。见第二章需求和供给［EB/OL］. http://wenku.baidu.com/view/2dd2a3de6f1aff00bed51ec0.html.?from=related&hasrec=1.

[4] 王蔚，彭庆军. 论农村公共服务需求表达机制的构建［J］. 湖南社会科学，2011（5）：98-100.

[5] 刘红波. 一站式政府研究：以公共服务为视角［D］. 吉林大学，2011.

功能、性能、环境等方面的规范参考，对政府电子公共服务供给系统的开发建设和物理实施也有着重要的指向性作用，从而在为解决"由谁通过什么提供什么样的政府电子公共服务，以及为什么提供"的问题提供形式化规约的同时为公众开发出其真正需要的系统。

1. 服务需求模型

服务需求是政府电子公共服务存在的逻辑前提，分析公众和企业的服务需求是政府电子公共服务创新的动力源泉，满足公众和企业服务需求是政府电子公共服务存在合法性的基础。总之，需求的表达、分析和满足是政府电子公共服务"以人为本"的具体体现。鉴于服务需求如此重要，政府应该从以公民为中心的视角出发，注重发挥公民和企业作为公共服务需求主体的能动作用，建立起以尊重公民和企业权利为主的多样化、组织化、合理化的公共服务需求表达机制，以全面、深入、充分地了解公共服务需求，有效解决公共服务供给与需求之间的矛盾。为此，应从广度与深度两个向度进行需求划分以及层次细分，通过为公众和企业表达的公共服务需求提供具体化的转换工具，使模型设计与公众和企业对服务需求的表达相一致，进而建设好便利服务的智能化程序并实现其应用泛在化，以尽可能地使公众和企业的公共服务需求得到有效满足。

（1）服务需求的广度

需求模型的设计应从收集需求开始，通过确定已知的需求并且规划进一步的需求来实现对系统的总体目标的设计。分析各国政府网站现已运行的政府电子公共服务系统供给的功能内容成果，发现它们大多以服务对象分类，分为面向公众和面向企业两部分。

① 面向公众的部分，主要包括：在线信息服务、远程行政、远程旅行、远程教育与培训、远程就医、虚拟图书馆服务、电子求职、电子化社会保障、电子报税服务、电子商务、电子民主、电子身份认证等，如图2.1所示。其中，在欧洲公民最喜欢的在线服务中，排在前六位的分别是远程行政、远程旅行、远程就医、电子求职、远程教育、电子商务[①]。

---

①资料来源：Eurobarometer, EC-ISAC Measuring Information Society 1998 ［EB］. www. ispo. cec. be/polls. 转引自 Herbert Kubicek, Martin Hagen. One-Stop Government in Europe: An Overview ［EB/OL］.http: //www. egov. vic. gov. au/pdfs/OneStop. pdf.

②面向企业的部分，主要涉及电子商务、电子行政审批、电子采购与招标、电子税务、电子工商行政管理、进出口配额许可证网上发放、综合信息服务（包括法律、法规、规章、政策、企业信用信息、政府经济白皮书、国际贸易统计资料、已注册商标数据库、待转让的科技成果）等①，如图2.2所示。

这些功能内容是为满足公众和企业需求而设计的，由此，反向推导需求，可知图2.1和图2.2实际上分别是公众和企业对政府电子公共服务的需求的模型。

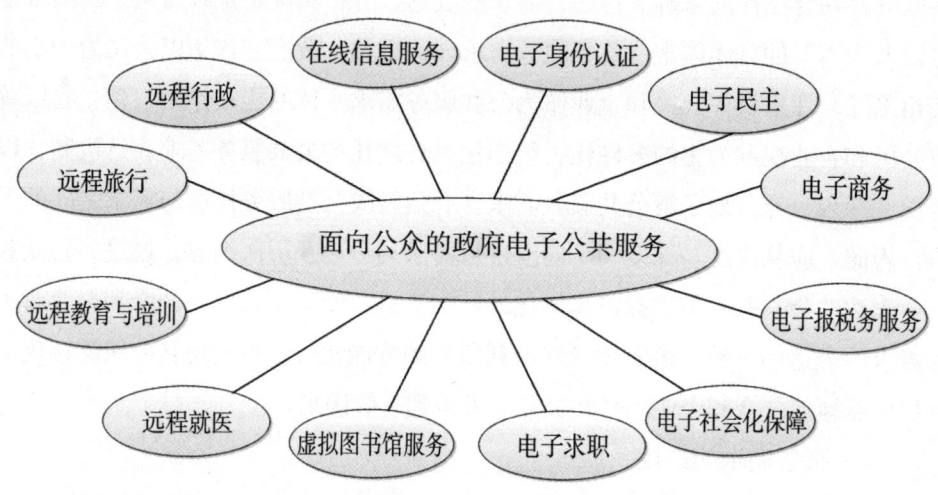

图2.1　面向公众的政府电子公共服务
（反映的是政府对公众对政府电子公共服务的需求的满足）

---

①张锐昕. 电子政府概论（第2版）[M]. 北京：中国人民大学出版社，2010：58-63.

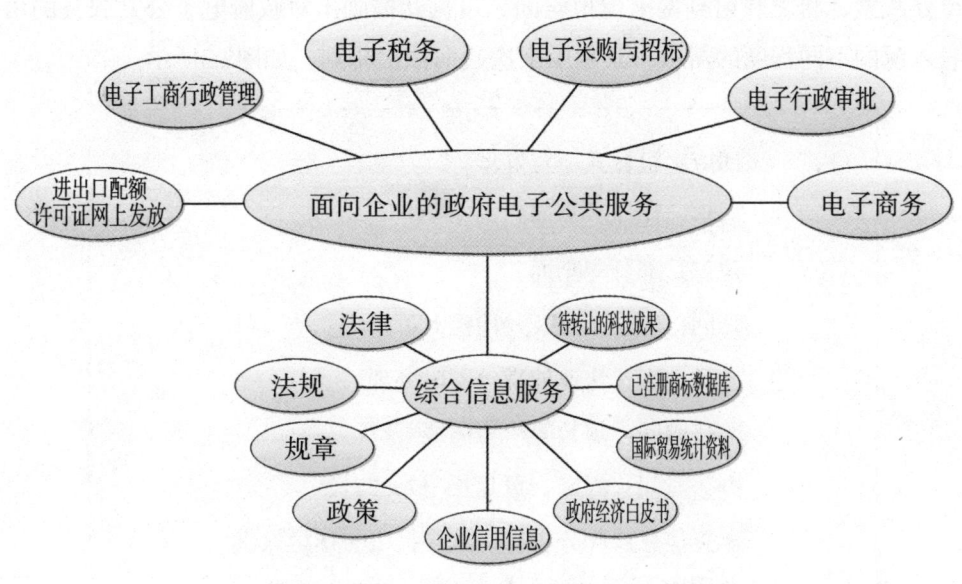

图2.2　面向企业的政府电子公共服务

（反映的是政府对企业对政府电子公共服务的需求的满足）

关于公众服务需求的广度，美国、加拿大、英国等发达国家政府网站的政府电子公共服务供给内容揭示出：政府电子公共服务还应该建设哪些内容，哪些内容可以有效提供；而某些国家政府网站运行绩效和质量都很差的政府电子公共服务供给内容警示着：哪些政府电子公共服务功能内容应该循序渐进地扩展，不应急功近利地冒进以规避功能失效或无效问题，保证政府电子公共服务的可及性和有效性。比照两类国家政府网站之间的差别吸取经验教训并努力修补自身的不足，是我国政府电子公共服务供给在系统建设中的正确选择路径。

（2）服务需求的深度

关于公众都需要什么样的服务，开布勒（KiBler）等曾对德国哈根市市民进行过一项主题为"市民希望从市政府的行政管理中得到什么"的调查，所获得的依重要性排名在前14位的需求分别是：友好的工作人员、能懂的表格、全面的建议、残疾人可访问、快速处理、短暂的排队时间、延长办公时间、职责信息、填写表格协助、灵活性解释、一厅式办公、短距离、愉快的等候区、愉快的办公室①。这些需求调研成果为政府公共服务需求的可期程度探讨提供了重要线索，将之映射到网上虚拟空间，可据此描画出对政府电子公共服务的由浅入深的不同程度的需求，其程度渐次趋向依次排列，如图2.3所示。

回应：机械式→友好型

表格：能懂→易懂

建议：部分→全面

访问：健全人可及→残疾人可及

处理速度：快速处理→即时办理

等待时间：短暂等待→离线等待

办公时间：固定→可延长→7×24式

职责信息：部分提供→大多提供→详尽提供

填写表格：提供协助→自动生成大部分信息

解释：粗略＋简单→详细＋灵活

办公方式：一站式办公→一窗式受理

图2.3　公共服务需求深度趋向模型

上面内容实际上是在描绘关于公共服务需求满足程度的深浅度模型，实际上描绘了公共服务需求的深度，该主题调查得到的结论揭示出：政府电子公共服务"以人为本"到底应该达到怎样的理想境界或深化程度，而进一步体验各国政府网站政府电子公共服务供给状况，可以触及政府电子公共服务供给的不同深浅程度，说明各国在政府电子公共服务供给质量上存在着明显差距，也说明努力设计并提供相关经验以汇聚成标杆模型对于引领政府电子公共服务发展方向和推动政府电子公共服务深化发展很有必要。

如图2.4所示，我们具体描画了各国政府网站上的政府电子公共服务供给状况，其中，箭头指向顺序展示了政府电子公共服务供给由浅度至深度的不同的

①Kubicek H. , Martin Hagen. One-Stop Government in Europe: An Overview ［EB/OL］. http://www. egov. vic. gov. au/pdfs/OneStop. pdf.

服务的差异深度，说明供给程度趋向末端的一些政府网站确有比较完善的政府电子公共服务供给，但供给程度离末端越远的政府网站其功能内容的质量和绩效越难尽如人意，无法满足需求，这是为什么一些政府网站饱受诟病的原因，也是为什么我们要描画服务需求的深浅度并试图相应地描画出供给的深浅程度趋向的缘由，为的是助力推动中国政府电子公共服务的深化发展和普及应用以此为供给获得成功提供关键性元素和方向性指引。

以"表格"服务为例，有的政府网站提供的表格让人无从下手，有的要求填写的项目让人难以理解，当然也有很多政府网站提供了表格解读指南，令人能懂，还有的政府网站提供了实例参照或情境演示，令人易懂。再以"填写表格"服务为例，有的政府网站不提供帮助，有的提供了协助，还有的表格大部分信息不需填写，可以自动生成。这两项服务功能充分体现出不同的政府网站在服务意识和服务态度上的差距，相应地也给予公众不同的服务体验——令人反感、不满抑或满意、感动。

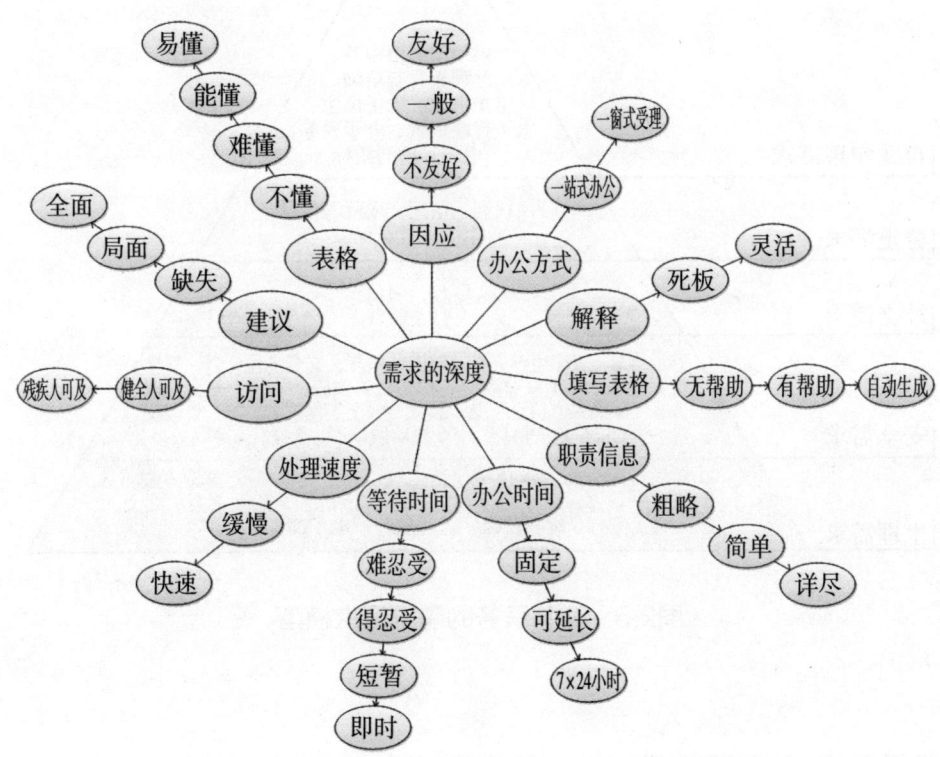

图2.4 政府电子公共服务供给深浅程度模型

图2.4中展示的"政府电子公共服务供给深浅程度模型"为政府电子公共服务供给质量提升展现了具体路径和方向，表明各种需求之间有程度深浅之分。

（3）服务需求的层次

亚伯拉罕·马斯洛（Abraham Maslow）在1943年发表的论文《人类激励理论》中提出需求层次理论，将人类需求从低到高划分为生理需求、安全需求、社交需求、尊重需求和自我实现需求等五种阶梯层次，并于15年后再度发表了代表性文章《Z理论》，实现对原有需求理论的反省与补充，增加了第六个需求层次——超越性需求。以此为线索，查找政府网站上在满足公众服务需求的这五个层次上提供的政府电子公共服务内容，只找到了如图2.5中展示的除超越性需求之外的一些内容。

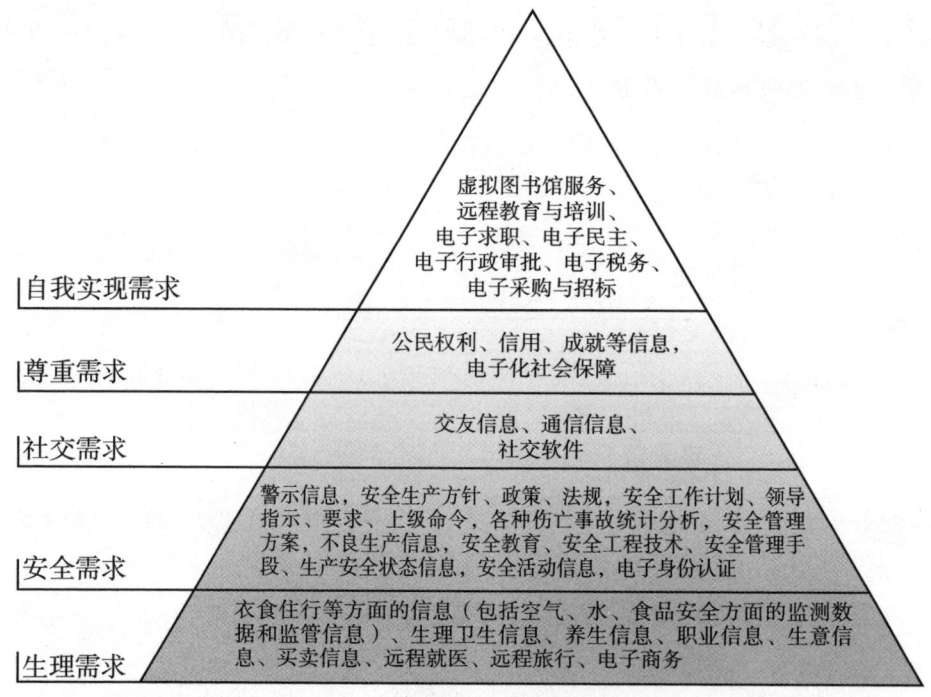

图2.5 公共服务的需求层次模型

关于公众服务需求的层次，电子政府内容提供的晋阶形式揭示出：政府电子公共服务可以据此分为5个层次，依次是信息发布、单向互动、双向互动、网上办事、一站式服务；也可按照电子政府内容实现的难度顺序，将政府电子公共服务供给的内容分为电子信息、电子管理、电子服务、电子民主等；当然也可按照电子政府的内涵演进序列——工具说、系统说、能力说、机制说、模式说、形态说、服务说、改革说、过程说和政府说[①]，将电子政府分别视为政府电子公共服务供给的工具、系统（载体）、能力、机制、模式、形态、本身、改革、过程和主体。由此，各国政府网站因观念意识有别而导致政府电子公共服务供给的内容、绩效和质量分属不同的层次，我国政府网站可依此确定晋阶次序并确定好政府电子公共服务实现和供给的优先级，使供给绩效和质量不断上新层次，取得新进展。当然，超越性需求还有待于深入挖掘。

2. 供给主客体组成需求模型

（1）供给主体组成需求模型

现实情况下到底有哪些政府电子公共服务供给主体，这些供给主体之间的关系如何？它们之间有机结合形成怎样的公共服务多元主体供给模式？这是政府电子公共服务系统功能和运行中首先要解决的问题。为此，描画、阐释各个供给主体的所属关系并规制各个供给主体有效发生作用的条件对于发挥政府电子公共服务的效用非常关键。

关于政府电子公共服务供给主体，可从物理世界中的公共服务供给主体中寻找线索。"政府、企业和非营利的社会组织是现代社会最基本的组织类型，在公共服务供给和资源配置方面发挥着重要的作用。基于供给主体及其运行机理的不同，公共物品供给模式可划分为三种基本类型，即政府供给、市场供给、志愿供给。"[②]其中，企业可以分为与政府电子采购招标相关的企业和其他普通企业；非营利的社会组织是指那些不以营利为主要目的，旨在通过努力完成某项事业或使命的组织。我国的非营利的社会组织主要有两类，一类是群众团体组织，如专业学术团体、业余爱好者协会、消费者协会、个体经济协会、工会、妇女权益保护协会、同乡会等；另一类是事业性组织，包括学校、医院、图书馆、新闻媒体、出版社、文艺团体、科研院所、体育机构等。按照

[①]张锐昕. 电子政府概论（第2版）［M］. 北京：中国人民大学出版社，2010：12.

[②]叶响裙. 公共服务多元主体供给：理论与实践［M］. 北京：社会科学文献出版社，2014：31.

我们界定的政府公共服务的定义，政府与企业和非营利的社会组织等构成如图2.6所示的供给主体组成需求模型，它解决的是"由谁提供政府电子公共服务"的问题。

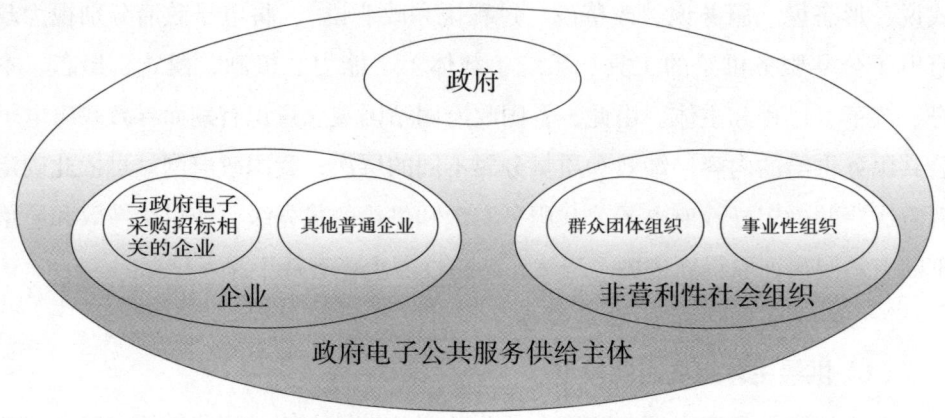

图2.6　　政府电子公共服务供给主体组成需求模型

（2）供给主客体互动需求模型

依据我们界定的政府电子公共服务定义，企业和其他组织既是政府电子公共服务的客体，也是政府电子公共服务的主体。从供给主客体来看，政府电子公共服务涉及政府、其他组织以及公众三者之间的互动，可分为9个不同的相互关联的业务领域，如表2.1所示。

其中，G2G是政府与政府之间的互动，包括中央政府与各级地方政府之间、政府的各个部门之间的互动合作，开展活动；G2O是政府向其他组织的活动，实质上是政府向其他组织提供各种监管和公共服务；G2C是政府对公民的活动，主要是政府向公民提供服务；O2G是其他组织面向政府的活动，主要是指其他组织与政府合作以提供服务；O2O是其他组织之间的活动，主要是指其他组织相互合作，在政府的安排或主导下与政府合作以提供服务；O2C是其他组织面向公民提供服务；C2G是公民对政府的活动，是公民向政府反映需求，监督服务供给；C2O是公民对其他组织的活动，是公民向其他组织反映需求，监督服务供给；C2C是公民之间的交流互动，属于电子民主服务内容。

表2.1　政府电子公共服务客体组成需求模型

应方 始方	政府（G）	其他组织（O）	公民（C）
政府（G）	G与G的 服务与被服务	G与O的 服务与被服务	G与C的 服务与被服务
其他组织（O）	O与G的 服务与被服务	O2O的 服务与被服务	O2C的 服务与被服务
公民（C）	C与G的 服务与被服务	C与O的 服务与被服务	C与C的 服务与被服务

3. 供给载体组成需求模型

载体组成需求模型解决"通过什么提供政府电子公共服务"的问题。按媒体类型分类，一国的政府电子公共服务供给的载体可以分为：报纸、刊物、广播、电视、互联网、移动网络等，尤其是近年来电视政府、移动政府的快速发展及其受众的迅速增多，使它们和电子政府一道成为快速发展的相对独立的新载体，为政府电子公共服务供给开辟了新的渠道。

以中国的政府电子公共服务系统的核心业务系统之一——行政审批系统为例，它主要是以电子政务系统和行政服务中心为载体采用一站式服务模式提供审批服务。从本质上讲，就是依托程序和实体两种主要载体供给服务。其中，实体载体主要是指政府部门提供服务的物理大厅，如审批中心、政务大厅、行政服务中心等；而程序载体则是指现实中实体性的政府部门的业务活动在网络空间中的映射成果，即人们通常所说的虚拟政府的业务活动，主要是依靠网络将各职能部门互联在一起，打破部门之间的数据壁垒和职责边界，实现部门之间的信息共享、资源整合和业务协同，以合作方式提供政府电子公共服务。据此，政府电子公共服务供给载体组成需求模型描绘如图2.7所示。

此外，我们在文献阅读中发现，澳大利亚首都堪培拉市通过服务前台、呼叫中心和网络服务等方式提供政府电子公共服务[1]，2002年德国一所大学对公

---

[1]Canberra Connect: New One-Stop-Shop for Act Government Information and Transactions［EB/OL］. http://www. egov. vic. gov. au/pdfs/ContACT. pdf.

107

民所做的"公共服务和私营部门的服务中，公民更偏好哪种服务渠道"的调查结果发现互联网服务方式最受青睐①。

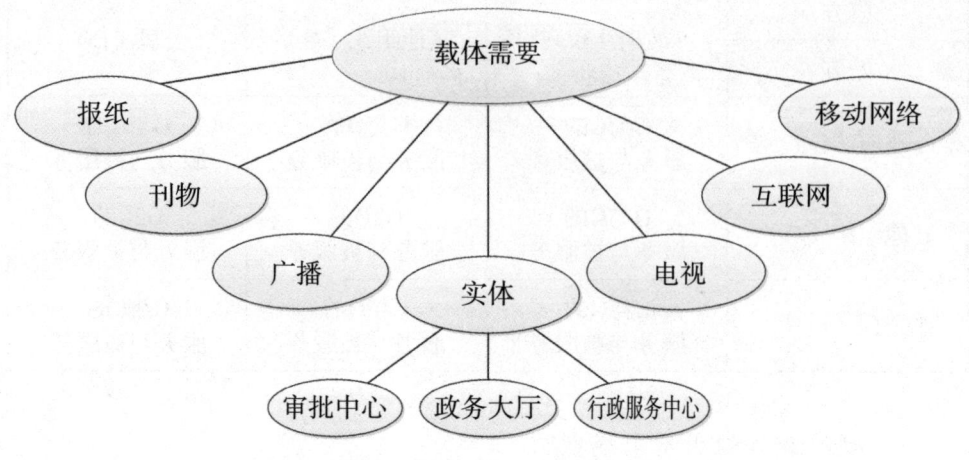

图2.7　载体组成需求模型

（二）政府电子公共服务供给的关系模型

用关系模型对政府电子公共服务中的各种关系进行抽象和表示，对设计政府电子公共服务供给系统的形式结构非常重要。在此设计关系模型，意在厘清供给主客体关系、服务要素关系、服务前后台关系，从而通过实体和关系勾勒出政府电子公共服务供给所需要的相关数据之间的联系。

1. 供给主客体关系模型

网络环境下，人与人之间的关系大致分为三种情况：陌生人社交、半熟人社交、熟人社交，而人与人之间的沟通方式大致分为三种情况：一对一、一对多、多对多②。相应地，政府网站上的政府电子公共服务供给的主客体关系可描画为如图2.8所示的多向联系。这一图形说明：供给主体P1、P2……Pm与客体O1、O2……On之间的对应关系分别是：P1与O1是一对一，P2与O1、O2和On

①SCHELLONG, A. and Mans D.Citizens preferences towards One-Stop Government［A］. Proceedings of the 2004 annual national conference on Digital government research［C］. Digital Government Society of North America, Seattle, WA, 2004：24-26.

②产品壹佰. 社交需求和社交产品的更替分析［EB］. http：//www. chanpin100. com/article/13229.

是一对多，P1、P2和Pm与O1是多对一，多个供给主体与数以亿计的供给客体之间的关系十分复杂。"互联网为重新构建政府和构建政府、企业、居民三者之间的互动关系提供了一个全新的机会。"[①]但如同"电子政府信用中涉及的众多信息行为主体相互作用形成的信用关系必然使电子政府信用受累于目前缺乏制度建设和规则约束的政府信用、企业信用和个人信用"[②]一样，政府电子公共服务主客体的各自信用及其相互之间的关系也会因政府信用、企业信用和个人信用体系的不健全而受到拖累，由此使得保证供给主客体身份的安全成为提升政府电子公共服务质量的关键性要素。

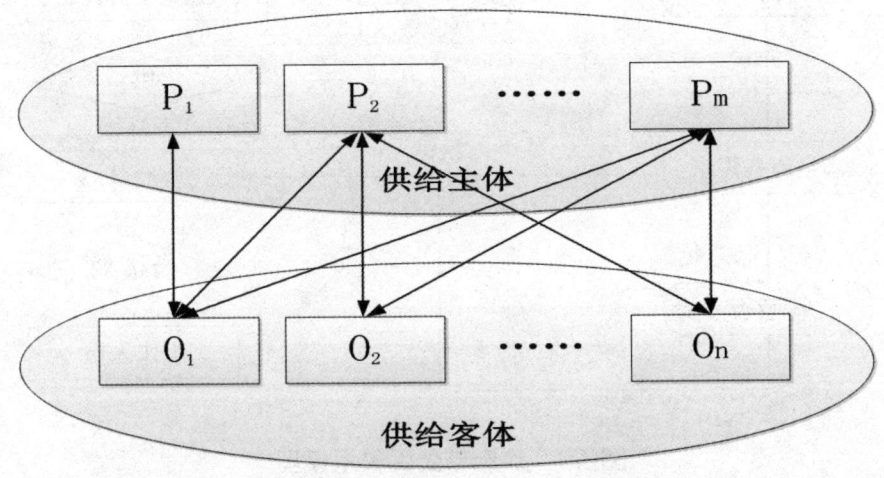

图2.8 供给主客体关系模型

以政府电子公共服务的最主要的供给主体——政府为例，政府公共服务供给主客体关系可以具化为其客体——公民对公共服务产品的需求以及其主体——政府部门及其所属工作人员对公共服务产品的供应之间的关系模型。图2.9的模型就是基于政府公共服务的一种最主要的主客体关系建立起来的抽象表示，是对真实世界中政府公共服务问题域内的政府和公民关系的简要描述。

①吴江，等. 中国电子政务——进行中的对策轨迹参照——国外电子政务的发展［J］. 电子政务，2004（Z2）：25-26+132-133.
②张锐昕，张贝尔. 电子政府信用及其构成要素解析［J］. 电子政务，2015（11）：1-5.

它实际上是以用户需求为导向，把现实世界的具体事物抽象、组织为一种信息结构，谓之概念级的结构模型，称为概念模型。表示概念模型的这类最常用的"实体—关系"图（也即E-R图），主要是由实体、属性和关系三个要素构成，几种基本的图形符号是：矩形表示实体，椭圆形表示属性，菱形表示关系。由于概念模型清晰、易懂、直接，有助于政府工作人员与政府电子公共服务系统设计人员之间的交流、沟通，也方便我们研究和展现政府电子公共服务供给主客体之间的互动关系。

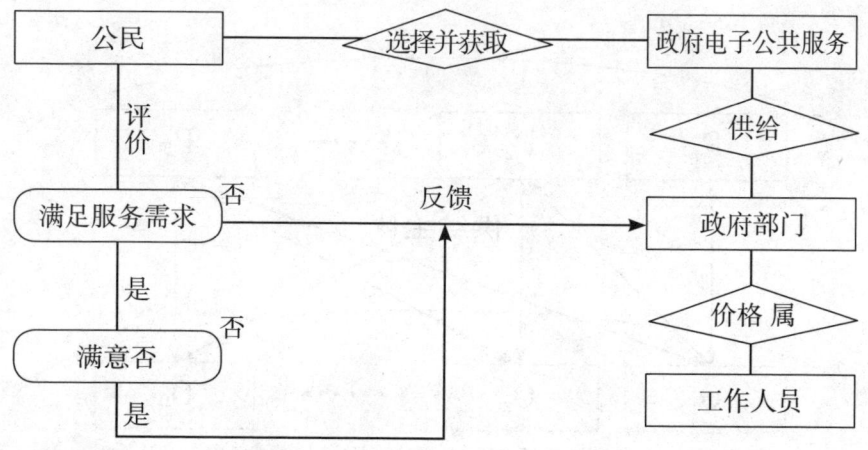

图2.9 政府与公民关系模型

2. 服务要素关系模型

公共服务提供过程主要涉及三个要素——媒介、供给者和消费者，它们之间的关系如图2.10所示。政府电子公共服务供给过程当然也涉及这三个要素，并牵涉资源耗用、过程结果、产出结果、产出效益、需求满足程度和满足能力、社会影响和后果，以及目标责任、标准规范、价值负荷等[①]，这为评估政府电子公共服务质量提供了诸多指标选项。

---

①张锐昕，董丽. 公共服务质量：特质属性和评估策略 [J]. 北京行政学院学报，2014（6）：8-14.

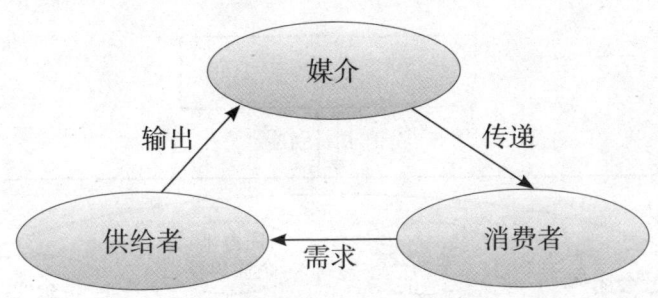

图2.10　服务要素关系模型

3. 服务前后台关系模型

"从电子政务功能的实现方式来看，电子政务的特点在于创立一个统一的信息通信平台、协同办公平台和数据处理平台"[1]。目前，比较理想的政府电子公共服务功能是由一站式政府的前台和后台合作提供的，其中，"前台主要负责公民服务请求的接收以及服务结果的返还，其服务形式是多元化的；后台主要负责服务事项的具体处理，其管理形式是一体化的"[2]。

如图2.11所示，前后台服务形式模型展现的是如今中国电子政务系统建设的主要建构范式。它有多重前后台，之间的关系分别是：政府门户网站是政务大厅网站的前台，是与公民直接接触的前台，相对地，政务大厅网站是政府门户网站的后台；政务大厅网站是其内网的前台，相对地，其内网是政务大厅网站的后台；政务大厅是政务外网的前台，相对地，政务外网是政务大厅的后台；政务外网是政务内网的前台，相对地，政务内网是政务外网的后台。这些多重前后台关系都是相对的概念，展示了全面信息化了的各个后台对其多重前台的支撑作用。只有创设一体化的后台管理模式，将信息和服务有效集成、综合并统一在后台办理，前台质量和绩效才有可靠保障。

---

①张锐昕. 电子政府概论（第2版）［M］. 北京：中国人民大学出版社，2010：49.

②刘红波. 一站式政府研究：以公共服务为视角［D］. 吉林大学，2011.

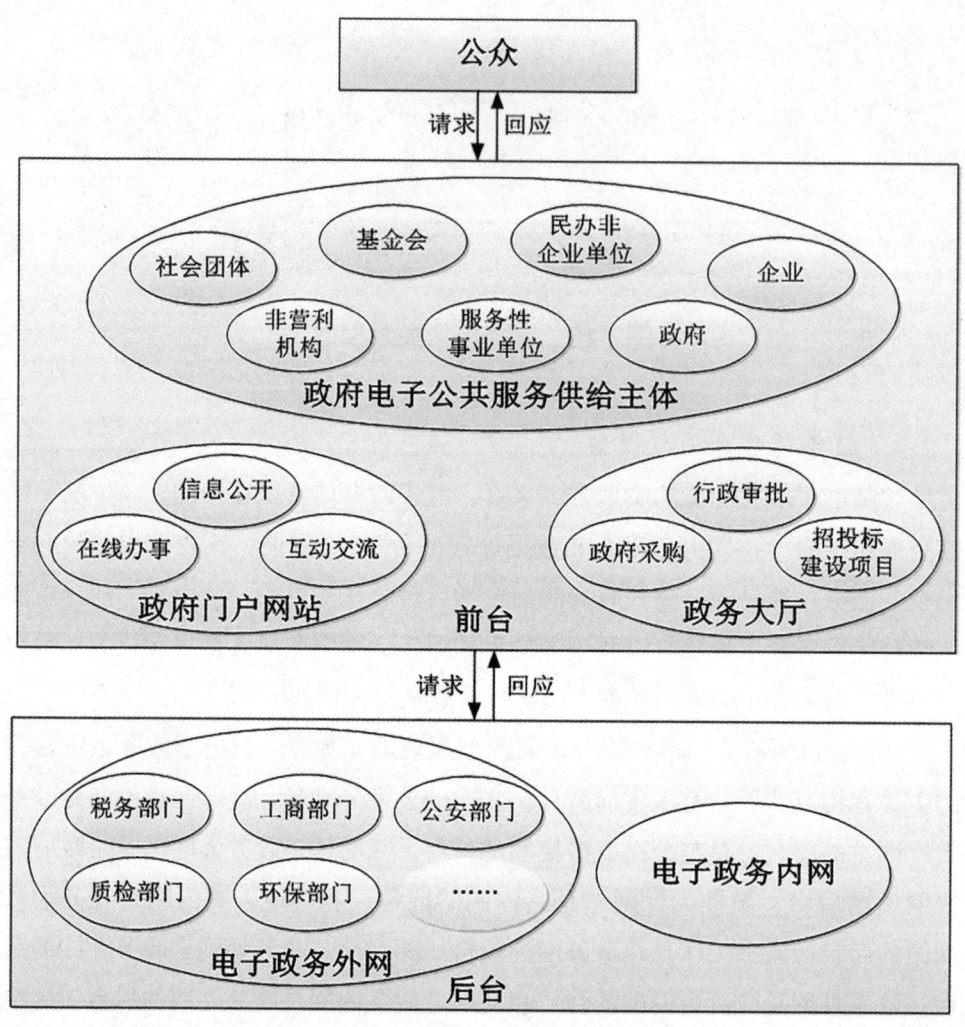

图2.11　前后台服务形式模型

　　逻辑模型实际就是一种关系模型，所有实体的属性和联系的属性两类数据都转换成关系模型中的关系。其中，属性表示实体或联系的某种特征。联系表示实体之间存在的关系。图2.11中描画的就是政府电子公共服务供给的前后台模型，即供给模型的服务前台与后台分别与政府电子公共服务应用系统的前台系统与后台系统相对应。其中，前台系统包括公共服务主客体之间交互的"界面"，包括政府门户网站、政务大厅及所有政府电子公共服务主体，主体借助政府门户网站、政务大厅接收客体需求并向后台系统传递客体的服务请求，后台处理完服务请求之后要向服务对象作以回应——供应服务结果；后台系统以横向互联的各个政府部门及其工作人员为服务对象，以信息共享与数据交换为基础，服务于各个政府部门之间的行政办公和业务协同，后台系统与前台系统实时交互，其功用在于接收前台系统转发的服务对象的服务请求，依据服务请求及业务规程进行部门内部或部门之间的业务处理，再将服务结果提交给前台系统。从整个服务过程来看，前后台系统是一个有机的整体，构成完整的服务过程。该模型在实现以上阐述的前后台系统功能的基础上，将政府服务前台前移至统一的电子公共服务平台，这样的好处是：社会公众不必关心服务的供给主体是谁，不必了解详细的服务供给流程，而只需面对这个统一的服务平台请求提供所需的服务即可。需要明确的是，政府电子公共服务只是这个统一的服务平台的内容的一个子集。平台按照服务类型确定服务供给主体，将服务请求信息传递给跟服务主体相对应的后台服务供给系统，而后台服务系统除了包括图2.12中所示的政府服务后台系统之外，还延展至企业、社会团体等许多后台系统，这些后台系统在完成服务业务处理后，都会将服务结果直接反馈给统一的前台服务平台，通过服务平台呈现给服务请求者。这些服务后台系统彼此独立，可以通过数据交换实现协作。

（三）政府电子公共服务供给的过程模型

科尔松·阿巴斯·沙库、阿里·阿卜多拉希等（Kolsoom Abbasi Shahkooh & Ali Abdollahi, et al.）将电子政府的实施模型分为描述性模型、成熟度模型、过程模型、电子政府框架[1]。其中，过程模型是一种开发策略，这种策略针对软件工程的各个阶段提供了一套范形，使工程的进展达到预期的目的。建立过程模型，就是从听取服务对象意见开始，从数据的观点出发，对政府电子公共服务系统中的各种业务流的动态过程进行抽象、表示和优化（包括处理、改善、再造），使之转化为数据流，再"观察系统中数据的采集、传输、处理、存储、输出等，经过分析、总结之后建立起来的一个逻辑模型"。由于过程模型可以

---

[1]SHAHKOOH K. A, Ali Abdollahi, Mehdi Fasanghari, Mohammad Azadnia.A Foresight based Framework for E-government Strategic Planning［J］. Journal of Software, 2009, 4（6）：544-548.

不断地建造、修改、测试，往复循环直到令服务对象满意为止，因而利用这种模型可以很快创建出功能完善的系统，对信息系统建设特别有效。

我们描画的服务输入产出过程、生命周期服务过程、监控评估问责过程等模型，展现了为达到模型目的而采取的一系列操作，这些操作虽并不涉及具体的实现方式和细节，而只关心数据在系统中的各个处理环节乃至操作节点的各种状态，目的是解决"由谁在什么时候什么地点提供什么样的政府电子公共服务，以及怎么提供"等问题提供一种可行性途径和有效性解决方案。

1. 服务输入产出过程模型

以信息的观点，从信息管理和信息系统的视角看，将各种资源投入到组织中，以信息呈现并流动，组织对信息进行加工处理，再产出相应的结果，谓之产出。图2.12体现了公共部门运作的"投入—过程—产出—结果"这一内在逻辑，是政府电子公共服务供给需要参照的从输入至产出过程的开发范式。

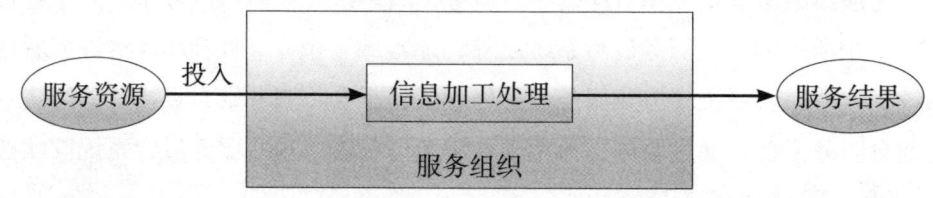

图2.12　服务输入产出过程模型

2. 生命周期服务过程模型

生命周期里的人生事件是指人类在由出生至死亡的整个生命周期中可能会经历的大事件的集合。如果将其以模型化的形式通过阶段性的描述予以程序化展现，则谓之"一条龙"生命周期服务过程模型，也称为生命周期模型。从新加坡开始，一些国家或政府的网站已经按公民个人生命周期中所需提供的公共服务项目供给的先后顺序陆续拓展提供相应的公共服务内容。图2.13描绘了公民个人生命周期中重要人生事件所需要的政府公共服务供给的项目。此外，在公民个人的生命周期全过程中还随时需要政府提供各类其他公共服务，包括交通出行、文体旅游、出境入境、公共事业、民族宗教、医疗卫生、证件办理、其他服务等，图中省略了这些内容。

现实版的政府电子公共服务供给的理想状态是"按需提供",《国务院办公厅关于转发国家发展改革委等部门推进"互联网＋政务服务"开展信息惠民试点实施方案（国办发〔2016〕23号）》提出的"政务服务个性化精准推送"将以往被动的按需提供转变为个性化的精准推送,但并未根本性解决政府主动推送问题,只有主动精准推送政务服务才是理想愿景[①]。如果政府能够做到以'一号'为标识"实现群众办事多渠道的一次认证、多点互联、无缝切换"[②],并"建立高效便民的新型'互联网＋政务服务'体系,推进网上网下一体化管理,实现一窗口受理、一平台共享、一站式服务"[③],就能遵循生命周期模型提供的服务供给轨迹,将主动精准推送政务服务的理想愿景变成现实。

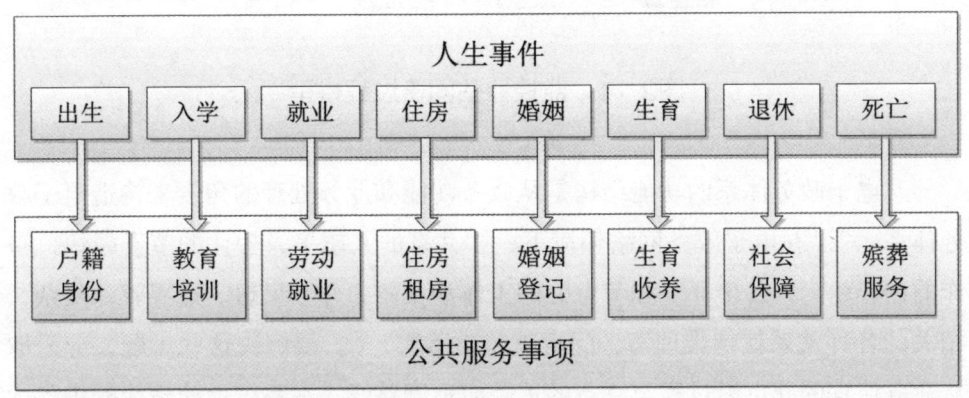

图2.13 生命周期服务模型

①于跃."问题导向,创新服务"该如何破解［J］.电子政务,2016（8）：14-16.

②国务院办公厅关于转发国家发展改革委等部门推进"互联网＋政务服务"开展信息惠民试点实施方案的通知（国办发〔2016〕23号）［Z］.2016-04-26.

③国务院办公厅关于转发国家发展改革委等部门推进"互联网＋政务服务"开展信息惠民试点实施方案的通知（国办发〔2016〕23号）［Z］.2016-04-26.

3. 监控评估问责过程模型

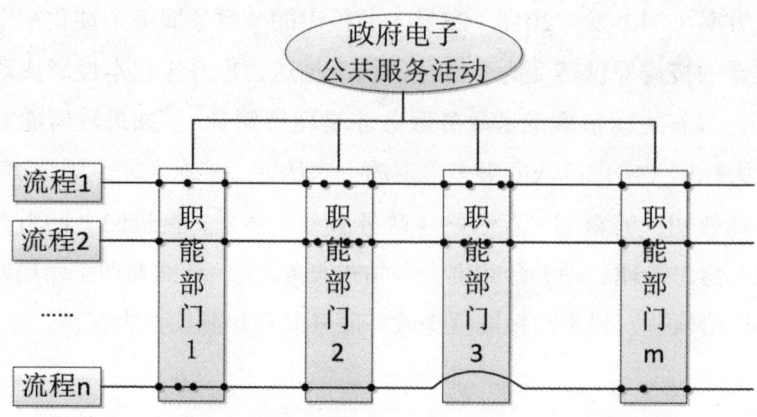

图2.14　监控评估问责过程模型

　　"电子政务体系的功能结构是从政务功能和业务处理的角度来构造电子政务体系。"[1]在电子政务网络环境下，"共享的人越多，变化的节奏越快，协作的内容越广，各个环节和节点处的工作涉及的中介、渠道、边界就越复杂，相关的各种关系就越难理清，问责就越难落实"[2]。要解决这些难题，应采取从业务流程的起点沿过程至终点的追踪或追溯路线，在系统地梳理流程中各项工作牵涉的各个环节、节点处的负责部门、管理人员和工作人员及其工作关系的基础上，对各个环节、节点处产生的各类中间成果、最终结果、对应部门和接收部门及其人员以及依赖关系实施监控、评估和问责[3]，图2.14即为政府提供了对相关流程进行监控评估和问责的可行性。

　　在选择政府电子公共服务供给方式时，研究其需求、关系和过程非常重要。在上述三类模型的基础上，如果对政府电子公共服务中的各种层次、关系等进行综合性抽象、整体化表示和无缝隙处理，就可据此设计出政府电子公共

①张锐昕. 电子政府概论（第2版）［M］. 北京：中国人民大学出版社，2010：49.

②张锐昕. 电子化政府绩效评估系统的角色和功用初探［J］. 江苏行政学院学报，2013（1）：107-112.

③张锐昕. 电子化政府绩效评估系统的角色和功用初探［J］. 江苏行政学院学报，2013（1）：107-112.

服务供给系统的结构模型。上述逻辑模型是由现实服务供给系统至虚拟服务系统供给的得力转换工具，它们全景式地提供了规范化、标准化的模板，旨在使实际从事政府电子公共服务系统的分析、设计、编码、测试和支持的人员都可以在该模板下获得一个共同的指导。由此，设计政府电子公共服务供给的逻辑模型的过程，就成为适用其既有理论成果以指导具体实践、总结其已有实践经验为实际系统开发所用的过程，相应地，也就成为建构政府电子公共服务供给的标准、规范和约束等方面条件的过程。上述模型设计将为政府电子公共服务供给系统具体实现提供一个有据可依、张弛有度、取舍有序、合理对接、弹性灵活的综合性的逻辑模型，由此，如同"电子治理是治理的进化方法"[①]一样，政府电子公共服务也成为政府公共服务的进化方法。

二、政府电子公共服务供给的基础条件

针对政府电子公共服务供给所需具备的技术基础，我们曾发表《政府电子公共服务供给的实践技术基础解析》一文予以详述。其中，确立实践技术基础的初始依据，是缘于网络、系统和信息的重要支撑效用；而政策依据，则是基于2006年国家信息化领导小组颁布的《国家信息化领导小组关于印发〈国家电子政务总体框架〉的通知（国信〔2006〕2号）》提出的构成要素——"服务与应用系统、信息资源、基础设施、法律法规与标准化体系、管理体制"[②]，由此得出了政府电子公共服务供给的实践技术基础至少要包括基础设施、应用系统和信息资源等三个方面的结论[③]。当然，当时的研究成果只能算是初步的。时至今日，伴随信息技术的迅猛发展，各种新技术、新产品、新工具、新应用的不断涌现，加之国家一系列战略性的电子政务工程项目的启动，使得政府电子公共服务建设得以依赖更先进的技术资源起步，基础设施、应用系统和

①KHALID A. Fakeeh. The E-Governance（E-GOV）Information Management Models［J］. International Journal of Applied Information Systems, 2016, 11（1）: 10-16.

② 国家信息化领导小组关于印发《国家电子政务总体框架》的通知（国信〔2006〕2号）［Z］. 2006-03-19.

③李健，王紫薇，张锐昕. 政府电子公共服务供给的实践技术基础解析［J］. 电子政务，2012（12）: 39-46.

信息资源也都得到了丰富和发展，为更多的政府电子公共服务项目付诸现实创设了可行的技术环境和先进的技术手段。有鉴于此，为用好、用足相关技术资源，基础条件研究的第二项工作任务是要尽量析出相关技术层面中涉及政府电子公共服务供给的技术、设施、信息和应用方面的支撑性要素，并对所有的政府电子公共服务建设主体、供给主体和客体尤其是政府公务员的信息素养培养提出具体要求，要求他们在科技素质和信息能力①方面加强修为。

（一）政府电子公共服务供给的技术基础条件

信息基础设施是支撑国家信息化的物质条件，也是保证政府电子公共服务系统正常运行的底层支撑系统，其基础性地位和共享性特质决定了国家信息基础设施的全局性和泛在性要求，必须坚持统筹规划、共建共享的原则建设，以避免重复建设、盲目冒进以致造成浪费和失误。为此，国家相关各部委陆续出台了大量相关法规和政策文件，以此对信息基础设施建设、应用系统开发、信息资源开发利用等工作予以规范。2013年8月8日，国务院下发了《国务院关于促进信息消费扩大内需的若干意见（国发〔2013〕32号）》，进一步强调要"加快信息基础设施演进升级，发布实施'宽带中国'战略，统筹推进移动通信发展，全面推进三网融合"②。但由于历史的原因，我国网络管理体制一直没有完全理顺，"九龙治水"的管理格局一直存在，"管理体制存在明显弊端，多头管理、职能交叉、权责不一、效率不高"③等问题一直没有得到有效解决，出台的各类规范、政策文件很难真正有效执行，很难真正达到理想预期，信息基础设施建设过程中的条块分割、各自为政、标准不一、互联困难、浪费严重等现象始终存在。为从根本上解决网络管理的问题，中共中央十八届三中全会通过的"关于全面深化改革若干重大问题的决定"中明确提出了"加

---

① 张锐昕，黄波. 面向21世纪国家公务员的科技素质［J］. 社会科学战线，2001（4）：210-216.

② 国务院关于促进信息消费扩大内需的若干意见（国发〔2013〕32号）［Z］. 2013-8-8.

③ 人民网. 习近平：关于《中共中央关于全面深化改革若干重大问题的决定》的说明［EB］. http://politics.people.com.cn/n/2013/1115/c1001-23559327-2.html.

快完善互联网管理领导体制，确保国家网络和信息安全"①的战略性决定。为贯彻执行这一决定精神，2014年2月27日中央网络安全和信息化领导小组成立（以下简称为"领导小组"），习近平任组长，在领导小组成立大会上，习近平强调，"网络安全和信息化是一体之两翼、驱动之双轮，必须统一谋划、统一部署、统一推进、统一实施"②。领导小组的成立，从根本上解决了网络管理中最核心、最关键的问题——组织保障问题。

政府电子公共服务系统并不是封闭的系统，与社会网络的高效互联是其有效提供服务的基础和条件，因此，在信息基础设施规划和建设过程中，除关注政府电子公共服务自身的需求外，更应该关注相关联的社会基础设施的规划和建设，这也是我们在论述政府信息基础设施的同时也对社会信息化基础设施进行简要论述的原因。

1. 信息基础设施

《国家信息化领导小组关于印发〈国家电子政务总体框架〉的通知（国信〔2006〕2号）》中明确提出，国家电子政务基础设施建设"包括国家电子政务网络、政务信息资源目录体系与交换体系、信息安全基础设施"③等几部分内容，表明了在电子政务建设和发展过程中基础网络、数据资源、信息安全的作用和价值，同时，三者对作为电子政务核心目标的政府电子公共服务的基础性、支撑性和公共性也是毋庸置疑的。政府电子公共服务不是一个封闭的系统，它以电子的手段为社会提供公共服务，离不开社会信息化基础设施的支撑和保证，社会信息化基础设施的保障能力，决定了社会公众获得政府公共服务的能力和水平。因此，以公共服务目标为价值取向，从全社会的视角，从政府电子公共服务的整体来看，国家电子政务基础设施和社会信息化基础设施共同组成政府电子公共服务的基础设施条件基础。电子政务基础设施决定了电子公共服务的供给能力，而社会基础设施决定了电子公共服务的获得。

---

①新华网. 十八届三中全会：中共中央关于全面深化改革若干重大问题的决定〔EB〕. http://news. xinhuanet. com/politics/2013-11/12/c_118112746. html.
②求是网. 中央网络安全和信息化领导小组第一次会议召开 习近平发表重要讲话〔EB〕. http://www. qstheory. cn/2016-09/19/c_1119583889.html.
③国家信息化领导小组关于印发《国家电子政务总体框架》的通知（国信〔2006〕2号）〔Z〕. 2006-03-19.

（1）国家电子政务网络基础设施

影响政府电子公共服务的技术性因素很多，但网络技术，尤其是互联网发展，无疑是致使政府电子公共服务这一特殊服务模式出现并迅速发展的核心要素。没有互联网，也就不会有政府电子公共服务模式的出现。

国家电子政务网络基础设施建设起步于金桥工程。20世纪90年代，随着互联网在世界范围的迅速蔓延，全球经济一体化的格局正在形成，世界各国对信息技术，尤其是网络技术对社会发展和经济建设的支撑作用有了全新的认识。继美国1993年实施"国家信息基础设施"（National Information Infrastructure，简称NII）计划（亦称国家信息高速公路计划）之后，欧盟各国，加拿大、俄罗斯、日本等国家相继提出建设本国信息高速公路计划，以此为基础，实现全球互联与共享的目标。

在这种国际大背景下，为满足我国社会发展和经济建设的需要，顺应国际社会"信息高速公路"建设的热潮，时任国务院副总理的朱镕基于1993年3月12日在主持国务院会议上首次提出了"三金"工程（主要指金桥、金关、金卡工程）计划，该计划于1993年12月正式启动，其目标是"建立一个覆盖全国并与国务院各部委专用网连接的国家共用经济信息网"。整个网络采用光纤、微波、卫星等多种互联方式，形成天地一体，既互相连接，又互为备份，既具有强大扩展能力，又拥有较强冗余度的综合网络体系。在"金桥网"的基础上，针对电子政务实际业务需要，国家电子政务网络基础设施初步确立了"内网、专网、外网"的网络规划格局。随着电子政务的发展，原有网络规划格局的弊端逐渐显现，为有效遏制重复建设，建设和整合统一的网络平台，中共中央办公厅、国务院办公厅于2002年联合下发了《中共中央办公厅、国务院办公厅关于转发〈国家信息化领导小组关于我国电子政务建设指导意见〉的通知（中办发〔2002〕17号）》，常被简称为"17号文"，这也是我国电子政务发展里程碑性的文件，文件中明确了"国家电子政务网络由基于国家电子政务传输网的政务内网和政务外网组成"[①]，并且进一步明确了内外网物理隔离，外网与互联网逻辑隔离的网络建设原则。2006年，中共中央办公厅、国务院办公厅联合发布了《中共中央办公厅、国务院办公厅关于转发〈国家信息化领导小组关于

---

①中共中央办公厅、国务院办公厅关于转发《国家信息化领导小组关于我国电子政务建设指导意见》的通知（中办发〔2002〕17号）〔Z〕. 2002-08-05.

推进国家电子政务网络建设的意见〉的通知（中办发〔2006〕18号）》，该文提出了统一国家电子政务传输骨干网的战略举措，明确了"国家电子政务管理机构组织协调有关单位，利用国家公共通信资源，形成中央到省（自治区、直辖市）的电子政务传输骨干网，并负责协调各级电子政务传输骨干网的互联互通，形成统一的国家电子政务传输骨干网"[①]。国家电子政务传输骨干网由连接中央机关的横向网络和连接至47个副省级以上城市省的纵向网络共同组成，电子政务内网、电子政务外网、电子政务传输骨干网一起构成国家电子政务网络基础设施体系，如图2.15所示。

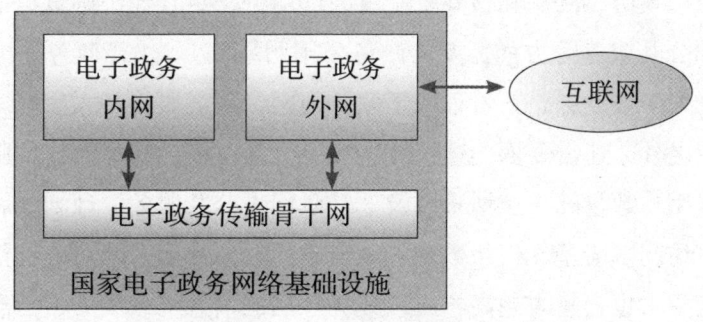

图2.15 国家电子政务网络基础设施体系框架

国家电子政务传输骨干网包括电子政务内网传输骨干网和电子政务外网传输骨干网两部分，由中国联通和中国电信两大电信运营商负责建设并参与运营。

国家电子政务内网属涉密网，"是副省级以上政务部门的办公网，与副省级以下的办公网物理隔离"[②]。电子政务内网除包括政府部门的内网之外，也包括党委、人大、政协、法院、检察院的业务网络，主要满足部门内部办公、管理、协调、监督以及决策需要，所涉及的网络设备、联网标准必须符合涉密系统的要求。

国家电子政务外网（以下简称"政务外网"）与电子政务内网物理隔离，与互联网逻辑隔离，是我国电子政务重要公共基础设施，从2010年10月开始，

①中共中央办公厅、国务院办公厅关于转发《国家信息化领导小组关于推进国家电子政务网络建设的意见》的通知（中办发〔2006〕18号）〔Z〕.2006-05-18.
②中共中央办公厅，国务院办公厅关于转发《国家信息化领导小组关于我国电子政务建设指导意见》的通知（中办发〔2002〕17号）〔Z〕.2002-08-05.

国家相关部门授权由国家信息中心全面负责政务外网的规划、建设、运维及外网的各方面服务和管理工作，并对地方政务外网的建设和管理进行指导。政务外网由广域骨干网和城域网共同组成，政务外网纵向连接中央、省、市、县四级网络。2012年，国家发改委针对电子政务网络基础设施规划、建设过程中仍然存在的"统筹不足、政出多门、分散建设、低水平重复、投资浪费等现象"[①]，在《"十二五"国家政务信息化工程建设规划》中提出了"基于国家电子政务传输骨干网，建好内网，扩展外网，整合优化已有业务专网，构建完整统一的国家电子政务网络"[②]的任务目标。政务外网"是服务于各级党委、人大、政府、政协、法院和检察院等政务部门，满足其经济调节、市场监管、社会管理和公共服务等方面需要的政务公用网络"[③]。由于政务外网承载各级政府机构绝大多数业务，数量远大于政务内网，除需要支持大量跨地区、跨部门业务应用之外，还需要面向整个社会提供大量在线、实时的信息服务，尤其是随着无线用户数量的飞速增长以及"互联网＋公共服务"计划的启动，政务外网的信息访问量会呈几何级数增长，与此同时，社会公众对政府信息服务的质量和速度要求也会越来越高，所以政务外网的信息承载能力、信息服务能力的提升已经成为百姓评价政府执政能力的大事，成为政府必须积极面对并且需要马上着手解决的战略性问题。2016年8月，政务外网二期改造工程已经开始，全面提升中心及网络的服务能力，以满足电子政务业务发展的需要。

除电子政务网络基础设施的支撑作用外，政府电子公共服务的供给和获得也都离不开社会网络基础设施的支撑和保障。首先，国家电子政务网络就是利用电信运营商现有网络资源构建起来的，电信运营商的网络基础设施承载能力，运行、服务、管理和技术保障能力和水平不同程度上也决定了国家电子政务网络的能力和水平，也对政府提供电子公共服务供给产生直接的影响。其次，随着政府公共服务改革的逐渐深入，越来越多社会组织、团体、企业将会成为政府电子公共服务的提供者，社会网络基础设施是这类服务群体提供电子

---

① 国家发展改革委关于印发"十二五"国家政务信息化工程建设规划的通知（发改高技〔2012〕1202号）〔Z〕. 2012-05-05.

② 国家发展改革委关于印发"十二五"国家政务信息化工程建设规划的通知（发改高技〔2012〕1202号）〔Z〕. 2012-05-05.

③ 国家信息中心. 国家电子政务外网〔EB〕. http://www.sic.gov.cn/News/181/2590.html.

公共服务的核心基础，尤其是在社会信息化程度高度发展的今天，离开了网络基础设施的支撑，将严重影响这些社会组织、团体、企业公共服务供给的能力和质量，在难以达到社会公众服务预期的同时，政府委托公共服务的价值和意义也会大大降低。第三，在网络环境下，政府提供的电子公共服务不仅仅取决于服务的供给能力，更取决于社会公众、组织的网络信息获取能力，尤其是在"数字鸿沟"进一步扩大，"网络弱势"群体愈加明显的今天，提高网络的覆盖面、提升网络访问能力，已经成为解决政府公共服务公平、可达、普惠的关键。为此，2016年7月，中共中央办公厅、国务院办公厅联合印发了《国家信息化发展战略纲要》，对未来10年国家网络基础设施建设做了整体布局，第一次将覆盖城乡的网络基础设施建设、宽带接入的量化指标提升到战略目标的高度，尤其强调了"边远地区、林牧区、海岛等区域根据条件采用移动蜂窝、卫星通信等多种方式实现覆盖"[①]，并且提出了"完善电信普遍服务补偿机制，建立支持农村和中西部地区宽带网络发展长效机制，推进网络提速降费，为社会困难群体运用网络创造条件"[②]。

（2）政务信息资源目录体系与交换体系

政府掌握着大量的信息资源，信息资源在政府社会管理、市场监管、公共服务、宏观决策过程中具有明显的支撑性、基础性、系统性和公共性特征，具有明显的基础设施特征。早在2002年国家就下发了《国家信息化领导小组关于我国电子政务建设指导意见》（以下简称"意见"），意见中提出"国家要组织编制政务信息资源建设专项规划，设计电子政务信息资源目录体系与交换体系"[③]，其主要目标，"一是满足跨地区信息共享的需求；二是满足部门间特定信息横向交换和共享的需求"[④]。政务信息资源的共享、开发、利用既是政府各部门信息共享、业务协同的基础和关键，也是政府电子公共服务的重

---

①中共中央办公厅、国务院办公厅印发《国家信息化发展战略纲要》（中办发〔2016〕48号）〔Z〕.2016-07-27.

②中共中央办公厅、国务院办公厅印发《国家信息化发展战略纲要》（中办发〔2016〕48号）〔Z〕.2016-07-27.

③中共中央办公厅，国务院办公厅关于转发《国家信息化领导小组关于我国电子政务建设指导意见》的通知（中办发〔2002〕17号）〔Z〕.2002-08-05.

④张志明，刘铸.浅议省级政务信息资源目录体系建设〔J〕.信息系统工程，2013（3）：39-41.

要内容。2004年中共中央办公厅、国务院办公厅联合发布了《中共中央办公厅国务院办公厅关于加强信息资源开发利用工作的若干意见（中办发〔2004〕34号）》，进一步强调加强"电子政务信息资源目录体系与交换体系"（以下简称"体系"）建设的重要性，提出应"充分发挥信息资源开发利用在信息化建设中的重要作用，推进经济结构调整和经济增长方式转变"[①]。为落实两办文件精神，2004年年底，国家相关部门开始着手相关方面标准的准备工作。2005年9月27日，体系标准工作组在北京正式成立，同年12月，形成了体系征求意见稿并征求各部门、各地区意见，经过两年多的实验、论证、修改，2007年9月，通过国家质量技术监督检验检疫局和国家标准化管理委员会审定，以国家标准的形式发布了《政务信息资源目录体系》（GB/T 21063）和《政务信息资源交换体系》（GB/T 21062）。体系标准的发布，为信息资源的全面开发、利用、社会化服务奠定了坚实的基础。2006年，《国家电子政务总体框架》进一步明确了建立国家电子政务"目录体系和交换体系"的时间表和路线图，确定了"到2010年形成覆盖全国的统一目录体系与交换体系"[②]的目标。为进一步加强新形势下的政府信息资源最大限度的开放、共享与交换，充分发挥信息资源的战略作用，全面推进我国大数据的应用和发展，加快信息强国建设步伐，2015年9月5日，国务院正式发布了《大数据发展行动纲要》，进一步明确"建立政府和社会互动的大数据采集形成机制，制定政府数据共享开放目录"[③]的要求，战略性地提出"通过政务数据公开共享，引导企业、行业协会、科研机构、社会组织等主动采集并开放数据"[④]，以此为基础，在政府信息资源共享、开放的引领之下，开始进行整个社会的资源整合，形成整个社会信息资源充分共享的新型的"信息生态"。

[①] 中共中央办公厅，国务院办公厅关于加强信息资源开发利用工作的若干意见（中办发〔2004〕34号）［Z］. 2004-12-12.

[②] 国家信息化领导小组关于印发《国家电子政务总体框架》的通知（国信〔2006〕2号）［Z］. 2006-03-19.

[③] 国务院关于印发促进大数据发展行动纲要的通知（国发〔2015〕50号）［Z］. 2015-08-31.

[④] 国务院关于印发促进大数据发展行动纲要的通知（国发〔2015〕50号）［Z］. 2015-08-31.

（3）电子政务信息安全基础设施

电子政务信息安全基础设施是保证政府电子公共服务系统有序、高效、安全运行的重要保障。

关于信息安全基础设施，《国家电子政务总体框架》的"信息安全基础设施"中提及了很多与信息安全相关的内容，涉及信息安全机制、信息安全责任、网络安全域的划分、信息安全等级保护、信息安全保障体系等，这些都是信息安全工程过程中，也是构建信息安全基础设施工程中非常重要、并且要认真对待并需要解决的问题。信息安全基础设施是一个复杂的系统，包括策略、技术、产品、人员、环境、标准、管理、法律等多方面内容，它应该具有明显的基础性、支撑性、公共性、整体性。目前被国际社会普遍接受的信息安全基础设施有两个，分别是"公钥基础设施（PKI[①]）"和"授权管理基础设施（PMI[②]）"。通过构建安全的基础设施，以满足信息安全身份鉴别、信息保密、信息可用、信息完整，以及信息的不可抵赖性需求。在整个基础设施中，核心是CA（证书授权中心）[③]认证体系的建立，通过CA认证体系的核心要素CA认证中心，对数字证书的整个生命周期进行管理。数字证书的核心是管理主体（个人、机构、设备等）的公钥，将证书拥有主体与主体的公钥进行绑定，证明主体与公钥的所属关系，以数字证书的形式进行封装，通过证书签发机构的电子签名以保证证书的权威性和合法性。CA认证体系支持多级或多层的树状结构，各分支CA之间可以通过共同的根节点（根CA）或虚拟的桥接结点（桥CA）来实现互认证。在我国电子政务网络内外网中分别建立了内外网认证体系，内外网CA的根节点建在国家，内网的根节点由国家密码管理局负责建设、管理和运营，各省、直辖市、自治区按照国家统一的体系要求负责建设、管理向下的认证体系，与国家的根一起构成全国统一电子政务内网认证体系，形成面向电子政务内网的，为内网提供信息安全服务的电子政务内网信息安全基础设施。电子政务外网的认证体系统一由国家信息中心负责，负责整个体系的规划、指导和根节点的建设和运营，与内网类似，各省、直辖市、自治区按照国家统一的体系要求负责建设、管理向下的认证体系，与国家的根一起构成全国

---

①PKI: Pubic Key Infrastructure.
②PMI: Privilege Management Infrastructure.
③CA: Certificate Authority.

统一电子政务外网认证体系，形成面向电子政务外网的，为外网提供信息安全服务的电子政务外网信息安全基础设施。在政府电子公共服务过程中，社会主体（个人、机构、设备等）需要电子签名等认证服务时，按照《中华人民共和国电子签名法》的要求，"电子签名需要第三方认证的，由依法设立的电子认证服务提供者提供认证服务"[1]。我国电子认证服务实行许可制，由国务院信息产业主管部门负责电子认证服务业的相关管理工作，并负责对许可机构颁发电子认证服务许可证书。授权管理基础设施是在公钥基础设施基础上建立起来的，公钥基础设施基础主要解决身份认证的问题，授权管理基础设施是在身份认证的基础上，侧重解决用户的访问控制权限问题，其目标是通过为用户签发属性证书，来解决统一和标准授权的问题。由于受到管理过程相对复杂、应用改造工作量较大等因素的影响，目前真正基于该体系进行统一权限管理的典型应用还不是很多。

2. 电子公共服务应用系统

在国家相关部门积极推动下，各级政务部门在信息服务观念逐步增强的同时，网站信息服务的综合服务质量和能力同步提升，同时，网站内容建设一改以往简单、粗暴的模式，各具特色的应用服务内容纷纷显现，尤其是针对百姓关注的部门或业务，增加了多种多样的互动应用内容，表现百姓"主观意愿"、体现政府与百姓互动的动态页面开始增多，网上业务关联性的应用开始出现。从2001年开始，北京等城市纷纷提出了网上审批的概念，并进行了有益的实践和探索。到2003年年底，以"金税"为代表的一系列金字工程取得突破进展，覆盖国税总局、省局、地（市）局、县（区）局的四级交叉稽核等多个应用系统上线运行，以单一部门为基础，基于政府内部业务系统为社会提供网上业务办理、服务的条件已经成熟，继国税企业网上纳税申报系统的启动，企业网上工商年检、社保缴存、组织机构代码证年检等一系列行业的网上在线服务应用项目纷纷上线，网上系统的大范围应用，大大节约了服务成本、大幅度提升了服务效率，节省了企业的时间、成本，简化了服务过程。与此同时，各地政府纷纷建立网上政府大厅，将政府提供的公共服务项目进行一站式整合，深圳、上海等地政府率先推出了电子化的政府公共服务、行政审批项目目录和

流程导引，让百姓足不出户对各项公共服务和审批的内容、过程、要求了然于胸，极大地方便了群众，政府在群众中的服务形象得到明显改观，虽然政府公共服务还远没有达到公共服务的"一窗式"、全流程的程度，部门之间网上业务协同、信息交换能力还不强，但政府电子化公共服务的整体性特征已开始显现，在此阶段，某些行业、某些地区的政府信息资源目录体系和交换体系开始建立，并逐步面向社会进行有条件开放，政府信息资源整体性服务能力也在同步增强。目前，随着网上政府电子公共服务应用的增多，尤其是各级政府部门网上服务大厅的大范围开通，政府电子公共服务的数量迅速增加，应用的范围和广度迅速扩大，政府电子公共服务的总体供给能力较以往快速增强。2015年，在国务院发布的《国务院关于规范国务院部门行政审批行为改进行政审批有关工作的通知（国发〔2015〕6号）》中明确了"减少审批环节，简化审批程序，优化审批流程，依法限时办结，进一步缩短办理时间，加快审批进程，提高审批效率"[①]。的便民高效总体目标要求的同时，进一步提出了"对于多部门共同审批事项，进行流程再造，明确一个牵头部门，实行'一个窗口'受理、'一站式'审批"[②]等规范性要求。为彻底打破部门之间信息壁垒，全面推行行政审批全流程电子化，国家相关部门加大力度推进"部门应用向政务外网迁移""推进信息资源标准化应用""综合信息资源交换平台"等建设工作的同时，国务院相继出台了《国务院办公厅关于加快推进"三证合一"登记制度改革的意见（国办发〔2015〕50号）》《国务院办公厅关于加快推进"五证合一、一照一码"登记制度改革的通知（国办发〔2016〕53号）》等文件，"强化相关部门间信息互联互通，实现企业基础信息的高效采集、有效归集和充分运用"[③]，在此基础上，福建等省率先启动统一电子证照库建设工程，全面实现各类证照电子化共享，形成整个网上全流程并联审批的业务过程电子化的闭环。与此同时，国务院办公厅于2015年8月10日发布了《国务院办公厅关于印发整合建立统一的公共资源交易平台工作方案的通知（国办发〔2015〕

---

①国务院关于规范国务院部门行政审批行为改进行政审批有关工作的通知（国发〔2015〕6号）［Z］.2015-01-19.

②国务院关于规范国务院部门行政审批行为改进行政审批有关工作的通知（国发〔2015〕6号）［Z］.2015-01-19.

③国务院办公厅关于加快推进"五证合一、一照一码"登记制度改革的通知（国办发〔2016〕53号）［Z］.2016-06-30.

63号）》，在全面整合政府公共资源交易责任机构和相关资源的基础上，全面推行"统一的公共资源交易平台"建设工作，确定了时间表和路线图，在强调"在统一的平台体系上实现信息和资源共享，依法推进公共资源交易高效规范运行"[①]的同时，"着力推进公共资源交易法制化、规范化、透明化，提高公共资源配置的效率和效益"[②]。在政府行政体制改革逐渐深入、政府行政资源进一步整合、部门之间信息共享与交换日益成熟的基础上，浙江、吉林等省纷纷开始启动政府服务"一张网"建设工程，将政府各服务部门的信息资源统一整合到一个平台，通过建立统一的"身份认证""全流程网上行政审批大厅""便民服务""政府信息资源服务"等体系和平台，着力打造社会法人单位、其他组织、公民个人全生命周期的服务体系，为构建全社会综合、一体化的公共服务平台奠定良好基础。为进一步规范政府服务网站的建设，2017年5月15日，国务院办公厅发布了《国务院办公厅关于印发政府网站发展指引的通知（国办发〔2017〕47号）》，对政府服务网站的建设目标、建设原则、职责分工、运行运维、网站功能定义、网站安全防护，以及技术性规范都给出了更加明确、更加标准、更具指向性的建议和要求[③]。

3. 电子公共服务信息资源

从我国整个电子政务发展过程来看，"政务信息资源开发利用是推进电子政务建设的主线，是深化电子政务应用取得实效的关键"[④]。电子政务服务的根本和目标是实现信息服务，通过信息的采集、分析、处理、存储、传输、交换、应用等过程，提高整个政府行政、政府服务等物化过程的高效、快速、无缝处理能力和水平。基于对信息资源的基础性和全局性定位提出，2002年，《国家信息化领导小组关于我国电子政务建设指导意见（中办发〔2002〕17号）》明确"规划和开发重要政务信息资源"任务，在设计电子政务信息资

---

① 国务院办公厅关于印发整合建立统一的公共资源交易平台工作方案的通知（国办发〔2015〕63号）〔Z〕. 2015-08-10.

② 国务院办公厅关于印发整合建立统一的公共资源交易平台工作方案的通知（国办发〔2015〕63号）〔Z〕. 2015-08-10.

③ 国务院办公厅关于印发政府网站发展指引的通知（国办发〔2017〕47号）〔Z〕. 2017-05-15.

④ 国家信息化领导小组关于印发《国家电子政务总体框架》的通知（国信〔2006〕2号）〔Z〕. 2006-03-19.

源目录体系与交换体系的同时，提出"启动人口基础信息库、法人单位基础信息库、自然资源和空间地理基础信息库、宏观经济数据库的建设"①。2004年，中共中央办公厅、国务院办公厅在联合发布的《中共中央办公厅 国务院办公厅关于加强信息资源开发利用工作的若干意见（中办发〔2004〕34号）》中"明确信息采集工作的分工，加强协作，避免重复，降低成本，减轻社会负担"②。2006年1月27日，国务院信息化工作办公室发布了《关于加强信息资源开发利用工作任务分工的通知》（国信办〔2006〕10号），对信息资源建设工作进行了更加明确、详细的部署。按照国家部署，人口基础信息库建设于2004年启动，目标是建立容纳全国人口基本信息的国家库；建立各省（自治区、直辖市）、地市级人口基础信息库；逐步整合政府有关部门相关人口信息资源；人口信息管理系统的建设、升级、改造；建立相关标准规范体系；规范业务系统的数据接口标准。目前，人口基础信息资源库已经建立，其在政府电子公共服务过程中，以及社会信息化服务过程中发挥了巨大的基础性信息作用。法人单位基础信息库启动时间是2007年1月，由国家质检总局作为牵头单位，配合单位包括工商总局、国税总局、统计局、中编办和民政部等部门，主要目标包括法人单位基础信息库及管理系统建设；数据标准和交换标准体系建设；逐步整合相关政府部门法人单位信息资源；建设面向国家电子政务和社会应用的统一应用平台等内容。法人单位基础信息资源库是各法人单位进行各类经营、活动的重要基础，所有基本的法人单位的基础信息库已经建立，但各相关政府部门之间法人单位信息资源整合的工作仍在继续。目前国务院推行企业"五证合一、一照一码"登记制度改革，进一步完善了法人单位信息资源建设，统一了政府部门之间数据共享与交换标准，保证了法人单位信息资源在政府电子公共服务和社会化服务过程中的充分共享。自然资源和空间地理基础信息库建设工作于2007年9月启动，主要目标是"整合分散在各个部门和地区的地理空间和自然资源信息，建立逻辑上统一、物理上分布的地理空间和自然资源信息库"。宏观经济数据库建设工作于2006年4月启动，主要建设目标包括建立宏

①中共中央办公厅，国务院办公厅关于转发《国家信息化领导小组关于我国电子政务建设指导意见》的通知（中办发〔2002〕17号）〔Z〕. 2002-08-05.
②中共中央办公厅，国务院办公厅关于加强信息资源开发利用工作的若干意见（中办发〔2004〕34号）〔Z〕. 2004-12-12.

观经济数据库指标体系；建立宏观经济数据核心系统及交换系统；在各省及重点城市建立宏观经济数据库的运行和应用系统等方面的内容。目前，宏观经济数据基本体系已经初步建立，还在进一步完善之中。在国家四个重要政务信息资源建设的基础上，国家"十二五"国家政务信息化工程建设规划又增加了"文化信息资源库"建设，确定了"推动文化信息资源共享和开发利用，促进中华文化的传承和传播，提升国家文化软实力"[①]的建设目标。

经过十多年的发展，五个"基础信息资源库"建设逐渐趋于完善，为更加有效利用政府丰富的信息资源，发挥其在社会发展、经济建设中的重要作用，2015年8月31日，国务院印发"促进大数据发展行动纲要的通知"（国发〔2015〕50号）强调，对"政府数据资源共享开放工程""国家大数据资源统筹发展工程""政府治理大数据工程""公共服务大数据工程"等十大重点工程做出了充分部署。

综上，在整个政府电子公共服务供给的实践技术基础中，网络体系、信息资源目录与交换体系、安全体系共同构成了政府电子公共服务供给的基础和保障，应用系统为政府电子公共服务供给提供了载体，而电子公共服务信息资源服务是政府电子公共服务的核心和根本。除上述技术条件之外，对政府电子公共服务产生影响的技术性因素还很多，由于这些技术与政府电子公共服务相关度不高，本著将其略去。

（二）政府电子公共服务供给的政府基础条件

厘清政府电子公共服务的理论资源和技术基础条件之后，要在实践中真正建设和实施政府电子公共服务并使之取得良好的质效，还必须克服来自于政府内部的诸多障碍因素，这就需要研究政府自身究竟应该为电子公共服务供给准备怎样的基础条件——政府基础。

1. 政府电子公共服务供给的政府基础的概念

国内还没有人研究政府电子公共服务供给的政府基础的概念。鉴于政府电子公共服务与电子政务及电子政府的密切关系，我们拟从学者们有关实施电子政务或电子政务建设的政府基础，以及电子政府构建的政府基础等的研究成果

[①]国家发展改革委关于印发"十二五"国家政务信息化工程建设规划的通知（发改高技〔2012〕1202号）［Z］.2012-05-05.

中汲取有益元素并给出合理答案。

截止到2020年9月5日，在中国知网（CNKI）中，以"政府基础"为主题词搜索的结果是：共有文献253篇，其中，与"政府基础设施"或"政府设施建设"相关的最多，为100篇，之中只有1篇为"电子政府基础建设"；与"（地方）政府基础教育"相关的有53篇；与"法治政府基础"相关的有1篇；与"政府基础网络"相关的有1篇；有关"阳光政府基础"的有1篇，为李文波的硕士论文《阳光政府基础的法理学思考》；与"地方政府基础服务"相关的有3篇，为陈福珍的硕士论文《宁波中小企业上市融资绩效评析及地方政府基础服务研究》、周璇发表在《南昌高专学报》2011年第4期上的《论地方政府财政分权与我国基础教育支出》、戴云发表在《企业导报》2012年第15期上的《加快中小企业上市的地方政府基础服务研究——以江苏省南通市为例》；与"建设服务型政府基础"相关的有2篇；有1篇《政府基础论》的书评；而真正以电子政务或电子政府的政府基础为题的文献只检索到8篇，分别是2013年1篇，2012年2篇，2011年1篇，2007年1篇，2003年3篇（实为2篇），因为其中2篇为杨凤春于2003年分别发表在《信息化建设》第3期和第4期上的《实施电子政务的政府基础（一）》和《实施电子政务的政府基础（二）》，实质是1篇文章的前后两个部分的连载，而另一篇是杨凤春发表在《市场与电脑》2003年第6期上的同名文章《实施电子政务的政府基础》。另外的5篇文章分别是杨国栋的硕士论文《论电子政务建设的政府基础》（2007年），张锐昕、杨国栋发表在山东大学学报（哲学社会科学版）2011年第5期上的论文《电子政府构建的政府基础：涵义、特征和构成》和发表在《探索》2012年第1期上的论文《论电子政府的政府基础：起始条件与构建策略》，杨国栋发表在长春理工大学学报（社会科学版）2012年第8期上的论文《论电子政务建设的政府基础》，杨国栋的博士论文《论电子政府构建的政府基础》（2013年）。由此可见，国内关注电子政府或电子政务的政府基础研究的学者非常少，研究成果也很有限。

其实，除了上面提到的几篇专题论文之外，我们也能在一些学者的相关著述中发现政府需要提供电子政府或电子政务的政府基础的观点。例如2004年我们主编的教材《电子政府概论》中提出"要构建电子政府，除了必要的技术条件之外，还包括两大方面的内容：其一是网络基础建设，这是实现电子政府的硬环境，其二是政府内部基础建设，这是实现电子政府的软环境，毋庸置疑，政府需要做大量的基础性工作"①。再如，2005年我们又提出，各国发展电子政务"强迫政府各部门必须抛弃部门利益协同工作，对原有的政务流程进行优化再造。而优化再造意味着利益的再分配、各部门职能的转变和组织结构的重新调整，说明电子政务的本质是政府的重大创新和改革，它的建设不仅需要技术基础、公众基础，更强调提供政府基础，即需要政府加大力度进行管理流程的梳理再造、组织结构的优化重组、职能的重新确定和体制的创新等一系列适应性变革，来创建一个无分界线的无缝隙组织，为推行电子政务提供前提条件"②。可见，所理解的发展或推行电子政务的基础包括管理流程的梳理再造、组织结构的优化重组、职能的重新确定和体制的创新等前提条件。2011年，《电子政府构建的政府基础：涵义、特征和构成》一文继续发展了上述观点，文中提出"软环境，主要指的是政府应该为电子政府构建所提供的与现代政府治理理念、信息技术应用和信息社会生产生活方式相适应的行政生态环境。软环境的核心要素涉及政府职能转变、组织结构调整、政务流程再造、管理方式创新、行政体制改革等，这些要素之间彼此关联，相互作用，连同与之相应的政府理念、行政体制、组织模式、运行方式、管理技术和行政文化等，构成电子政府有序构建的实践基础和前提条件，我们称之为电子政府构建的政府基础"③。

鉴于政府基础是在决定性的意义上影响政府及政府要素的条件，是政府产生、运作的制约因素④，我们把政府电子公共服务供给的政府基础的概念定义为：是政府自身为提供电子公共服务所需准备的实践基础和前提条件。

2. 政府电子公共服务供给的政府基础的构成

关于实施电子政务的政府基础的构成，杨凤春的观点是，"电子政务的崭新性质，要求政府必须具备适当的适应基础"；"实施电子政务，首先要求政府具备适当的观念基础"，包括正确认识信息时代的政府形式，必须认识到政

---

① 张锐昕. 电子政府概论［M］. 北京：中国人民大学出版社，2004：177.

② 张锐昕. 建立电子政务评估制度的动因［J］. 社会科学战线，2005（4）：181-184.

③ 张锐昕，杨国栋. 电子政府构建的政府基础：涵义、特征和构成［J］. 山东大学学报哲社版，2011（5）：48-53.

④ 商红日. 政府基础论［M］. 经济日报出版社，2002：66.

府的信息化、电子化是社会信息化、电子化的龙头和瓶颈，必须认识到电子政务的建设本质上不是一般意义上的政府消费，而是具有根本性意义的政府革命[①]；"实施电子政务，政府要具备适当的体制基础"，包括要建立政府信息公开化的法律和制度框架体系；确立电子政务发展的总体战略规划；转变政府职能的目标是实现政府职能从管理、治理模式向信息搜寻、分析和服务模式的转变；制定政府政务标准规范和流程规范，为政务的电子化准备内容；大力培育和发展企业、社会中介组织和公民个人的自治、治理能力，形成全社会政府信息生产和消费的微观基础；电子政务的实施必须以政务为内容、以需求为导向，防止单纯的技术主义；实施电子政务，政府要准备适当的人力资源基础[②]。

我们认为，"电子政府的构建，需要与之相适应的政府职能转变、组织结构调整、管理方式创新、行政体制改革等的支持，这些基础性条件是电子政府构建的政府基础的主要内容"，"此外，政府基础的关键性构成要素可以概括为：网络化的组织结构和分散化的权力结构、协作参与式的组织管理和决策方式、公民导向的政务流程再造、目标管理和过程控制相结合的绩效管理和崇尚服务精神的行政价值取向"[③]。

在谈及世界各国在发展电子政务时面临的障碍时，美国前副总统戈尔认为有四个障碍："一是文化障碍，官僚主义的文化与电子政务是格格不入的，官僚主义害怕变革会对其既得利益造成威胁；二是政府的保密制度，限制了大众对信息资源和政府权力的分享；三是官员腐败，电子政务带来的公开性和透明度损害了某些有私心的官员的利益，他们会尽自己最大的努力来阻碍电子政务；四是公务员缺乏培训，缺乏相应的技能和知识，不懂得在自己的机构里怎样做好电子政务。"[④]"在戈尔看来，要实施真正的电子政务，不仅需要理念上的革新，更需要政府组织形式的再造"[⑤]上述的四个障碍都缘于政府体制内

---

①杨凤春. 实施电子政务的政府基础（一）［J］. 信息化建设，2003（3）：19-20.

②杨凤春. 实施电子政务的政府基础（二）［J］. 信息化建设，2003（4）：18.

③张锐昕，杨国栋. 电子政府构建的政府基础：涵义、特征和构成［J］. 山东大学学报哲社版，2011（5）：48-53.

④美国前副总统戈尔：电子政务面临四大障碍［EB］http://www.7712.org/km/xietong/km_34835.html.

⑤美国前副总统戈尔：电子政务面临四大障碍［EB］http://www.7712.org/km/xietong/km_34835.html.

部，是政府在提供政府电子公共服务过程中所需着力克服的因素。

根据上述研究成果，我们认为政府电子公共服务供给的政府基础至少应涵盖理念基础、体制基础和人力资源基础等前提条件。

（1）理念

自20世纪90年代起，随着新公共管理运动的兴起，建立服务型政府已经成为世界性潮流，成为世界各国政府普遍的共识。"服务型政府，是指在公民本位、社会本位理念指导下，在整个社会民主秩序的框架内，通过法定程序，按照公民意志组建起来的以为公民服务为宗旨并承担着服务责任的政府。"[①]党的十七届二中全会通过了《关于深化行政管理体制改革的意见》，并明确了包括"经济调节、市场监管、社会管理、公共服务"等政府履行经济社会管理的四项基本职能，这也是服务型政府的核心职能。

政府在改革和转型过程中存在着诸多障碍，在此过程中，最难的是人的观念的改变，尤其是当这种改革涉及某些群体、个人的利益时，新旧观念的更迭、转变会变得尤其困难。"建设服务型政府过程对于政府部门和公务员来说是一个'放权让利'的过程，这就决定在改革过程中政府部门以及行政官员的观念转变滞后可能是最大的障碍。"[②]我国服务型政府建设成效显著，但仍然存在"缺位"的政府职能，导致了公共服务"度"的失衡；交叉的政府职能，导致公共服务的资源重置；膨胀的政府职能，导致公共服务效率低下；缺乏有效监督的政府职能，导致公共服务不规范[③]等多方面的问题。究其根源，除了经济、社会、制度、法律等因素外，主要与政府没有从根本上、整体上解决"服务理念"的问题有关。

政府"服务理念"与政府的执政理念直接相关，它不单纯是个想法、信念或观念的问题，是政府整个群体对政府执政目标的统一认识和共识，为达到执政群体的"服务"共识，政府应该从政府的本原出发，加强执政群体（人员）服务理念教育，本质上提高执政群体对服务理念的认同感和崇高感，在此基础

① 张坤，付林.打造服务型政府理念的思考［J］.商业经济，2010（3）：35-36.
② 柯红波.浅析建设公共服务型政府的观念障碍及矫正［J］.成都行政学院学报，2005（3）：6-8.
③ 吴焰.论公共服务与政府职能转变［EB］.http：//www.qstheory.cn/zz/jsfwxzf/201103/t20110310_71750.html，2011-03-10.

上，将服务理念真正体现在制度建设、服务、监督等各项工作的各个层面，体现在每个政府组织和人员的每项工作的各个细节上，政府的公共服务理念才能真正贯穿于政府公共服务的全过程。政府电子公共服务的理念内容很广泛，视角不同，侧重点不同，确定的理念也大不相同，但其核心的理念却无一例外都统一到服务理念之上。本书以服务理念为核心，从服务主动性转变、服务内容多样性转变以及社会化服务转变等多方面来阐述政府电子公共服务的理念基础。① "要我服务"向"我要服务"转变。社会公众是国家的主人，政府是代表社会公众行使社会管理和公共服务提供职能的特定机构，服务是政府的本原和目的，离开了服务这一本原，政府就失去了存在的依据和目的，因此政府应该改变以政府为中心的行政理念，改变被动提供服务的不利局面，更好地承担属于其本原的公共服务的职责，将传统的"要我服务"这种以"我"为中心的社会服务理念向"我要服务"、以"社会公众"为中心的新型社会服务模式转变。这种转变不仅仅是出于社会公众的要求，不仅仅是其作为政府投资人对"投资"回报的正常要求，更是政府自身存在价值得以体现的根本所在，这也是实现公共服务均等化和惠及所有人的基本理念保证。政府电子公共服务为政府主动服务提供了更加丰富手段和条件，基于这些手段和条件，借助科学技术带来的巨大推动力，一个全新的政府主动服务的图景展现在每个公众面前。② "我有什么"向"你要什么"转变。"要我服务"向"我要服务"转变更多地是服务心态主动性的体现，而"我有什么"向"你要什么"转变则更多地是服务内容多样化的表现。在传统的服务模式下，政府很少考虑社会公众的实际需求，往往按照自身行政业务需求设计公共服务内容。而新型的"以公众为中心"的服务模式中，尤其是在政府电子公共服务过程中，往往是从社会公众的实际需求出发，社会公众参与，与政府一起设计政府公共服务内容，以公众喜欢并满意的方式将政府公共服务内容展现在公众面前，为公众提供适合于自己的个性化服务。在这种服务模式之下，政府不仅会关注公共服务的公共性和平等性，更会关注公共服务的普遍可获得性和公共服务的包容性，使公共服务惠及所有人。③ "政府服务"向"社会服务"转变。随着社会发展速度的加快，社会公众对公共服务的需求无论是在质量上还是在数量上都会迅速提升，对于不断追求节约型、高效型建设目标的政府而言，很难满足社会公众不断提高的公共服务的需求，如何在政府统一规划的基础上，借助政府资金和政策等方面的引导，以授权、委托等方式交由社会团体、社会福利机构、企业等团体承担，充分利用社会资源解决好社会公共服务已经成为服务型政府建设的关键，也是建设小政府、建设大社会的要求，更是建设高效政府的要求。

政府是社会公众利益的代表，政府服务和社会服务从本质上并不存在矛盾，很多发达国家在公共服务社会化的进程中，积累了很多宝贵的经验，我国可以在参考国外改革经验的同时，结合我国国情和政体，创新思维，制定多种形式的社会公共服务模式，在对服务供给机构加强服务、加强监管和评估的基础上，实现全社会公共服务的整体化发展。以社会化信息共享和信息交换为基础，政府通过政府电子公共服务平台，不仅实现部门内部、各部门之间的协作互动，政府与社会机构，甚至与社会公众之间也会实现信息无障碍共享与交换，进而实现整个社会真正意义上的一站式服务，实现全社会范围的政府、社会群体、个体的协作与互动。

在信息时代，随着网络通信技术的普及应用，政府服务形式和公共服务形式发生了变化，政府电子公共服务作为一种新型公共服务形式，实现了政府公共服务提供方式的电子化。在这种新形势下，政府应充分认识到政府电子公共服务是公共服务的有效方式，电子公共服务的实现是电子政务的最终目标，电子政务建设本质上是服务型政府建设的重要组成部分，是具有根本性意义的政府革命，要实现服务型政府的建设目标就要不断地改善和调整组织文化，建立起公民导向的政务流程再造和崇尚服务精神的行政价值取向，转变政府行政理念。

（2）体制

戈尔曾提出世界各国电子政府发展面临文化障碍、政府的保密制度、官员腐败及公务员缺乏培训等四种障碍因素，认为这四种障碍均缘于政府体制内部，是政府在提供政府电子公共服务过程中需着力克服的因素，解决问题的关键"不仅需要理念上的革新，更需要政府组织形式的再造"①。欧盟委员会强调，电子政府是信息和通信技术、政府组织变革、个人新技能相结合的产物，

---

① 中国网. 美国前副总统戈尔：电子政务面临四大障碍［EB］. http://www. china. com. cn/economic/txt/2002-06/14/content_5159846. html.

正确运用这三种推动力有助于电子政府目标的实现[1]。杰弗里·罗伊（Jeffrey Roy）认为需要为行动和战略提供资金，认同"对于许多国家的城市而言，由于缺乏政治意愿，政策自主权和相应的财政资源基础，需要在形塑当地事务和发展方面更加自信地与国家的政府短期脱节。任何改正这种情况的有意义的尝试都要求实质性的重大国内改革"[2]。阿贾伊·克尔·辛格和范德纳·夏尔马（AjayKr. Singh&Vandna Sharma）提出，"实质性的行政改革必须先于电子治理尝试，即必须将重点放在简化过程、合理化程序、再造政府上，然后再利用信息技术将这些变化制度化"[3]。印度的安得拉邦为电子治理准备了有担当的领导和官僚机构，为国家提供了确保政府有效、无障碍、透明和负责任地向公民提供服务的良好治理模式，开发建设了一系列服务信息系统，还特别为公共服务精准推送确定了能把所有关键服务连接到个人或家庭的钥匙——安得拉（Aadhar）号码[4]。印度的北方邦在制定积极的IT政策和电子制造政策，专注于通过公共服务中心直接提供以公民为中心的服务、强大的电子政务基础设施、政府流程再造、无纸办公室、各阶段的透明度和问责制、能力建设等方面做了充分准备，北方邦信息技术和电子部还与电子治理使命团队合作采取了包括技能发展会议，专业培训计划、研讨会、讲习班和培训等在内的各种举措，以开展官员的IT能力建设[5]。这些成果说明，政府电子公共服务体制基础供给，或称体制要求，是指在推进政府电子公共服务过程中，按照政府电子公

[1]European Commission. The Role of eGovernment for Europe's Future（the English version）［R］. Communication from the Commission to the Council, the European Parliament, the European Economic and Social Committee and the Committee of the Regions, 26 Sep, 2003.

[2]ROY J. E-governance and international relations: a consideration of newly emerging capacities in a multi-level world［J］. Journal of Electronic Commerce Research, 2005, 6（1）：44-55.

[3]AJAY Kr. Singh, Vandna Sharma. E-Governance and E-Government: A Study of Some Initiatives［J］. International Journal of eBusiness and eGovernment Studies, 2009, 1（1）：1-14.

[4]Aadhar（安得拉）号码，这个号码一旦与银行账户号码以及服务之间建立衔接/联接，政府就可以轻松确定服务的真正受益者并相应进行外展计。引自：Mohd Ujaley.eGovernance is Good Governance［EB］. https://search.proquest.com/docview/1520014913? rfr_id=info: xri: sid: primo.

[5]Mohd Ujaley.Good Governance via eGovernance［EB］. https://search.proquest.com/docview/1651178488? rfr_id=info：xri:sid: primo.

共服务的要求，对现行政府职能、组织机构、行政流程等进行必要的调整及改革，为政府电子公共服务推进创造良好体制条件。政府电子公共服务的建设，并不是传统服务模式的电子化实现，而是对传统服务的一次升华，一次变革，是对现行政府职能的一次转变，是对原有组织的一次调整、一次重组，更是对原有业务流程的一次再造。

《国家电子政务总体框架》明确指出"要加快推进各方面改革，使关系电子政务发展全局的重大体制改革取得突破性进展，建立健全与社会主义市场经济体制相适应的电子政务管理体制。各相关部门要进一步加强和改进管理，促进电子政务充满活力、富有效率、健康发展"[①]。在整个国家电子政务总体框架中，"服务是宗旨，应用是关键，信息资源开发利用是主线，基础设施是支撑，法律法规、标准化体系、管理体制是保障"[②]。与电子政务一样，政府电子公共服务系统平台建设和服务的有效供给离不开政府管理体制的保障基础。最近几年，与电子政务、政府电子公共服务相关的政府体制建设已经引起各级政府的普遍关注，在每次出台的与电子政务相关的政府文件、计划中都会提及体制建设的内容，但相关工作的落实还存在相当差距。国家有关部门从国家电子政务，乃至从国家长远发展的战略视角，在原有制度建设的基础上，制定切实可行的电子政务相关的政府职能、组织机构、行政流程等相关的体制建设。

我们认为，为政府电子公共服务提供体制基础和保障应该从以下几方面加强政府体制建设。首先，每一个政府工作人员，尤其是领导干部，应该真正站在国家发展、民族兴亡的高度来认识电子政务以及政府电子公共服务，统一观念认识和发展方向；其次，进一步明确和加强电子政务领导体制和决策体系建设，在此基础上，加强组织机构建设，建立从中央到地方统一的、顺畅的、权威的、超越具体业务部门的领导决策体制和组织机构；再次，建立健全各级专家队伍，重新审视并总结与关键技术、安全、标准、管理规范、法律法规等体系和机制建设的内容和执行情况，将这些内容和执行情况重新梳理，既要重视各种体系和机制的建设，更要重视体系和机制的实际执行和落实，在各种体系

---

① 国家信息化领导小组关于印发《国家电子政务总体框架》的通知（国信〔2006〕2号）〔Z〕. 2006-03-19.

② 国家信息化领导小组关于印发《国家电子政务总体框架》的通知（国信〔2006〕2号）〔Z〕. 2006-03-19.

和机制制定过程中，要将各方面的可操作性作为重点来考虑。最后，在加快数据资源目录体系和交换体系建设的同时，应重新规范各部门业务流程，做好进一步进行部门调整和流程再造的准备。

（3）人力资源

"人力资源，又称劳动力资源或劳动力，是指能够推动整个经济和社会发展、具有劳动能力的人口总和，劳动能力包括体力和智力两个方面。通常来说，人力资源的数量为具有劳动能力的人口数量，其质量指经济活动人口具有的体质、文化知识和劳动技能水平。"随着社会的不断发展和进步，社会经济发展对科学技术的依存度越来越高，人力资源的质量在社会经济发展中的决定作用和地位越来越明显。对于政府电子公共服务的人力资源，我们可以理解为能够推动政府电子公共服务发展，具有相关知识和劳动技能的人口总和。国家电子政务"十二五"规划的保障措施中提出了"加强队伍建设，提高服务能力"，明确了"加强行政部门、技术服务单位和专业人员队伍建设，建设一支规模适当、结构合理、德才兼备、符合不同层次需要的高素质、职业化电子政务管理和服务队伍"[1]。按照人员性质来划分，政府电子公共服务人力资源可以分为政府和社会两个层次。对于政府内部人力资源的层次划分，可以参照电子政务的划分，有的按照"决策层、推进层和应用层"[2]来划分，也有的分成"高级战略管理人员、一般政务管理人员、技术服务支持人员"[3]等三个层次，本书更倾向于第一种划分，将政府人力资源分为决策层、执行层和应用层等三个层次。决策层是指具有把握全局方向和决策权力的群体，一般由组织的最高权力者或授权代表领导，侧重于目标和原则的制定；执行层属于决策目标的执行层次，侧重于目标的实施，包括需求与方案确定、项目实施组织、运行维护服务等，应该是业务与技术结合最好的一个层次，也是系统建设的核心层次；应用层是业务系统的使用和操作者，是政府电子公共服务系统业务运行主体。与政府相对应，社会层次包括专家层、实施层和服务层等，这一层次可能

①国家工业与信息化部关于印发《国家电子政务"十二五"规划》的通知（工信部规〔2011〕567号）.2011-12-12.
②黄澜.电子政务建设应重视人力资源管理［J］.信息化建设，2006（3）：18-20.
③曾国平，龚桢桔.论电子政务与公共部门人力资源开发与管理［J］.重庆大学学报（社会科学版），2005（2）：114-116.

是企业，也可能是其他机构团体。

人力资源基础应包括大力培育和发展企业、社会中介组织和公民个人的自治、治理能力，形成全社会政府信息生产和消费的微观基础；也包括进行电子政务培训，培养工作人员的相应技能和知识。

站在国家的视角，政府电子公共服务的目标是以公共管理、公共服务理论为指导，以各种网络通信技术、信息处理技术为依托，通过构建全社会统一的电子化的公共服务系统平台，为所有的社会成员、企事业团体和机构提供透明的[①]、优质的、全面的、无差别的公共服务，系统平台的建设是由政府主导，需要全社会各类成员共同参与的复杂的系统工程，其目标是希望实现服务全过程的数字化、电子化，减少人为的参与和干扰，从根本上保证服务的效率和质量，但其实如果把电子公共服务从规划、设计、运行、升级等全过程当成一个整体来看，减少的只是人的具体服务过程，也可以说是人从公共服务的简单而重复的服务过程中解脱出来，整个电子公共服务过程则凝结了更多并且更复杂的人的知识和技术投入，电子公共服务对人的整体素质要求也更高。因此，为保证政府电子公共服务的目标实现，对于系统化建设主体的政府而言，必须在提高自身素质的基础上，制定适应于信息时代的人力资源发展战略，保证新的政府形式下的新的服务目标的实现。

---

①政府电子公共服务透明性指：政府电子公共服务平台尽量屏蔽服务机构、服务过程，而直接将服务结果通过平台呈现给服务的请求者的特性，服务请求者只关心需要的服务内容，不需要知道服务由谁提供、过程是什么样的。

第三章　政府电子公共服务供给的现状、问题及成因

从1999年国家启动政府上网工程开始，各级政府和部门相继建立互联网站。2002年，中共中央办公厅、国务院办公厅联合转发《国家信息化领导小组关于我国电子政务建设指导意见》，明确提出将政府门户网站建设列为我国电子政务的重要建设内容；2011年，国务院办公厅下发《关于进一步加强政府网站管理工作的通知》，将政府网站功能定位为"发布政府信息、提供在线服务、与公众互动交流"；2017年，国务院办公厅印发《政府网站发展指引》（以下简称《指引》），提出政府网站应具备"信息发布、解读回应、办事服务、互动交流"四大功能，并对政府网站集约化平台建设提出的倡议要求，推动地方各级政府门户网站及部门网站向省级政府门户网站集中，这表明省级政府门户网站将成为未来政府电子公共服务的主要门户。为考查省级政府门户网站近20年来在服务型政府建设方面的发展成果和存在问题，我们选取除台湾省以外的33个省级政府门户网站（包括香港、澳门特别行政区政府门户网站）的服务供给情况展开网络调研，找出它们在政府电子公共服务供给方面存在的问题，以期对发展状况做出诊断，给出建议。

一、政府电子公共服务供给的现状描述

我们采取"网络调研＋模拟用户＋统计分析"的方式，采用浏览、使用、下载、体验等方法，对除台湾省（由于连接受限无法获取相关数据，故排除在外）以外的所有省级政府门户网站（共33家）的政府电子公共服务供给状况进行近乎全样本的调研（见表3-1）。之所以选择我国省级政府门户网站作为调研对象，一方面，是因为《指引》对政府网站集约化平台建设提出的倡议要求，省级政府门户网站将成为今后发展的重点，地方各级政府门户网站及部门网站均要向省级集约化平台部署，省级政府门户网站将逐渐成为政府提供公共

信息和公共服务的"第一平台";另一方面,是因为迄今为止,各级政府和部门网站,特别是省级政府门户网站,无论在服务数量、服务内容还是服务质量上,在现有的众多政府公共服务提供渠道中都是表现最为突出、效益最为明显的一类,其投资力度也最大、服务功能也更为丰富,代表着我国政府网站政府电子公共服务的发展水平,反映了我国政府电子公共服务供给的状况。总观33个省级政府门户网站上的政府电子公共服务供给,在服务对象和手段、服务功能和内容、服务产出及其形式方面虽各具特色,但表现出相近的取向,取得了比较显著的成果。

表3-1 33家省级政府门户网站相关信息列表

序号	省（区、市）	网站名称	网址
1	北京	首都之窗	http://www.beijing.gov.cn/
2	天津	天津市人民政府（中国天津）	http://www.tj.gov.cn/
3	河北	河北省人民政府（中国河北）	http://www.hebei.gov.cn/
4	山西	山西省人民政府	http://www.shanxi.gov.cn/
5	内蒙古	内蒙古自治区人民政府	http://www.nmg.gov.cn/
6	辽宁	辽宁省人民政府	http://www.ln.gov.cn/
7	吉林	吉林省人民政府（中国吉林）	http://www.jl.gov.cn/
8	黑龙江	黑龙江省人民政府（中国黑龙江）	http://www.hlj.gov.cn/
9	上海	中国上海	http://www.shanghai.gov.cn/
10	江苏	江苏省人民政府	http://www.jiangsu.gov.cn/
11	浙江	浙江省人民政府	http://www.zhejiang.gov.cn/
12	安徽	安徽省人民政府（中国安徽）	http://www.ah.gov.cn/
13	福建	福建省人民政府（中国福建）	http://www.fujian.gov.cn/
14	江西	江西省人民政府	http://www.jiangxi.gov.cn/
15	山东	山东省人民政府	http://www.shandong.gov.cn/

（续表）

序号	省 （区、市）	网站名称	网址
16	河南	河南省人民政府	http://www.henan.gov.cn/
17	河北	河北省人民政府	http://www.hubei.gov.cn/
18	湖南	湖南省人民政府	http://www.hunan.gov.cn/
19	广东	广东省人民政府	http://www.gd.gov.cn/
20	广西	广西壮族自治区人民政府	http://www.gxzf.gov.cn/
21	海南	海南省人民政府	http://www.hainan.gov.cn/
22	重庆	重庆市人民政府	http://www.cq.gov.cn/
23	四川	四川省人民政府	http://www.sc.gov.cn/
24	贵州	贵州省人民政府	http://www.gzgov.gov.cn/
25	云南	云南省人民政府	http://www.yn.gov.cn
26	西藏	西藏自治区人民政府	http://www.xizang.gov.cn/
27	陕西	陕西省人民政府	http://www.shanxi.gov.cn/
28	甘肃	中国甘肃政府	http://www.gansu.gov.cn/
29	青海	青海省人民政府	http://www.qh.gov.cn/
30	宁夏	宁夏回族自治区人民政府	http://www.nx.gov.cn/
31	新疆	新疆维吾尔自治区人民政府	http://www.xinjiang.gov.cn/
32	香港	GovHK香港政府一站通	http://www. gov.hk/
33	澳门	Macao SARG Portal	http://portal.gov.mo/

（一）服务对象主要面向个人和法人

在33家调研对象中，没提供明显服务对象分类的有天津市、湖北省、西藏自治区、青海省4家，其他的29家均提供了面向不同服务对象的服务分类，且除黑龙江省政府门户网站（中国黑龙江）提供"面向公众""面向企业""面向其他"（囊括行政机关、事业单位、社会团体、其他单位）的服务分类之外，其余调研对象的服务对象分类基本上分成群体与个体两类。其中，群体分类名称有"法人""企业""单位"等，个体分类名称有"个人""居民""自然人""公众""公民""市民"等。此外，有近三分之一的政府门户网站对个体服务对象进行了细分，主要涉及外国人、外来人口、非本港居民、港澳台侨、旅游者、农民、农民工、残疾人、失业下岗（者）、特困家庭、妇女（或孕产妇）、老年人、离退休及孤独老人、婴幼儿和儿童青少年、大中小学学生等多类特定人群。

（二）服务手段主要采用电子手段与传统手段相结合

在33个调研对象中，除澳门特别行政区政府门户网站之外，其余政府门户网站均不同程度提供了政务微博、政务微信、移动客户端等新媒体服务手段，有近85%的政府门户网站提供了至少两种新媒体服务手段，不同程度地实现了与"两微一端"新媒体的融合，表明电子服务手段应用愈加广泛。据CNNIC第39次《中国互联网络发展状况统计报告》的统计数据，截止到2016年12月，"我国包括支付宝/微信城市服务，政府微信公众号、网站、微博、手机端应用等在内的在线政务服务用户规模达到2.39亿"[1]。而据CNNIC第45次《中国互联网络发展状况统计报告》的统计数据，"截止到2020年3月，我国网民使用手机上网的比例达99.3%；使用电视上网的比例为32.0%；使用台式电脑上网、笔记本电脑上网、平板电脑上网的比例分别为42.7%、35.1%和29.0%"，"我国在线政务服务用户规模达6.94亿，较2018年底增长76.3%，占整体网民的76.8%"[2]。此外，相较于服务的电子手段，政府门户网站还通过政府信息公开指南公示政府主动公开信息查询、依申请公开受理等渠道，提供包括机构名称、通讯地址、电话号码、邮箱地址等信息，公众可以通过上门咨询、电话咨询、邮寄信件、电邮等传统服务手段查询、申请所需信息及进行服务申诉。此外，电子手段还与报纸、刊物、广播、电视等传统手段以及审批中心、政务大

---

① 中国互联网络信息中心. 第39次中国互联网络发展状况统计报告［R/OL］. http://www.cnnic.net.cn/hlwfzyj/hlwxzbg/hlwtjbg/201701/P020170123364672657408.pdf.
② 中国互联网络信息中心. 第45次中国互联网络发展状况统计报告［R/OL］. http://www.cnnic.net.cn/hlwfzyj/hlwxzbg/hlwtjbg/202004/P020200428596599037028.pdf.

厅、行政服务中心等实体载体运用相结合，一同为政府电子公共服务供给提供更多服务渠道。

（三）服务功能已能提供相当丰富的服务内容

现在的服务功能大多遵循2011年国务院提出的政府网站三大功能定位设置，依据《指引》提出的四大功能建设扩充目前还未完全显现，总体情况是，我国省级政府门户网站在信息发布、办事服务、互动交流三大功能建设上已基本实现了全覆盖，其相应栏目在政府门户网站首页的辨识度较高。

在信息发布方面，现有功能多命名为信息公开，主要对"地区概况、政策文件及解读、人事信息、规划计划、统计数据、政务动态"等基本信息和"财政信息、政府清单、执法监督、重点建设项目、民生信息、公共资源配置"等重点领域信息进行主动公开，并面向服务对象提供依申请公开功能。

在办事服务方面，主要集中于审批事项在线办理，提供了包括办事指南、表格下载、在线咨询、在线预约、在线申报（或在线受理）、结果查询（或在线查询）甚至网上支付（如"中国上海"）在内的一系列服务功能，并能够依据上述流程提供服务，但真正实现网上多部门联审、联办服务，即完全实现网上办理服务还不多。虽然政府门户网站和支撑政府办事服务的政务服务平台的整合已经产生明显效果，但很多省还是处于两个系统平台完全独立的状态，形式上整合，实质上未予整合。可喜的是，"2019年11月，全国一体化在线政务平台上线试运行，推动了各地区各部门政务服务平台互联互通、数据共享和业务协同，为全面推进政务服务'一网通办'提供了有力支撑"[①]。

在互动交流方面，大多设置了咨询投诉、意见征集、在线访谈等功能，功能栏目有互动、互动交流、政民互动、问政等不同命名，且命名与本地区的经济发展和信息化水平几相呼应，即经济发达地区多以问政或政民互动命名，欠发达地区则多以互动或互动交流命名。具体功能栏目的分类有很多，既有像公众留言、评论、实时在线访谈、意见建议征集、问题调查、信息咨询、投诉、领导信箱、网上直播等中规中矩的命名，也有像回应关切、政民零距离、我要

---

① 中国互联网络信息中心. 第45次中国互联网络发展状况统计报告［R/OL］. http://www.cnnic.net.cn/hlwfzyj/hlwxzbg/hlwtjbg/202004/P020200428596599037028.pdf.

咨询、"我要……"等更具特色的命名，表现出对了解公众关注、听取公众呼声、汇聚社情民意的重视。

目前，与"解读回应"对应的内容一般是放在政府信息发布或互动交流之下的一个栏目，常被命名为"政策解读"或"文件解读"。《指引》要求政府网站在政府部门制定、发布重要政策文件时必须同时发布由政府权威部门提供的政策、文件解读材料，便于公众了解到文件的背景、形成过程、目的意义，以及文件要解决什么样的问题，以便公众在知情的基础上广泛参与和实施监督，这对政府门户网站提出了新的功能要求，"解读回应"将在今后一段时间成为建设焦点和热点。

（四）服务内容主要涉及信息服务和办事服务

信息服务主要包括信息发布、互动交流和解读回应三项内容，其中信息发布最为成熟，覆盖范围广泛、内容形式丰富、分类多种多样，既包括像地方概况、政府机构、政府文件、统计信息、信息资源目录、政务动态、数据或文件下载等共性的信息服务分类，也包括很多有网站自身特点的信息服务分类，比如像北京市政府网站上的市政地图、视频北京，云南省的旅游云南，贵州省的应用商城，四川省的便民查询，上海市的数据开放等信息服务分类，在展现出服务内容丰富、多样，更贴近公众需求的同时，体现了政府网站的"以人为本"建站理念。公众可以通过政府网站提供的互动交流与政策解读回应等栏目，以咨询、投诉、在线访谈等形式进一步获取与公众切身利益相关的信息，反映公众需求。

办事服务是政府网站的核心服务内容，服务内容常常按照服务部门、不同服务对象的服务主题进行分类，便于服务对象定位自己需要的服务内容。目前，所提供的办事服务内容无论是在质量上，还是在数量上都较以往有了很大提升，但多部门联审、联办的办事服务项目不多。办事服务的具体内容包括面向公民个人的教育、社保、就业、医疗、住房、交通、婚育、公用事业服务、证件办理等项目，也包括企业的开办设立、纳税、工商管理、质量检查、安全防护、劳动保障、执业资格、商务投资、环境保护、破产注销、外贸与交流、建设与管理等多项服务内容，虽然办事服务还远达不到国家要求的服务目标和社会公众的服务需求，但基本上能够覆盖公民个人、法人单位整个生命周期的主要阶段和主要节点的关键服务事项。

（五）服务产出形式和有效性方面有待完善

在服务产出方面，有过半的调研对象能够从教育水平、自身能力、语言差异等方面综合考虑不同用户群体特点，提供多种网页浏览版本，但在页面展现、结构布局上，各网站表现风格不一，形式美观度、查找便利性不强的情况并不鲜见。

（六）服务形式已能提供多语种浏览及无障碍浏览

在服务形式方面，除辽宁、黑龙江、山东、西藏4家政府门户网站仅提供中文简体浏览版本，其余各家政府门户网站均提供两种以上的语言文字浏览版本，英文、中文繁体浏览版本最为常见，且多数政府门户网站还能依据本地区特点及人口特征提供更为丰富的多种语种服务浏览形式，如澳门特别行政区政府门户网站提供的葡文版本，内蒙古自治区政府门户网站提供的蒙文版本，青海省政府门户网站提供的藏文版本，吉林省政府门户网站提供的日、韩、俄文版本，香港特别行政区政府提供的印地语、印尼语、尼泊尔语、乌尔都语、菲律宾语、泰语、越南语版本等。值得注意的是，当前的多语种服务形式多停留在浏览功能上，如提供英文版本的政府门户网站就大多是直接链接到商务部门的英文网站，能直接提供英文版网上办事的政府门户网站不多。

除常规形式的信息浏览形式之外，更丰富的信息浏览形式也在不断涌现。有60%（20家）的政府门户网站针对老年人、视觉障碍者、文化程度低者提供无障碍信息浏览服务，通过调整字体、利用纯文本模式、改变页面配色、增加阅读辅助线、词句点读、语音导航等辅助功能来满足有阅读障碍服务群体的特殊服务需求，对特殊服务群体的服务形式更为直接和有效，该项服务开展时间不长，还存在很多不足，有很大的提升空间，但确是政府提供无差别公共服务非常有益的探索和尝试。

此外，部分政府门户网站重视服务形式对用户体验的影响，关注服务易用性。例如在新媒体入口标示明显，湖南省政府与上海市政府门户网站做得较有特色，它们将可以代表新媒体的经典图标置于网页上，形象美观、易于辨识，特别是湖南省政府门户网站，当用户移动鼠标至新媒体图标时可以显示对应栏目文字，更易于公众使用。

二、政府电子公共服务供给的现实问题和成因

针对33家省级政府门户网站的问题进行比较梳理，发现它们在政府电子公共服务供给的服务对象和手段、服务功能和内容、服务过程及其成果、服务产出及其形式等方面普遍存在以下共性问题。

（一）服务对象和手段方面的问题

服务对象和手段方面的问题，主要反映在对象分类不尽一致，手段未做到无缝融合，难以达成用户良好体验。

首先，就服务对象来说，学术界达成的基本共识是，政府电子公共服务供给的服务对象主要是公民和企业。例如胡广伟、仲伟俊、梅姝娥（2008）认为，"EGPS的服务对象主要包括两类：公众与企业组织。其中企业组织还可细分为企业、非营利性公共组织、社会团体等"[①]。李章程（2011）认为，"就服务对象来说，（在线服务）主要包含电子化企业服务与电子化公民服务"[②]。王建玲、邱广华（2011）认同Dialogic公司的研究报告中强调的两个变量——电子服务的先决条件（即本书研究的基础条件）和电子服务的使用强度，认为电子服务的使用强度"涉及到公众如何使用特定公共电子服务、商业部门如何使用特定公共电子服务以及企业使用信息技术的程度等"[③]。欧洲电子政府公共服务"测评聚焦于电子政府前—后台公共服务，对象是20项电子化公共服务项目，包括对公民提供的12项服务……为企业提供的8项服务"[④]，由此主要面向公众和企业提供政府电子公共服务成为各国实践界开发建设政府电

[①]EGPS: Electronic Government Public Service，电子（政府）公共服务，"（政府）"为著者所加，见胡广伟，仲伟俊，梅姝娥.电子公共服务战略规划方法研究及实证［J］.管理科学学报，2008（3）：35-48.
[②]李章程.欧洲电子政府公共服务研究［J］.图书情报工作，2011（23）：110-116.
[③]王建玲，邱广华.公共部门电子服务质量评价研究［J］.中国行政管理，2011（7）：34-37.
[④]李章程.欧洲电子政府公共服务研究［J］.图书情报工作，2011（23）：110-116.

子公共服务系统的重点。33家省级政府门户网站为公民和企业提供的服务项目主要采取了三种分类方式：

一是以北京市人民政府门户网站（"首都之窗"）、上海市人民政府门户网站（"中国上海"）为代表的一类政府门户网站，这类网站占绝大多数。它们的明显的共同之处是将为公民个人和为企业法人提供的服务项目分开呈现，且分类与服务项目处在不同的层级上。当然它们也有各自的特色，如："首都之窗"首页上的四类服务栏目包括"政务信息""政民互动""政务服务""便民服务"，其中，"政务服务"栏目之下分别提供"法人服务""个人服务""按委办局找服务""热点推荐""办事进度查询"等分类服务项目；"便民服务"栏目之下又分别提供"教育培训""就业服务""住房保障""交通出行""医疗卫生""社会保障""婚育收养""公用事业"等分类服务项目。"中国上海"首页上也是四类服务栏目，分别是"政府信息公开""网上政务大厅""政民互动""公众服务"。其中，"网上政务大厅"栏目下提供"审批事项""服务事项""事中事后监管""数据开放"四个分类。"服务事项"栏目下按生命周期分类，又为公民"个人"提供"生育收养、户籍办理、教育科研、就业创业、纳税缴费、婚姻登记、住房保障、社会保障、证件办理、出境入境、医疗卫生、离职退休"等类别的服务项目；为"法人"提供"设立变更、准营准办、税收财务、人力资源、投资审批、国土建设、环保绿化、医疗卫生、科技创新、质量技术、检验检疫、破产注销"等类别的服务项目。

二是以天津市人民政府为代表的政府门户网站，它们基本上把为公民个人和为企业法人提供的服务项目混在一起，当然也不排除其中有个别类别是分开呈现的。例如天津市人民政府门户网站首页上有三类服务栏目，分别是"信息公开""服务""问政"。其中，"服务"栏目之下又分为"公众服务""查询服务""行政审批平台""微服务""便民服务"等类别。以"公众服务"为例，该栏目下又分为"办事服务""主题服务""生命周期服务"等类别。其中，"办事服务"栏目下提供"设立变更、经营许可、企业纳税、年检年审、质量检查、公共资源、劳动保障、商务投资、对外交流、建设管理、安全防护、环境保护、婚姻家庭、生育收养、户籍身份、教育培训、劳动就业、兵役服务"等分类服务项目，是将为公民个人和为企业法人提供的服务项目混在一起呈现。"主题服务"栏目下提供"公司开办、企业开办、企业变更、商务商贸、市容环境、公路道桥、其他法人、公共事业、个人服务、涉外服务、专利保护"等分类服务项目，是专为企业法人提供。"生命周期服务"栏目下提供"产前与婴幼儿、义务教育、高职中、高等教育、工作、就业、婚姻、离退休、离世"等分类服务项目，是专为公民个人提供。

三是以重庆市人民政府为代表的政府门户网站，虽然将"办事服务"分为"个人办事""单位办事"，但如果用户不知道应该到哪个部门办事或弄不清办事的主题属于哪类，那就只能在迷宫中摸索了。例如重庆市人民政府门户网站首页上的服务栏目分为"政府信息""办事服务""互动交流"，再将"办事服务"分为"个人办事""单位办事""进度查询"等，但下一级呈现的却是"按部门"和"按主题"提供两个服务分类，"按部门"下列44个部门；"按主题"下列23个主题，其中竟还有"其他服务"和"综合其他"之别，"证件办理"栏目下罗列了11页的办理项目，极不便利查找，无法做到让服务对象有良好的体验。将服务分类与具体服务项目混在一起呈现，虽然与服务项目纷繁复杂和为每类服务对象提供的很多服务项目不能一步分类到位有关，但与相关部门和工作人员的理念、观念和认识问题更密切相关。因为在现代信息技术的支持下，利用可视化的图谱形象化地将服务类别的整体架构予以展示，再依服务对象的可能需求和搜索请求来友好呈现服务项目的索引信息，本来不是一件十分困难的事情。不能予以清晰呈现、不能为公民和企业提供按图索骥便利条件的关键原因，表面上是网站服务水平不够成熟、获得性差，从根本上追究却是相关部门和工作人员的理念、观念和认识不够成熟以致行动难以跟上发展节奏。

其次，就服务手段而言，胡广伟、仲伟俊等（2008）曾提及"组织执行战略方案时可选的手段，主要包括财政手段、人力手段和技术手段"，并认为"确定解决问题的技术与工具，它允许针对不同政府部门的情况，选用不同的工具和技术，确定解决问题的不同途径"[1]。澳大利亚福利署对用户调研得到的结论是，虽然互联网已经逐渐普及，但是"公众更喜欢选择电话以及面对面

---

[1]胡广伟，仲伟俊，梅姝娥.电子公共服务战略规划方法研究及实证［J］.管理科学学报，2008（3）：35-48.

的方式获得公共服务"①。他们的观点和结论所给予的启示是，虽然行政环境和服务手段发生了变化，但面对不同服务对象的不同需求和他们自身的能力条件，采取多样化的服务手段（包括提供不同的渠道和载体）以满足用户个性化的需求始终是必要的，面向不同的服务对象提供不同的服务手段，才是真正地在践行"以人为本"和"以用户为中心"。其实，政府可以像澳大利亚福利署一样采取四种服务渠道——面对面、电话、在线、信件，并以多种形式的载体——呼叫中心、客户服务中心、信件、网络、代理中心、服务接入点、自助亭、传真、家访等②展现。不能因为政府已经在网上提供政府电子公共服务了，就不顾实际情况和现有条件，把传统的、便利的服务手段断然摒弃，但是，在具体实践中，这种情况却是大量存在着。例如申请港澳通行证，只能在网上预约才能办理，那些用不好信息技术工具的老年人，就是人已经到了办事大厅现场，且现场只有很少人在办理，就是说能够现场即办，也不被允许直接办理，必须到网上预约之后才能现场办理，这根本就不是出于便民目的和为民着想，这种情况应予纠正，以保证新旧系统转换过程中，各项秩序稳定，"形成线上线下相融合的公共服务模式"③，使公民多元化需求得以满足。

（二）服务功能和内容方面的问题

服务功能和内容方面的问题，主要是无法做到彻底的在线服务，一些服务内容仍需依赖实体大厅人工办理。

首先，就服务功能来说，公众是政府电子公共服务的主要接受者和最终受益者，政府"电子公共服务的出发点和核心在于提高政府满足公众需要的能力"④。而政府满足公众需要的能力主要由政府电子公共服务功能设置及其建设来保障，因为公众是通过使用政府电子公共服务系统功能来满足其公共服务

---

① 陈云. 电子政务多渠道递送公共服务——对澳大利亚Centrelink的案例研究
　　[J]. 云南行政学院学报，2011（1）：132-135.
② 陈云. 电子政务多渠道递送公共服务——对澳大利亚Centrelink的案例研究
　　[J]. 云南行政学院学报，2011（1）：132-135.
③ 国家发展改革委关于印发"十三五"国家政务信息化工程建设规划的通知
　　（发改高技〔2017〕1449号）[Z]. 2017-08-24.
④ 陆敬筠，仲伟俊，梅姝娥. 电子公共服务公众满意度测评模型及实证研究
　　[J]. 情报学报，2010（1）：151-158.

需求的，这无疑凸显出服务功能的重要性。并且一定的忠诚度和满意度是政府电子公共服务的绩效、质量和效益的最有力的证明，基于此，政府也应像企业一样以维持顾客忠诚和降低顾客抱怨作为重要目标，力求服务功能设置要简便易用，因为只有功能简便易用才会有更多的人满意，才会有更多的人用，才有忠诚度可言。我国省级政府门户网站在信息发布、办事服务、互动交流功能建设上基本实现了全覆盖，但解读回应功能建设和公民互动方面却需进一步完善细节。以东北三省政府门户网站为例。黑龙江省人民政府门户网站首页提供的服务功能包括"省情、省政府、政务发布、专题专栏、办事服务、互动交流"。其中，"省情、省政府、政务发布、专题专栏"对应信息发布功能；在"政务发布"之下设置的"政策解读"对应解读回应功能。吉林省人民政府门户网站首页提供的服务功能包括"省政府、省长、政务、服务、互动、省情、数据"。其中，"省政府、省长、政务、省情、数据"对应信息发布；"服务"对应办事服务；"互动"对应互动交流。相应功能建设不可谓不完备，但绝大多数网站对应解读回应和"互动"过程中的公民参与度都显得不足。辽宁省人民政府门户网站首页显示的功能栏目涵盖"走近辽宁、政府信息、网上办事、互动交流、专题专栏"。其中，"走近辽宁、政府信息、专题专栏"对应信息发布功能，"网上办事"对应办事服务功能此两项功能均在一级目录下设置，而解读回应功能却对应于"政府信息"之下"文件解读"这个二级目录，解决回应位置不明显。实际上，2013年10月1日颁布的《国务院办公厅关于进一步加强政府信息公开回应社会关切提升政府公信力的意见（国办发〔2013〕100号）》（以下简称《意见》）早已明确指出："面对公众关切不回应、不发声等问题，易使公众产生误解或质疑，给政府形象和公信力造成不良影响。"[1] "要以主动做好重要政策法规解读、妥善回应公众质疑、及时澄清不实传言、权威发布重大突发事件信息为重点"[2]，切实加强政府新闻发言人制度建设，加强机制建设（包括健全舆情收集和回应机制，完善主动发布机制，建立专家解读机制，建立沟通协调机制），完善保障措施（包括加强组织领

---

[1] 国务院办公厅关于进一步加强政府信息公开回应社会关切提升政府公信力的意见（国办发〔2013〕100号）［Z］. 2013-10-18.
[2] 国务院办公厅关于进一步加强政府信息公开回应社会关切提升政府公信力的意见（国办发〔2013〕100号）［Z］. 2013-10-18.

导，加强业务培训，加强督查指导）①。因此，无论是解读回应功能阙如还是在二级目录下设置说明，都说明相关政府部门对"解读回应"功能建设有待改进，表明该《意见》贯彻落实没有到位，政府应对自身是否真正对公众参与感兴趣、是否愿意了解公众意见建议以及是否阻碍公众参与到政府事务中来等方面进行自我检省。

其次，服务内容是服务存在的基础。政府门户网站服务内容建设还基本停留在信息公开和在线服务初级阶段，服务栏目设置的无序性和内容质量的失序性不同程度地存在着，前者说明攸关服务内容获得性、友好性的栏目的顶层设计和结构的规划布局不足，欠缺规范性和标准化约束；后者凸显信息管理制度和监控审核程序流于形式，使得日常信息审核走过场。例如，网站首页是网站内容的聚类和索引，它的最主要的作用是让使用者——公众直观了解政府网站的主要功用。如果将多个栏目版块完整列于网站首页，呈现在用户面前的碎片化信息，不仅为用户快速准确查找所需资源设置了障碍，还影响到用户体验感，可能会破坏公众对政府服务的第一印象。再比如，一项审批事项线下办理一般要经过在线流程（看指南）、在线申报、在线预约、在线办理、进度结果查询、获取服务结果等几个步骤，当前政府网站在审批事项办事服务中虽然提供了包括办事指南、表格下载、在线咨询、在线预约、在线申报（或在线受理）、结果查询（或在线查询）、甚至网上支付（如"中国上海"）在内的一系列服务功能，但是从审批事项整个办理流程来看，这些本该由线上完成的办事服务事项，尚无法实现彻底的、一体化的"一站式""一条龙"在线服务，仍需依赖线下实体政务大厅、政务服务中心推动。以"首都之窗"为例，它在网上政务服务大厅中虽明确了审批事项的办理流程，依次是"看指南""在线申报""在线预约""实体大厅办事""进度结果查询""取证"几步，但在所提供的在线审批服务事项中大多数是无法实现在线申报的，说明政府网站办事服务全流程供给尚有改进空间。从上述服务内容来看，对于出现信息零散无分类、不方便公众查寻信息的现象极易识别，但积重难返主要归因于科学的日常监控审核复审机制的有效贯彻实施，以及具体管理者把关不严，对信息公开过程缺乏有效监督等，从而使信息失误在所难免，解决这一类问题需要加强对

①国务院办公厅关于进一步加强政府信息公开回应社会关切提升政府公信力的意见（国办发〔2013〕100号）〔Z〕. 2013-10-18.

信息效益的评估，使政府网站把精力放在管好用好信息以及加强栏目设置及其内容监控的科学性上。

（三）服务过程及其成果方面的问题

服务过程及其成果方面的问题，主要表现在鲜有行进轨迹及成果呈现，全流程可视、追踪和问责机制阙如。

在要求政府网站应具备的四大功能之中，需要并能够呈现服务过程、中间成果以及最后结果的功能非"办事服务"莫属。以调研对象的"办事服务"中的"办件查询"功能为例，绝大多数政府门户网站仅向公众公示事项办理的最终结果，少数政府门户网站设置有"进度查询""快递跟踪""结果公示"（如吉林省政府门户网站），进度大多涉及"已收件""审核中""办理中""办结"四种办件状态。至于服务过程中的业务流程行进轨迹及细节，如业务已流经哪些部门、正在哪个部门办理、办理到什么程度、中间成果如何、欲流向哪个部门等基本未予呈现，服务对象当然就无从知晓办事过程及相关细节，对中间阶段的成果和相关人员的办事绩效也难以知情。实际上，很多行政审批系统已经依据办件承诺期限预设了预警、提醒、督促等功能，只是这部分功能只提供给政府内部人员使用而未对申请者提供。明显缺少服务流程中间环节和节点处的阶段性成果的细节性展示，使得政府电子公共服务本来可以拥有的能够实现全流程透明、可视与可追踪以保证公民知情权、参与权和监督权的潜力和效力基本无从发挥，很大程度上影响了服务对象的服务体验度和满意度，制约了政务公开的脚步。同时，在涉及多部门联合办公或跨部门联合审批时情形更为严峻复杂，以致在一定程度上阻碍了在服务提供中对行政权力的有效监督，甚至连实现对行政官员办事不力的有序问责一道流于形式，沦为空谈。而实际上，利用现代化的工具手段，是可以做到对服务的运行状况及执行操作的"相关部门及其工作人员的行为状况的跟踪评估，并依据不同状况作出相应处理"[1]的，从而实现对服务运行状况的全流程可视及执行操作的追踪问责。

---

[1]张锐昕. 电子化政府绩效评估系统的角色和功用初探［J］. 江苏行政学院学报，2013（1）：107-112.

（四）服务产出及其形式方面的问题

在服务产出及其形式方面的问题，栏目无效、链接无效、产出无效现象仍然存在，难以满足服务对象需求。

首先，就服务产出而言，一些省级政府门户网站仍存在栏目、链接和产出无效的现象，易用性差，"一站式政府"状态远未达成。虽然政府门户网站提供的服务功能及其产出日趋丰富，但其功能及产出的有效性、易用性仍未得到有力保障。除此之外，一些网站还不同程度地存在着内容更新滞后、信息回应不及时、信息发布不准确、动态更新信息时效性不强等问题，影响了服务功能乃至网站的易用性，使得信息和服务质量都大打折扣。最不应该的是，一些原本是热点问题或主题专栏的功能栏目，由于提供的信息内容不足、时效不佳甚至出现"空栏目"现象，使得信息的价值意义都大打折扣，这种情况持续下去，势必会造成用户体验不友好的后果，给公众造成"形式主义""形象工程"和"花架子"的印象，以致严重损害政府网站的信誉，降低公众的满意度。

其次，就服务形式而言，同一种内容在不同条件下可以采取不同的形式，同一种形式在不同条件下可以体现不同的内容。但政府门户网站在表现形式上显得相对单调，整体体验效果欠佳。比如，在所调研的33家省级政府门户网站中，尽管大部分政府门户网站均能提供微博、微信和移动客户端，但仅有极个别政府门户网站提供了情景式服务导航，即通过预设办事活动、模拟现实情境来增强用户体验感，绝大多数政府门户网站仍单一地采取文字、图片、音视频等表现形式，由此造成提供信息量不足，使用效果受限，影响到一部分服务对象对服务内容的理解和使用，影响着公众对政府电子公共服务的满意度。

实际上，服务内容是可以采用多语种、多媒体、无障碍办事、"一条龙"服务等多样化形式提供的，还可以辅以"不同信息管理工具和器具，如管理工具、证件查找工具等"[1]多种形式提供，以便利用户个性化选择和搜索。一些政府门户网站虽提供了相关服务形式，但总体效果表现不是很理想。此外，还有多媒体服务形式提供，虽然一些网站针对老年人、盲人、文盲等不便阅读人

---

[1]李章程. 欧洲电子政府公共服务研究［J］. 图书情报工作，2011（23）：110-116.

群的浏览需求和特点提供了纯文本模式、字体放大缩小、页面配色、辅助线、语音浏览及语音提供快捷键等多种服务形式，但由于其实现形式和程度有所差异，有的政府门户网站提供语音服务但无点读功能，不利于视障人员使用；有的网站无语音浏览服务，仅提供纯文本模式或字体放大缩小功能等，只能满足老年人、听障人员的使用；有的网站的无障碍版还需下载无障碍客户端。可见，当前政府门户网站在易用性以及用户面范围扩展上还有待提高，需要进一步利用信息化技术，针对各类服务对象群体特点，提供可视化、可读性更强的政府在线服务。

最后，政府应进一步明确政府网站服务于民的功能定位，以公众需求为导向，有效平衡服务提供与政府网站绩效评估之间的冲突，实现政府在信息与服务便利性（或用户体验感）与服务内容有序增加之间的平衡。

政府大多数工作人员只是把互联网作为宣传窗口和管理手段，把政府电子公共服务当成服务的辅助工具，并没有将其作为公共服务的主渠道，也没有很好地利用互联网与企业和其他社会组织建立起良好合作，政府和企业的合作还主要停留在对信息系统的维护和技术支持、基础性的服务承接项目上，缺乏系统性和前瞻性的深度合作，对其他社会组织过于强调中介作用配合而缺乏自主发展和自主服务的理念，一些行业性的规范和政策的制定也大都从政府自身主导的视角出发。此外，在信息共享和数据开放合作方面进展缓慢，导致政府电子公共服务的效能难以有效发挥。

第四章　政府电子公共服务供给的目标及策略

　　探讨愿景目标和路径策略，旨在解决要建什么样的政府电子公共服务系统以及怎样进行建设的问题。

一、政府电子公共服务供给的愿景目标

　　"政府基本公共服务的目标就是以普遍、平等的方式满足公众的最基本和最迫切的需要，从政府职能的设计上解决现代国家中公民生存权和发展权实现基础的基本问题。"[①]其"实现基础的基本问题"必然涉及服务对象和手段、服务功能和内容、服务过程及其成果、服务产出及其形式等服务供给的基本要素；其"普遍、平等的方式"应以服务对象和手段的包容性、服务功能和内容的彻底性、服务过程及其成果的可及性、服务产出及其形式的有效性等理想化状态来呈现。当然，还可参照A. 帕拉苏拉曼、瓦拉里·泽塔姆尔等（A.Parasuraman&Valarie A.Zeithaml, et al.）提出的电子服务质量的五个维度——"有形性、可靠性、响应性、确实性、移情性"[②]，肖赫勒·凯纳玛、克里斯汀·布莱克（Shohreh A. Kaynama&Christine I. Black）提出的衡量电子商务网站质量的七个维度——"网站亲和力、网站导引、设计与呈现、网站的内容与功能、反应性、经营的历史背景，以及人性与定制化"[③]，还有瓦拉里·泽丝曼尔（Valarie A. Zeithaml）提出的"效率、可靠性、符合需求、隐密

---

①黄恒学，张勇.政府基本公共服务标准化研究［M］.人民出版社，2011：21.

②PARASURAMAN A, ZEITHAML V A, BERRY L L. SERVQUAL: A multiple-item scale for measuring consumer perceptions of service quality［J］. Journal of Retailing, 1988, 64（1）：12-40.

③SA Kaynama, CI Black.A Proposal to Assess the Service Quality of Online Travel Agencies: An Exploratory Study［J］. Journal of Professional Services Marketing, 2000, 21（1）：63-88.

性、相应性、补偿度和接触度七个维度"①作为补充，以综合考量政府电子公共服务供给是否能真正达成公平、稳定和有序。所有这些都将作为政府电子公共服务供给的愿景目标及其预设的样版参照；而"从政府职能的设计上解决"则牵涉到一系列服务及监管职能的设计，为路径策略选择研究预设了切入路径。

（一）服务对象和手段的包容性

关于包容性（Inclusion），"人们普遍认为'包容性'是指邀请那些历来被阻在外无法'进入'的人们"②。"在社会科学中，包容性是指在一个给定的社会结构中，多数情况下，在整个社会中，事实上的和/或法律上的，把人们纳入的一个过程"③。表现在平等性的追求方面，包容性关涉所有的人，所有人过完整的生活、所有人一起生活、拥有完整的人生④。保障"一起""完整"，意味着所有人——作为社会整体中的一员——均应有其个性化的需求，有多维度的平等性权利，旨在使所有组织和个人构成一个整体性社会，以更好地实现他们的全部潜能。可见，包容性是和排斥性相对的一个概念，是应对数字分化⑤的一个有力手段，与政府基本公共服务作为保证社会公平的一种重要的、基本的制度供给，让所有公民能普遍获得、平等享用的基本思想是一致的。

政府电子公共服务同样致力于为公共利益服务，其公共责任不仅在于要追求高效率的运作方式，也要兼顾正义、平等、公平等民主原则，使公众能够有选择地、平等地获取和享用所需要的公共服务。也就是说，在不同的服务对象群体之间，无论其年龄、种族、性别、收入、教育背景、社会层级、所处地理

---

①ZEITHAML V A. Service excellence in electronic channels［J］. Journal of Service Theory and Practice, 2002, 12（3）：135-139.

②Shafik Asante. WHAT IS INCLUSION?［EB/OL］. http：//inclusion.com/inclusion.html.

③Senior Project Consortium.Ethics of e-Inclusion of older people［EB/OL］. http：//www.cssc.eu/public/Ethics%20of%20e-Inclusion%20of%20older%20people%20-%20Bled%20%20Paper.pdf.

④Shafik Asante. WHAT IS INCLUSION?［EB/OL］. http：//inclusion. com/inclusion. html.

⑤数字分化概念提出的目的是用以表述一种特殊的社会结构状态与社会变迁过程，即社会信息化发展过程中不同信息活动主体之间的信息差距及其发展态势。参见：谢俊贵. 信息的富有与贫乏——当代中国信息分化问题研究［M］.北京：三联书店，2004：73.

区域有何差异，均应普惠共享无差别的基本公共服务，或者更进一步，相对最终结果的公平，力求使所有具有类似需求的公民均能享有获取平等充分的基本服务的机会，实现普遍的社会公平。由于政府电子公共服务的服务对象涉及公众、企业、非营利性组织（包括群众团体组织、事业性组织）和政府（包括政府内部工作人员和其他政府部门及其工作人员），虽然在信息时代他们各自已然陆续进入或迈向信息化生存状态，但受年龄、种族、性别、教育背景、社会层级、所处地理区域、经济条件、生理条件等因素影响，难免存在信息素养包括信息服务获取和利用能力方面的差异，以及可掌控的各种服务手段和所处的服务环境的差异。而这些信息主体拥有的条件——个体资质条件、物质技术条件、信息环境条件"是信息主体信息活动的主要制约条件。不同信息主体之间任何一个信息条件的不同，都可能造成不同信息主体之间信息拥有状况和信息利用情况的差距"[⑥]，以致造成穷人、农民、女性、儿童、老年人、残疾人、教育水平较低人群等弱势群体的信息（或数字）分化[⑦]，使得信息不对称状况愈加明显、数字空间距离客观存在、"数字鸿沟"难于弥合。针对不同服务对象（个体或群体）之间获取和利用政府电子公共服务的差异性，以及信息富有者和信息贫困者之间拉大的数字鸿沟亟待弥合等问题，联合国在2005年《全球电子政府准备程度报告》中首次提出了电子包容的概念，将其定义为"包括所有"[⑧]，进一步地，解释为"电子服务在多大程度上减少而非增加最富有的、技术文明的公民与最贫困的、电子文盲的公民之间的'数字鸿沟'"[⑨]，希望通过增强准备度来提高接受（纳）度，通过改善电信基础设施和人力资本状况来解决不同服务对象之间信息交流无障碍问题。具体化到我国政府电子公共服务领域，追求电子包容，就是要实现服务对象的平等化（保证享用服务的

---

⑥谢俊贵. 信息的富有与贫乏——当代中国信息分化问题研究［M］. 北京：三联书店，2004：41.

⑦信息分化即数字分化，"提出这一概念的主要目的是用以表述一种特殊的社会结构状态与社会变迁过程，即社会信息化发展过程中不同信息活动主体之间的信息差距及其发展态势。"参见：谢俊贵. 信息的富有与贫乏——当代中国信息分化问题研究［M］. 北京：三联书店，2004：73.

⑧United Nations.UN Global E-government Readiness Report 2005: From E-government to E-inclusion［R］. New York: United Nations, 2006：8.

⑨Rodríguez J R, Council B C. The' Barcelona Model'of e-Government［EB/OL］. http://www.bcn.cat/orom/pdf/Penteo_ModeloBarcelona_eng. pdf.

无差别性）和提供服务手段的多样化（满足服务需求的个性化）。前者强调无论服务对象属于何种用户群体、具有何种属性特征，均可平等地获取基本公共服务，享有基本公共服务权利，且普惠共享无差别性的公共服务。后者强调提供多元化手段而非单种化手段，使经济落后的、偏远的地区的居民，以及教育水平较低人群、弱势群体、少数民族、非专业人士、外籍人士或旅游者等用户群体可以选择更好、更多、便利取用的服务，以实现"信息惠民"的目的和"以普遍、平等的方式满足公众的最基本和最迫切的需要"[1]的目标。总之，包容性强调最大限度地丰富服务方式，增加服务渠道，尽可能全面地满足各类服务对象对服务手段的个性化需求，特别是弱势群体或信息穷人等处于不利条件的人们的特殊性需求，以避免单种化手段带来的弊端或劣势。"在一个单种化地方，要获得应付人类差异和不确定性境况所必需的素质和技能是极其困难的。"[2]只有实现服务手段的多样化，方能确保公众能普遍享受到公平、无差别、均等的基本公共服务。

包容性与艰难性总是相互伴随的。一方面，我国需要包容的人口数字庞大。目前我国大陆网民数量已超9亿，绝对数量不小，却有近5亿人口未予覆盖，仍有绝大部分弱势群体或穷人不能上网享受政府电子公共服务，且普遍缺乏享受服务的手段和参与服务的意识，这些都会妨碍政府电子公共服务经济效益和社会效益的发挥。另一方面，"人类社会最突出的方面是个体处理社会义务的方式以及由这些义务带来的难以避免的怨恨和挫折"[3]。消除这些怨恨和挫折需要艰难的过程。好在信息技术和互联网能赋予普通公众以更多的能力和可能性，政府电子公共服务能够低成本、高质量、全天候地提供统一的平台、规范化的内容和标准化的手段，能够更多地利用电子化的方式实现多维度、多层面的包容，形成巨大的包容能量，既能为各类服务对象提供无差异的数据共享和业务协同的平台以及交流沟通的载体，使他们能更便利地找到与他们相关的公共服务，也能为他们提供界面友好、可以有效传播和实时反馈的媒体，从

①黄恒学，张勇.政府基本公共服务标准化研究［M］.北京：人民出版社，2011：21.
②齐格蒙特·鲍曼.全球化：人类的后果［M］.郭国良，徐建华，译.北京：商务印书馆，2013：45.
③Senior Project Consortium. Ethics of e-Inclusion of older people［EB/OL］. http://www.cssc.eu/public/Ethics%20of%20e-Inclusion%20of%20older%20people%20-%20Bled%20%20Paper.pdf.

而更大程度上拓展包容的可行范畴，在满足他们的个性化需求的同时，也使正义延伸至网络空间。

（二）服务功能和内容的彻底性

彻底性可以理解为完全在线可获得性，即"指所提供的在线服务是否能完全采用电子化方式进行处理"[①]。这一特性在多领域的公共服务供给中有所展现，如医疗领域电子医疗服务供给过程实现了"从简单的网络预约挂号到一般的移动在线APP疾病药物咨询，再到较为复杂的疾病在线实时诊断治疗"[②]的电子化，但这还算不上彻底。对于政府电子公共服务而言，彻底性的服务供给意味着已知的"一站式""一条龙"服务模式的完整呈现，要求公共服务的所有功能和内容、整个过程和结果都必须在线完成并在线提供，即要求实现服务供给全流程——从服务申请、在线预约、在线办理、在线支付、进度结果查询到获取服务结果整个服务流程——自输入至输出所涉及的各个环节中的业务处理均可在网上全面实现并可在网上完整提供，公民无须事先上网打印申请表格再邮寄或提交到政府部门，无须依赖线下实体政务服务中心工作人员推进服务办理工作，无须亲自往返于线上线下和跨越多个部门业务平台与服务窗口辛苦奔波，只需一次性进入一个窗口，点击公共服务平台页面上的某个功能栏目并拥有相应的使用权限，就能够在线享用该模块提供的相应服务内容，即可实现全程式业务办理。将服务功能和内容的彻底性追求作为愿景目标，基本依据是政府电子公共服务系统的功能和内容越丰富、越彻底，"公众、企业在使用EG系统的时候需求就越容易得到满足，相应地用户的满意度就越高"[③]。

早在2011年，处于领先地位的欧洲电子政府公共服务就已经"处于完全在线处理状态"[④]。与之相比，我国政府电子公共服务已经开始全面推动公共服

---

①李章程. 欧洲电子政府公共服务研究［J］. 图书情报工作，2011（23）：110-116.

②叶千红，王玉荣. 电子医疗：现状问题及政府治理策略［J］. 电子政务，2017（10）：29-37.

③胡广伟，仲伟俊，梅姝娥. 电子公共服务战略规划方法研究及实证［J］. 管理科学学报，2008（3）：35-48.

④李章程. 欧洲电子政府公共服务的测评及启示［J］. 北京档案，2011（9）：50-52.

务事项目录和办事指南公开，推行服务方式创新，构建实体政务大厅、网上办事大厅、移动客户端、自助终端等，也在以公共服务为核心推动政府电子公共服务平台功能设置、内容建设及其整合与一体化方面取得了一系列进展，在一定程度上有效支撑起了并有助于坚定追求服务功能和内容的彻底性这一目标愿景的信念。但要看到，在服务功能和内容上，我国的在线服务仍局限于政府信息公开、便民服务信息查询与行政审批办事服务的办理指南查询、在线预约申请、结果查询等内容，无论是服务的广度和深度都有差距，距服务功能和内容的彻底性目标还有相当长的路要走。

（三）服务过程及其成果的可及性

服务过程及其成果的可及性，是为强调保证服务供给整个流程视野的透明度，以实现整个办事过程的各个环节中、各个节点处的业务流、数据流状态的可视、可跟踪、可回溯，进而达成可控、问责和监督。实际上，自2015年以来国家就陆续出台了多个文件，提出"简化办事环节和手续，优化公共服务流程……全面公开公共服务事项，实现办事全过程公开透明、可追溯、可核查"[1]等要求，可见，服务过程及其成果的可及性是完善我国公共服务监督体系的应有之义，只有有效保障公众知情权、参与权、信息自由权、民主权利，才能达成监督政府和防治腐败的效果。服务过程及其成果的可及性是政府电子公共服务供给必须解决的关键性问题。它实际上是实现内部监督和外部监督的结合、过程监督与结果监督的结合、传统监督方式与现代监督方式的结合的一种可及的途径，无论是对政府监督自身还是对公众监督政府都是有益的，也将大大提高政府电子公共服务的社会价值和经济价值，并相应增加过程信息的附加价值。

当前，我国在线提供的政府电子公共服务事项虽大多有最终结果呈现，却鲜有中间过程及其成果展现，中间环节中、节点处的业务流、数据流的状态展示更是普遍缺乏，使得跟踪监督难为，评估追溯无法做到，办事不力问责亦难落实处。现实中，政府电子公共服务过程的不可及，说明服务过程透明度不够、公开度有限。而可及，虽然在帮助政府了解工作人员绩效和政府电子公共

---

[1] 国务院办公厅关于简化优化公共服务流程方便基层群众办事创业的通知（国办发〔2015〕86号）〔Z〕. 2015-11-30.

服务系统绩效并及时纠正工作偏差方面效用巨大，却令服务流程赤裸般置于广泛监督视野之下，慑于政府的行政效率、效益与质量情况会尽人皆知，"政府内外部关系的运行状况和相关行政体系要素的匹配程度"①也将一览无余，来自政府内部的畏难情绪以及诸多阻力是可以理解的。当然，这也产生了对安全与保密的要求。对此，安全与保密问题亦需同步解决。

有专家提醒，"追求透明性是要付出昂贵代价的"②。追求服务过程及其成果的可及性，会直接导致"不会允许私人空间的存在。至少不会允许不透明的私人空间、不受监视的私人空间或更糟的无法监视的空间的存在"③。而要使过程及其成果的监控达到预期的效果，还"要求有专业监视人员，要求重组空间，使监视人员能开展工作，使被监视的人明白在任何时候都可以监视他们，任何时候都有人在监视他们"④。可见，可及性既可行、诱人，又充满挑战，需要政府采取得力措施谨慎解决。

（四）服务产出及其形式的有效性

服务产出及其形式的有效性，意味着要使用户获得又好又快的信息和服务，主要涉及服务产出的可用性与服务形式的用户体验性两个方面。前者强调服务产出的绩效和质量可以满足服务对象需求，使其能在网上获取和利用到符合预期目的的信息与服务；后者强调所有服务形式的用户友好性，保证用户获得良好的应用体验。近年来国家开展的政府网站抽查中将网站的可用性、内容更新情况、互动回应情况和服务实用性等作为主要评测内容，显示出政府和公众对服务产出及其形式的有效性的追求。

本质上，服务产出及其形式的有效性强调调用数据、物理环境、网络设备、管理变量等多方面资源的可用性与可获得性。它要求所有的跨部门、跨系

---

①张锐昕.电子化政府绩效评估系统的角色和功用初探［J］.江苏行政学院学报，2013（1）：107-112.

②齐格蒙特·鲍曼.全球化：人类的后果［M］.郭国良，徐建华，译.商务印书馆，2013：45.

③齐格蒙特·鲍曼.全球化：人类的后果［M］.郭国良，徐建华，译.商务印书馆，2013：47.

④齐格蒙特·鲍曼.全球化：人类的后果［M］.郭国良，徐建华，译.商务印书馆，2013：47.

统、跨平台的业务衔接工作均由系统后台集成、管理和提供，所有服务结果均可在线有效获得。服务产出及其形式的有效性的前提是供给主体在公共服务平台上建设和运行的所有功能都是能正常运转和安全可靠的。作为它们的有效支撑，所有数据均彼此共享、顺畅流动，所有信息基础设施都具有综合业务承载能力和极高的服务效率，涉及的所有服务供给主体都是以合作来梳理分工，以合作来界定分工。当然，还要保证所有供给主体能在线采集公众需求，在线实现组织内部各职能部门的协同，在线与相关组织开展竞合，以实现业务无缝对接和主体有序合作。

作为各级政府推进"互联网＋政务服务"的重要平台，我国政府网站在公共服务功能实现上已呈现出信息内容由单一形式向多种形式集成化方向发展的态势，信息形式也由仅提供文字类信息在向更多形式信息综合提供的方向发展，其内容和形式的在线化、集约化程度在逐步增加。但由于政府电子公共服务平台系统众多、建设分散，政府信息共享与交换平台还没有完全统一，支持政府电子公共服务一体化的政务信息资源目录体系和人口、法人、空间、地理、电子证照、社会信用等基础信息库与业务系统还没有完全连通，造成政府电子公共服务系统信息共享与交换不畅，跨部门业务协同困难，真正意义上的部门联审、联办还难以实现，其结果使得政府电子公共服务产出还难以达到理想预期，短时间内还难以为公众提供多样化、个性化、品质化的服务。因此，在加强政府电子公共服务系统、设备、环境建设以保证系统可靠、稳定、连续运行的同时，加强政府信息资源开发利用，实现真正意义上的信息交换与共享，保证相关业务系统的无缝对接才是解决服务产出及其形式的有效性的根本出路。

二、改善政府电子公共服务供给的路径策略

路径策略的选择，主要是要解决怎样进行政府电子公共服务系统建设的问题。重点关注政府公共服务与信息技术结合问题，基本要求是要根据服务环境变迁和信息技术进展，不断地对政府电子公共服务系统进行创新。

（一）以公平为基准建设信息基础设施，配以多样化手段，提供包容性服务

政府电子公共服务对象与手段的包容性体现在：信息基础设施为所有服务对象（包括各种组织和个人）共享，要考虑到服务对象受教育水平、信息素养、所处地理区域、社会阶层、经济条件、生理条件或其他群体特征等客观因素的限制或影响；服务手段为所有人共用，既要考虑多种服务手段（如面对面、电话、在线、信件等）联合施用（因为"不少研究表明，网络渠道的使用并没有导致公共服务中减少使用电话和面对面接待厅等传统渠道"[1]，说明各种手段仍有其适用性），也要考虑网络适度替代策略，以发挥网络渠道优势，结合传统并行渠道共同施用。供给包容性服务皆在减少公众使用政府电子公共服务的障碍——"进入障碍、信任障碍、控制障碍、隐私障碍等"[2]，保障各类群体能更容易便利地获取和利用政府电子公共服务。

当前，我国公共服务供给在城乡间严重失衡，具体表现在社会保障体系非均等化、教育资源分配严重不均、医疗卫生服务差距悬殊、城乡基础设施建设极不平衡等方面[3]。不仅如此，一时难以解决的"数字鸿沟"问题，更加剧了不同社会群体之间公共服务资源分配不均的现状，令那些因为教育程度低、信息素养缺失、贫困等原因无法使用或拥有信息化设备的人群——信息弱势群体仍然无法享受到信息化带来的红利，服务内容、服务过程、服务形式上的差异以及内容不对等、结果不公平等现象依然严峻。为扭转这种局面，从弥合数字鸿沟考虑，在技术上，政府应加强基础设施建设，让普通大众都能以更加优惠低廉的资费接入互联网络，同时从拓展服务渠道或服务平台角度考虑，加强互联网、电信网、电视网建设，推动三网融合，实现多渠道、全方位、立体化、音视频相结合的用户体验形式多样化，并在"三网融合"的基础上将文字、音视频等多种服务体验形式借用App等移动应用程序集成于智能手机、可穿戴设

---

① 朱红灿. 国外公共服务渠道策略与进展研究综述［J］. 中国行政管理，2013（11）：119-122.

② 朱红灿. 国外公共服务渠道策略与进展研究综述［J］. 中国行政管理，2013（11）：119-122.

① 张莹. 城乡公共服务均等化制度障碍与破解——基于社会结构和治理能力的视角［J］. 人民论坛，2014（34）：155-157.

备等移动设备，扩大新媒体应用功能，实现政府电子公共服务向移动化平移，使手机用户借助移动设备拓展网络使用能力，使各类服务对象通过不同服务获取形式和渠道享受到无差别的服务内容，这种包容性服务的提供，令各类用户群体可以随时随地满足自身的服务需求。此外，在加强基础设施建设、以技术解决包容性服务问题时，政府还需要在制度上或供给机制上寻求解决方案，实现政府电子公共服务资源优化配置和有效供给，即政府需要加强与企业、社会组织之间的相互合作，达成合作伙伴关系，做好客户关系管理，借助市场力量与第三方治理推动政府购买公共服务，利用外包等多种形式配置服务供给资源，让政府电子公共服务以更加富有效率的方式提供。

（二）以服务对象为中心配置功能内容，针对个性化需求，输出彻底性服务

以服务对象为中心，就是要改变以往以部门职能为中心的思维定式，依据不同服务对象的个性化需求，尽可能科学地配置多元化的服务功能并彻底输出符合多元需求的丰富的服务内容（包括信息、行为等）。

作为保证社会公平的一种重要的制度供给和工具手段，公共服务在赋予公民更多的获取公共服务的能力和可能性的同时，要保障公民享受到公共服务供给的合法权益，必然要求由政府主导提供的基本公共服务的项目和标准都是易接入的。基于此前提，政府还需突破理念、体制、管理上的瓶颈，通过在线采集公众需求，全面、系统、深入地了解民众关切的问题和需要解决的问题；还需通过全面清理政府规范性文件和行政审批前置环节的技术审查、评估、鉴定、公证、咨询等事项及收费，削减审批事项，建立审批事项动态目录制，消除审批灰色地带，减轻公众负担；还需"消除'条块分割'带来的所有不利于数据互联和共享的部门权力配置"[1]，实现数据资源的共建共享、网络之间的互联互通和信息系统之间的无缝连接（因为服务功能和内容的彻底性输出，必须建筑在信息资源共建共享、网络互联互通、业务跨部门协同的基础之上，否则全流程的电子化以及泛在式、彻底性的公共服务供给根本就不可能实现）。由于"互联网允许每一个利益群体、公民个体都表达自己的期望和诉求，包括

---

①孟川瑾. "互联网+政务服务"：以数据为核心的政务改革［J］. 中国行政管理，2016（7）：12.

政治诉求、经济诉求和社会诉求"[①]，为政府依此配置服务功能和内容提供了可能性和可行性。

具体到政府电子公共服务系统建设。一方面，政府要在深度挖掘公众需求的基础上，"以'编制基本公共服务目录'为基点，从梳理中国公民从'摇篮到坟墓'的整个生命里程中所应享受的基本公共服务内容入手，以信息共享、标准统一、多证合一、平台对接、制度衔接为前提条件，以政府在公民不同生命里程中应适时提供的服务内容为依据，把散落各处的相关服务组织好、对应好、衔接清"[②]，从而有针对性地、及时准确地向公众主动推送所需信息与服务，以满足不同用户的个性化需求，实现按时段主动精准推送服务。另一方面，政府不仅要整合自己的资源和服务，还要与其他供给主体建立良性竞合关系并实现跨组织行动以及组织间"无缝"对接，而其达到彻底性的基础或管理的增值环节就在于政府能管理好各方接口以及其职权难以企及的管理空白地带。为此，政府需要建立以服务对象为中心的政务服务体系，加强跨区域、跨层级的信息资源共享与跨部门、跨组织的业务协同。具体来说，要做到以下方面：一是要注重开发信息资源，释放数字红利。针对信息资源开发利用不足与无序滥用的问题，注重加强顶层设计和系统规划，提升信息采集、处理、传输、利用、安全保护能力，通过建立公共信息资源开放目录，构建统一规范、互联互通、安全可控的国家数据开放体系，积极稳妥推进公共信息资源开放共享；加强信息资源规划、建设和管理，推动重点信息资源国家统筹规划和分类管理，增强关键信息资源掌控能力，完善基础信息资源动态更新和共享应用机制，逐步开展社会化交易型数据备份和认证，确保数据可追溯、可恢复；探索建立信息资产权益保护制度，实施分级分类管理，形成重点信息资源全过程管理体系；加强采集管理和标准制定，提高信息资源准确性、可靠性和可用性，依法保护个人隐私、企业商业秘密。二是要打破部门机构条块分割，整合政务服务资源，加强"集群化"管理，实践统一架构、统一模式、统一后台、统一管理，打造统一的数据共享交换平台、政务信息数据服务平台和便民服务平

①杨国栋，吴江.电子治理的概念特征、价值定位与发展趋向［J］.上海行政学院学报，2017（3）：64-70.

②于跃."问题导向，创新服务"该如何破解［J］.电子政务，2016（8）：14-16.

台，构建综合的政务服务窗口以及统一的服务信息系统和数据共享交换平台体系，将服务上移到上级政府搭建的技术平台实行统一管理，平衡各地区各层级政府的政务服务资源，统一管理政务信息资源目录，促进基础信息库和业务信息库的联通，实现统一平台管理与不同部门差异化需求的有效对接，完成政务服务信息系统与各部门业务系统无缝对接，实现相关数据上下贯通，推进行政审批标准化，建立起面向社会公众的一网式公共服务平台，减少人力、物力、技术等成本的重复投入，便于栏目建设的标准化和监测的常态化。同时，大力推进政府信息开放与数据资源共享，建立政务大数据，以实现对政务服务管理的有效控制及对公众需求的精准分析。总之，彻底性服务的供给，不仅是信息技术与物理层面的设施与组织的对接与关联，更是多方公共服务供给主体的理念、体制、管理层次上的更新与变革。"技术"毕竟只是突破部门行政壁垒和让信息、流程与系统联通的手段，而"服务"，特别是彻底性的"服务"，才是政府主动供给公共服务的具体体现。

（三）以数据流为主线追溯数据运行轨迹，实施监督控制问责，保障过程及其成果可视可控

传统治理模式和公共行政模式的一项重要特征是"尽可能做到结果的公平"[①]，政府电子公共服务还可能做到保证过程及其中间结果的公平，主要通过过程及其成果的可视可控来实现，即实现服务过程及其成果的可及性的前提是其可视可控。其关键在于从政府内部出发，再造和重组服务业务流程，并对其各环节和节点对应的相关部门和人员的职能、权力、责任和利益进行科学、合理的定义，在明确各方的角色定位、业务分工、工作机制和办事期限的基础上，以流程为主线，通过追溯业务进程中各时段服务的形式与状态，做好运行跟踪监控和过程评估追责，保障服务过程及其成果的进度、程度可视可控，即系统能实时上传全流程中各环节和节点对应的部门和人员的在场状态，并能跟踪或回溯全流程业务运作情况。

首先，形式追溯强调对流经流程各环节、节点的数据进行跟踪或回溯。其前提基础是充分厘清业务流程各环节和节点对应的相关部门和人员的权责关

---

①B.盖伊·彼得斯.政府未来的治理模式［M］.吴爱明，等，译.张成福校.北京：中国人民大学出版社，2001：13.

系，在此基础上，编制政府权责清单，制定统一编码规则，建立权责事项数据库，对系统各环节和关键节点的相关数据，如操作记录、业务数据值、操作人员身份等进行记录，据以实现业务回放，从而充分利用大数据等新一代信息技术在信息集聚、综合分析方面的优势，通过全程采集记录行政行为和服务事项关键数据，进行实时动态监督、分析研判、风险提示和控制，让权力运行处处留痕，对干预、插手或违规操作实现全程记录、自动报警，堵住监管漏洞，规范权力边界，监督权力运行，阻断权力寻租，实现权力事项动态化、规范化和网络化管理，推动权力全流程网上运行和公开，提高行政权力运行的科学化、规范化水平，以便帮助政府完整了解和实时监控业务流程，帮助公众全面了解办事状态并及时监督政府，实现全流程网上效能监督。

其次，状态追溯强调对业务办理结果（包括阶段性成果和最终结果）、审批状态（包括进度、程度、质量）等做到真实反映，可令用户及时了解服务申请的受理情况及服务结果情况。政府电子公共服务使各个服务供给主体集中到统一的服务平台上，一站式服务模式通过调用前台的功能以及采用前台与后台的双向互动、协同配合来实现。平台上的各个服务功能依据业务流程的顺序将相关的服务供给主体联结在一起，并使之承担相应的责任，各服务功能的操作权限应与其服务供给主体的职责一致，要促成跨部门、跨组织合作，需要政府掌握远程管理技巧，培养全局能力和创新能力。与此同时，注重"网络安全、身份认证管理、支付系统和渠道协调的稳固性"[1]，提高对公众服务申请的快速响应和敏捷处理能力。如今，针对多方合作提供的统一的电子公共服务平台和一站式服务功能设置为多方共享资源、进行对话、建立共识、协同工作和跟踪控制提供了更多的可能性。此外，统一的电子公共服务平台可作为服务窗口和合作载体，吸引公众申请服务，激励政府联合其他公共服务供给主体提供服务，即将其作为前台，将承担服务职能的所有政府部门以及其他公共服务供给主体有机联结在一起。这样的前台便于整合资源，相互协作，实施控制，提供一站式服务，结果既可以改善公共部门所提供的公共服务的质量和绩效，又可以大大降低公众获取公共服务的成本和时间。

---

[1] United Nations Department of Economic and Social Affairs.United Nations E-government Survey 2014: E-Government for the Future We Want ［R］. New York: United Nations, 2014：49.

此外，政府电子公共服务供给依循"政府主导、多元合作"原则，为督促公共服务主体各司其职，各尽其责，政府有责任基于服务业务流程对所有主体的关系的紧密度和运行状况进行绩效评估，这对改进服务绩效并提升服务能力大有裨益，有助于改善政府内外部关系，解决跨部门冲突，加强部门与组织之间合作问题。同时，政府可以根据评估不同供给主体提供公共服务的数量、质量、成本和信用等关键指标的绩效来选择长期合作伙伴，剔除不良服务主体，这些都对提高政府质量和效益作用显著。只是，由于政府电子公共服务供给形式会受到有多种理解、多种期望和多重利害相关者的影响，网络中共享资源的人越多，公众需求变化越快，业务协作的内容越广，各个服务环节和节点处的业务流、文件流、信息流涉及的中介、渠道、边界就越复杂，相关的各种内外部关系就越难厘清，责任追究就越难落实，这是政府在追求政府电子公共服务理想目标过程中所必须着重解决的问题。

（四）以问题为导向创新服务产出形式，依靠体制机制模式创新，推送有效性服务

以问题为导向，为的是发现问题、分析问题和解决问题。政府电子公共服务以问题为导向创新服务产出形式，意味着要通过在线了解社情民意，全面、深入地了解公众需求以及满足这些需求过程中存在的问题，只有"广泛征集群众意见并结合大数据分析以得到'问题'，能令所了解和掌握的'问题'更全面、准确、切合民意"[1]。为此，需要努力发掘目前政府电子公共服务中存在的问题及其深层次原因，然后在分析各类问题的基础上寻求解决这些问题的具体方案，旨在解决公众最为关切的和亟待解决的问题。这就需要从梳理公众最关切的问题以及最需要解决的问题入手，通过创新体制机制和服务模式的方式，来解决信息共享程度和业务协同效率问题，再以此为基础推动"一站式"政府建设，达成为公众推送"一站式"服务的目的。为此，政府需要从战略层面上进行顶层设计和统筹规划，从战术层面上完善电子政务工作的体制机制，对职能运行的分析不只停留在简单业务信息层面，还要和对用户需求、业务流程、公众满意度等的分析结合起来，在促进政务与技术融合以及解决资源冗余

---

① 于跃."问题导向，创新服务"该如何破解[J].电子政务，2016（8）：14-16.

和重复建设等问题的基础上，实现信息共享和业务协同，以减少获得内容所需时间来改善用户体验，达成向社会公众提供有效性服务的目的。目前，就是要充分利用政府门户网站这一最重要的服务供给手段和渠道，通过转变政府职能，改变组织文化和行为方式，为服务产出及其形式优化提供改革准备。

服务产出和形式的优化主要做两点工作：一是按照"以公民为中心"原则组织服务产出和形式，体现对服务对象的包容性。政府网站中不仅应提供基本形式的网页，还应面向不同用户群体提供不同形式的网页，如语言的分类网页、特殊人群网页等。二是应以问题为导向设计服务产出和形式。一站式政府门户网站要最大化地集成针对特定客户、特定时间的生活活动的公共服务[①]，可以给特定的人群突出、特定的区域，允许他们通过各种各样的设备接入进来，比如通过家庭和办公室电脑、具有Web功能的呼叫中心、公共信息亭、数字电视、移动电话、智能助理机、游戏机等。[②]

此外，实现服务有效性还要着力解决链接无效、栏目无效、内容无效现象等问题，通过建立服务平台信息管理规章制度，构建政府网站信息内容保障长效机制，"设立专业管理的岗位和部门对数据资源进行规范管理，主要包括建立起以政府CIO为核心的完整的信息化综合管理机构，并配套一系列政府数据资源管理的相关制度"[③]，开展系统化、常态化的政府电子公共服务系统维护工作，及时更新信息，加强内容管理，定期校验信息的全面性、准确性、时效性，避免信息无序或信息滞后，对社会热点、公众反馈及时回应，以提高政府电子公共服务系统的信用。

针对应然逻辑模型的标准化和规范性约束进路，分析目前中国在政府电子公共服务供给方面的实际进展状况与存在的问题，进而筹划政府电子公共服务供给的愿景目标，并探讨推进趋向政府电子公共服务供给愿景目标的可行策

①OTENIYA, O., Janowski, T. and Ojo, A.Government-Wide Workflow Infrastructure-Enabling Virtual Government Organizations［A］. Proceedings of IFIP TC5 WG 5.5 Seventh IFIP Working Conference on Virtual Enterprises，PRO-VE 2006: Network-Centric Collaboration and Supporting Frameworks［C］. Boston: Springer, 2006: 573-580.

② 道格拉斯·霍姆斯. 电子政务［M］. 詹俊峰，等，译. 北京：机械工业出版社，2003：8.

③CIO, Chief Information Office, 即首席信息官，见孟川瑾. "互联网+政务服务"：以数据为核心的政务改革［J］. 中国行政管理，2016（7）：12.

略，这一切都是为了寻求实现政府电子公共服务的具体技术方法，即达成方法层面的政府电子公共服务系统的物理模型，其作用是指导政府按照规范要求进行操作，建设与政府电子公共服务供给愿景目标相一致的政府电子公共服务系统。方法层面研究的重点主要是政府公共服务与信息技术的结合问题，基本要求是根据信息环境变迁和信息技术进展，不断地对政府电子公共服务系统进行创新，以应对复杂多变的行政环境和日益攀升的服务需求，更好地提供政府电子公共服务。

结　论

　　论文主体部分由理论概述、逻辑基础、现实问题和目标策略四个模块组成，由此展示出从"对概念模型的分析探讨"到"对逻辑模型的系统设计"再到"对物理模型的反思重构"的演进脉络，是从信息系统建设的角度设计的政府电子公共服务供给从现实世界物理空间转换到虚拟世界网络空间的映射操作轨迹。

　　概念模型是按照用户观点对政府电子公共服务的信息建模，它是现实世界的事物反映到人的头脑中来，"再经过选择、命名、分类等抽象工作之后进入信息世界"①的结果，要求能方便、直接地表达政府电子公共服务及其系统应用中的各种语义知识，"它是现实世界到信息世界的第一层抽象"②，是现实世界到机器世界的一个中间层次，用于政府电子公共服务系统的用户（包括系统开发的责任主体和实施主体）和开发设计人员之间进行交流时使用；逻辑模型的系统设计是把前一步得出的概念模型转换为政府电子公共服务系统能够接受的逻辑模型；物理模型则是要将设计好的逻辑模型组织到实际的政府电子公共服务系统中，即为之进入实施操作阶段提供可行策略。这三类模型对政府电子公共服务系统建设具有普适性意义。从这个角度上来说，论文总体框架结构描述的是政府电子公共服务系统建设的技术路线图。

　　从信息资源组织的角度上看，这三大块则是涉及政府信息资源组织的三个层面，分别对应着理论、规范和方法，展现的是政府电子公共服务供给研究的完整的叙事框架。其中，理论层面主要研究政府电子公共服务的基本规律和理论资源，为规范和方法层面提供理论依据以及操作和实施指南；规范层面通过提供理论资源和基础条件作为实施依据，通过设计和描述逻辑基础为操作和实

---

① 房质文，张锐昕. 管理软件程序设计方法［M］. 长春：吉林人民出版社，1997：26.
② 房质文，张锐昕. 管理软件程序设计方法［M］. 长春：吉林人民出版社，1997：26.

施提供一系列规则和标准，是政府电子公共服务系统开发的责任主体（只是政府）和实施主体（不只政府）必须共同遵守的规范；而方法层面则包括针对现实问题的愿景目标的设计以及实施愿景目标的路径策略的选择，是实现政府电子公共服务的具体技术方法，其作用是按照规范要求进行操作，建设与政府电子公共服务供给愿景目标一致的政府电子公共服务系统。方法层面研究的重点是政府公共服务与信息技术结合的问题，要求不断根据信息环境和信息技术的变化，对政府电子公共服务系统进行创新，以应对复杂多变的行政环境和日益攀升的服务需求。

论文主体部分分为四个主要单元，对应地，有五个模块的结论性观点陈述如下：

① 政府电子公共服务的概念特点模块包括内涵界定、内容范围和主要特点三个部分。

首先，为便于明晰政府电子公共服务系统开发的责任主体（只是政府）和实施主体（不只政府）的合作模式，并理顺多元供给机制中各主体之间内在的逻辑关系，我们基于多角度解释法，如物品解释法、利益解释法、主体解释法、价值解释法、内容解释法和职能解释法等已有研究基础，从供给主体（用户）的角度考虑，对既有的公共服务的内涵作出广义的、相对狭义的和更为狭义的层次上的区分，在具体阐明不赞同后两种内涵界定的理由之后，提出政府公共服务应是政府直接提供的，或安排、主导并联合其他组织提供的公共产品和公共服务的总称；认同"所谓电子公共服务，就是政府及其他公共服务机构通过现代通信技术和网络技术等电子化手段，使公共服务得到充分实现的过程和结果"[①]；界定政府电子公共服务的内涵是指政府应用信息技术和网络，直接提供的，或安排、或主导并联合其他组织提供的公共产品和公共服务的过程和结果。

其次，归纳各国学者有关政府电子公共服务的内容范围的各项研究成果，从服务对象、服务内容、发展阶段、服务平台、服务性质、服务提供方式、服务提供过程中信息的传导方向、服务涉及的部门等方面对政府电子公共服务予以分类，指出这些分类存在过于笼统和可操作性不强的问题，易致实践无序而

---

①李传军. 电子公共服务：电子政府发展的方向［J］. 行政管理改革，2010（3）：60-63.

操作无所依从，建议政府电子公共服务内容范围拓展应采取基本理念、实现路径、具体措施等实施路径，并依从实现内容、实现顺序、条件准备方面的原则确定操作策略。

最后，政府电子公共服务的主要特点包括供给主体的去中心化、服务规程的标准化、服务过程的可控性、服务结果的无差别性、服务需求的可预测性等。

② 政府电子公共服务供给的逻辑模型模块主要包括需求模型、关系模型和过程模型三个部分。

该部分主要遵循"对系统目标有用"的原则和逻辑，找出需求模型、关系模型和过程模型中对政府电子公共服务系统建设最有用的关键性部分，再对这些关键性的逻辑模型逐一进行描画、阐释和规制，为"由谁在什么时候什么地点通过什么提供什么样的政府电子公共服务，以及为什么提供和怎么提供"问题提供解决方案。

③ 政府电子公共服务供给的基础条件模块除了包括理论资源之外，还包括技术基础和政府基础两方面条件。

理论资源至少应涵盖新公共管理、新公共服务、治理理论、协同政府、项目管理、客户关系管理、信息管理以及知识管理等领域的相关观点、知识和方法；技术基础至少应包括基础设施、应用系统和信息资源等方面；政府基础则应至少应涵盖理念基础、体制基础和人力资源基础等前提条件。

④ 政府电子公共服务供给的现实问题模块主要包括现状描述和问题分析两个部分。

首先，选取我国的除台湾省之外的33个省级政府门户网站进行近乎全样本的网络调研，全面考察它们的政府电子公共服务供给情况。调研得到的政府电子公共服务的总体情况是：在服务对象方面，主要面向个人和法人；在服务手段方面，主要采用电子手段与传统手段相结合；在服务功能方面，已能提供相当丰富的功能内容；在服务内容方面，主要涉及信息服务和办事服务；在服务产出方面，形式和有效性方面有待完善；在服务形式方面，已能提供多语种浏览及无障碍浏览。

其次，分析33个省级政府门户网站在政府电子公共服务供给的服务对象和手段、服务功能和内容、服务过程及其成果、服务产出及其形式等方面存在的共性问题，即：在服务对象和手段方面，对象分类不尽一致，手段并用未予便利提供，难以达成用户良好体验；在服务功能和内容方面，无法做到彻底的在线服务，一些服务内容仍需依赖实体大厅人工办理；在服务过程及其成果方面，鲜有行进轨迹及成果呈现，全流程可视、追踪和问责机制阙如；在服务产出及其形式方面，仍有栏目无效、链接无效、产出无效现象，难以满足服务对象需求。同时，在此基础上，为寻求政府电子公共服务效能难以有效发挥的深层原因，对在中国电子政务建设方面居于前列、有典型意义的深圳市的一些有代表性的政府部门进行实地走访调研，旨在摸清他们解决问题过程中遇到的关键性障碍因素，获得有关问题成因的权威性解答。具体来说，问题成因可以归结为：思维和观念、体制和机制、方式和模式三个方面。

⑤ 政府电子公共服务供给的路径策略模块主要研究内容愿景目标和策略选择两个部分。

首先，从服务对象和手段的包容性、服务功能和内容的彻底性、服务过程及其成果的可及性、服务产出及其形式的有效性四个方面描绘了愿景目标。

其次，针对前瞻性愿景目标探讨可行、有效的路径和策略，提出的具体路径和策略包括"以公平为基准建设信息基础设施，配以多样化手段，提供包容性服务""以服务对象为中心配置功能内容，针对个性化需求，输出彻底性服务""以流程为主线追溯数据运行轨迹，实施监督控制问责，保障过程及其成果可视可控""以问题为导向创新服务产出形式，依靠体制机制模式创新，推送有效性服务"。

总结上述研究的创新点，主要体现在四个方面：

① 对政府电子公共服务内涵的界定，建立在充分的文献研究和学理分析的基础之上，其创新意义在于：充分汲取了学术界前辈的研究成果，在比较分析的基础上，综合汲取了其中的有益元素，又大胆摒弃了其中的不合理元素，并对相关提法的合理性进行了分析说明。已就此撰写和发表了国内第一篇专论政府电子公共服务的内涵和外延界定的论文，发表在《行政论坛》上。

② 本书关于政府电子公共服务的内容范围的讨论，总括了服务对象、服务内容、发展阶段、服务平台、服务性质、服务提供方式、服务提供过程中信息的传导方向、服务涉及的部门等多个方面的分类，是在对国内外有关政府电子公共服务的内容范围方面的成果进行广泛搜集、比较的基础上所做的系统全面的阐述。其创新价值在于，在论述中系统运用了互联网时代最先进的思维、理

念和技术成果，与国家"互联网＋"行动策略的目标追求是一致的。该项研究成果发表在国家"互联网＋"行动方案出台之前，说明该项研究走在了实践探索之前。

③在从概念模型到物理模型转换的过程中，逻辑模型是其中的转换工具和嫁接桥梁，逻辑模型的构建是电子政务领域的主要研究问题，其所聚焦的解决方案之重要性和必要性不言而喻。由于逻辑模型建立既涉及理论知识又涉及工程化的方法，实际上是把管理学、信息科学、计算机科学等多学科领域的理论知识和方法充分融合在一起运用，涉及跨学科的问题和多学科的融合，有相当的难度。虽然我们所做的模型设计尚属简要，但其贡献在于找到了"由谁在什么时候什么地点通过什么提供怎样的政府电子公共服务，以及为什么提供和如何提供"问题的路径。这对于从事电子政务研究的学者和具体实践的工作人员实际开发模型具有参考价值。

④以我国省级政府门户网站为调研对象，通过对政府电子公共服务供给的基本要素——服务对象、服务手段、服务功能、服务内容、服务过程、服务成果、服务产出、服务形式进行系统全面的调研、阐述，全面分析了除台湾省之外的近乎全样本的省级政府门户网站在政府电子公共服务供给方面存在的共性问题。在此基础上，得到了产生这些问题的深层次原因的权威性解答，并针对中国政府电子公共服务供给中的现存问题及其成因，提出了以服务对象和手段的包容性、服务功能和内容的彻底性、服务过程及其成果的可及性、服务产出及其形式的有效性等为愿景目标，并据此提出以"以公平为基准建设信息基础设施，配以多样化手段，提供包容性服务""以服务对象为中心配置功能内容针对个性化需求，输出彻底性服务""以流程为主线追溯数据运行轨迹，实施监督控制问责，保障过程及其成果可视可控""以问题为导向创新服务产出形式，依靠体制机制模式创新，推送有效性服务"为路径的可行策略，这是对现有相关研究成果进行系统归纳和整合后取得的具有创新意义的研究成果。

参 考 文 献

一、政策、法规及标准

1. 国家发展改革委关于印发"十三五"国家政务信息化工程建设规划的通知（发改高技〔2017〕1449号）〔Z〕. 2017-08-24.

2. 吉林省人民政府办公厅关于加快推进农村广电网络升级改造工作的通知（吉政办明电〔2017〕38号）〔Z〕. 2017-07-20.

3. 国务院办公厅关于印发政府网站发展指引的通知（国办发〔2017〕47号）〔Z〕. 2017-05-15.

4. 网络产品和服务安全审查办法（试行）〔Z〕. 2017-05-02.

5. 互联网新闻信息服务管理规定〔Z〕. 2017-05-02.

6. 国务院办公厅关于进一步激发社会领域投资活力的意见（国办发〔2017〕21号）〔Z〕. 2017-03-07.

7. 国务院办公厅关于印发"互联网＋政务服务"技术体系建设指南的通知（国办函〔2016〕108号）〔Z〕. 2017-01-12.

8. 国家发展改革委办公厅关于组织实施2017年新一代信息基础设施建设工程和"互联网＋"重大工程的通知（发改办高技〔2016〕2710号）〔Z〕. 2016-12-16.

9. 国务院关于印发"十三五"国家信息化规划的通知（国发〔2016〕73号）〔Z〕. 2016-12-15.

10. 国务院关于印发"十三五"国家战略性新兴产业发展规划的通知（国发〔2016〕67号）〔Z〕. 2016-11-29.

11. 中华人民共和国网络安全法〔Z〕. 2016-11-07.

12. 中共中央办公厅，国务院办公厅印发《国家信息化发展战略纲要》（中办发〔2016〕48号）〔Z〕. 2016-07-27.

13. 国务院办公厅关于加快推进"五证合一、一照一码"登记制度改革的通知（国办发〔2016〕53号）〔Z〕. 2016-06-30.

14. 国务院办公厅关于成立政府购买服务改革工作领导小组的通知（国办

发〔2016〕48号）〔Z〕. 2016-06-21.

15. 国务院关于印发2016年推进简政放权放管结合优化服务改革工作要点的通知（国发〔2016〕30号）〔Z〕. 2016-05-23.

16. 国务院办公厅关于转发国家发展改革委等部门推进"互联网＋政务服务"开展信息惠民试点实施方案的通知（国办发〔2016〕23号）〔Z〕. 2016-04-26.

17. 李克强. 第十二届全国人民代表大会第四次会议，政府工作报告〔R〕. 2016-03-05.

18. 国务院办公厅关于简化优化公共服务流程方便基层群众办事创业的通知（国办发〔2015〕86号）〔Z〕. 2015-11-30.

19. 国务院关于印发促进大数据发展行动纲要的通知（国发〔2015〕50号）〔Z〕. 2015-08-31.

20. 国务院办公厅关于印发整合建立统一的公共资源交易平台工作方案的通知（国办发〔2015〕63号）〔Z〕. 2015-08-10.

21. 国务院关于积极推进"互联网＋"行动的指导意见（国发〔2015〕40号）〔Z〕. 2015-07-01.

22. 国务院办公厅转发财政部发展改革委人民银行关于在公共服务领域推广政府和社会资本合作模式指导意见的通知（国办发〔2015〕42号）〔Z〕. 2015-05-22.

23. 国家发展改革委办公厅关于做好制定"互联网＋"行动计划有关工作的通知（发改办高技〔2015〕610号）〔Z〕. 2015-03-25.

24. 李克强. 第十二届全国人民代表大会第三次会议，政府工作报告〔R〕. 2015-03-05.

25. 国务院关于规范国务院部门行政审批行为改进行政审批有关工作的通知（国发〔2015〕6号）〔Z〕. 2015-01-19.

26. 国务院办公厅关于加强政府网站信息内容建设的意见（国办发〔2014〕57号）〔Z〕. 2014-11-17.

27. 中共中央十八届三中全会关于全面深化改革若干重大问题的决定〔Z〕. 2013-11-12.

28. 国务院办公厅关于进一步加强政府信息公开回应社会关切提升政府公信力的意见（国办发〔2013〕100号）〔Z〕. 2013-10-18.

29. 国务院办公厅关于政府向社会力量购买服务的指导意见（国办发〔2013〕96号）〔Z〕. 2013-09-26.

30. 国务院关于促进信息消费扩大内需的若干意见（国发〔2013〕32号）〔Z〕. 2013-8-8.

31. 国家发展改革委关于加强和完善国家电子政务工程建设管理的意见（发改高技〔2013〕266号）〔Z〕. 2013-02-16.

32. 国家发展改革委，公安部，财政部，国家保密局，国家电子政务内网建设和管理协调小组办公室关于进一步加强国家电子政务网络建设和应用的通知（发改高科〔2012〕1986号）〔Z〕. 2012-07-06.

33. 国家发展改革委关于印发"十二五"国家政务信息化工程建设规划的通知（发改高技〔2012〕1202号）〔Z〕. 2012-05-05.

34. 国家工业与信息化部关于印发《国家电子政务"十二五"规划》的通知（工信部规〔2011〕567号）〔Z〕. 2011-12-12.

35. 国务院办公厅关于进一步加强政府网站管理工作的通知（国办函〔2011〕40号）〔Z〕. 2011-04-21.

36. 国务院三网融合工作协调小组办公室关于三网融合试点工作有关问题的通知（国协办函〔2010〕3号）〔Z〕. 2010-07-20.

37. 中华人民共和国国家质量监督检验检疫总局，中国国家标准化管理委员会. 政务信息资源目录体系第1部分总体框架（GB/T210631-2007）〔S〕. 2007-09-10.

38. 中华人民共和国政府信息公开条例（国务院令〔2007〕第492号）〔Z〕. 2007-04-05.

39. 中共中央办公厅、国务院办公厅关于转发《国家信息化领导小组关于推进国家电子政务网络建设的意见》的通知（中办发〔2006〕18号）〔Z〕. 2006-05-18.

40. 国家信息化领导小组关于印发《国家电子政务总体框架》的通知（国信〔2006〕2号）〔Z〕. 2006-03-19.

41. 中共中央办公厅，国务院办公厅关于印发《2006—2020年国家信息化发展战略》的通知（中办发〔2006〕11号）〔Z〕. 2006-03-19.

42. 国家标准化管理委员会国家信息化工作办公室. 电子政务标准化指南〔S〕. 2005-10.

43. 中共中央办公厅，国务院办公厅关于加强信息资源开发利用工作的若干意见（中办发〔2004〕34号）〔Z〕. 2004-12-12.

44. 中华人民共和国电子签名法（2019年修正）〔Z〕. 2019-04-23.

45. 中共中央办公厅，国务院办公厅关于转发《国家信息化领导小组关于加强信息安全保障工作的意见》的通知（中办发〔2003〕27号）〔Z〕．2003-09-07．

46．中共中央办公厅，国务院办公厅关于转发《国家信息化领导小组关于我国电子政务建设指导意见》的通知（中办发〔2002〕17号）〔Z〕．2002-08-05．

二、著作

1．约翰·D．多纳休，理查德·J．泽克豪泽．合作：激变时代的合作治理〔M〕．徐维，译．北京：中国政法大学出版社，2015．

2．王雪原，董媛媛，徐岸峰．知识管理〔M〕．北京：化学工业出版社，2015．

3．俞可平．论国家治理现代化（修订本）〔M〕．北京：社会科学文献出版社，2015．

4．叶响裙．公共服务多元主体供给：理论与实践〔M〕．北京：社会科学文献出版社，2014．

5．弗雷德里克森．公共行政的精神（中文修订版）〔M〕．张成福，等，译．中国人民大学出版社，2013．

6．张锐昕．项目管理〔M〕．北京：清华大学出版社，2013．

7．齐格蒙特·鲍曼．全球化：人类的后果〔M〕．郭国良，徐建华，译．北京：商务印书馆，2013．

8．王浦劬，莱斯特·M.萨拉蒙，等．政府向社会组织购买公共服务研究——中国与全球经验分析〔M〕．北京：北京大学出版社，2012．

9．斯塔林．公共部门管理（第8版）〔M〕．常健，等，译．北京：中国人民大学出版社，2012．

10．陈振明．公共服务导论〔M〕．北京：北京大学出版社，2011．

11．黄恒学，张勇．政府基本公共服务标准化研究〔M〕．北京：人民出版社，2011．

12．王立华．电子政务概论〔M〕．西安：西安交通大学出版社，2011．

13．张锐昕．电子政府与电子政务〔M〕．北京：中国人民大学出版社，2011．

14．郑慧．加拿大公共服务改革研究：公共服务供给机制的重构〔M〕．北京：社会科学文献出版社，2011．

15. 珍妮特·V.登哈特，罗伯特·B.登哈特. 新公共服务：服务，而不是掌舵［M］.丁煌，译. 北京：中国人民大学出版社，2010.

16. 安德鲁·查德威克. 互联网政治学：国家、公民和新传播技术［M］.任孟山，译. 北京：华夏出版社，2010.

17. 曹剑光. 公共服务的制度基础［M］.北京：化学工业出版社，2010.

18. 胡广伟. 电子政务服务管理［M］.南京：南京大学出版社，2010.

19. 王英玮. 信息管理导论［M］.北京：中国人民大学出版社，2010.

20. 叶常林，金太军. 电子政务［M］.合肥：中国科学技术大学出版社，2010.

21. 张锐昕. 电子政府概论（第2版）［M］.北京：中国人民大学出版社，2010.

22. 张建华. 电子政务知识管理［M］.北京：科学出版社，2010.

23. 戴维·奥斯本，彼得·普拉斯特里克. 再造政府［M］.谭功荣，等，译. 北京：中国人民大学出版社，2010.

24. 申建军，刘智勇，等. 北京市行政服务体系建设研究［M］.北京：首都经济贸易大学出版社，2010.

25. 孙建军. 信息资源管理概论［M］.南京：东南大学出版社，2008.

26. 欧文·E.休斯. 公共管理导论（第3版）［M］.张成福，等，译. 北京：中国人民大学出版社，2007.

27. 汪向东，姜奇平. 电子政务行政生态学［M］.北京：清华大学出版社，2007.

28. 杨安. 电子政务理论与技术［M］.北京：清华大学出版社，2007.

29. 句华. 公共服务中的市场机制［M］.北京：北京大学出版社，2006.

30. 李军鹏. 公共服务型政府建设指南［M］.北京：中央党史出版社，2006.

31. 王语哲. 公共服务［M］.北京：中国人事出版社，2006.

32. 曾俊. 公共管理新论［M］.北京：人民出版社，2006.

33. 蔡立辉. 电子政务：信息时代的政府再造［M］.北京：中国社会科学出版社，2006.

34. 张泽忠，侯永平. 绩效导向的城市目标管理［M］.北京：中国社会出版社，2005.

35. 简·芳汀. 构建虚拟政府信息技术与制度创新［M］.邵国松，译. 北京：中国人民大学出版社，2004.

36. 张锐昕. 电子政府概论［M］.北京：中国人民大学出版社，2004.

37. 谢俊贵. 信息的富有与贫乏——当代中国信息分化问题研究［M］.北京：三联书店，2004.

38. 珍妮特·V.登哈特，罗伯特·B.登哈特. 新公共服务：服务，而不是掌舵［M］.丁煌，译. 北京：中国人民大学出版社，2004.

39. 赵国俊. 电子政务［M］.北京：电子工业出版社，2003.

40. 张纲. 公共管理学引论［M］.杭州：浙江大学出版社，2003.

41. 雅米尔·吉瑞赛特. 公共组织管理——理论和实践的演进［M］.李丹，译. 上海：上海译文出版社，2003.

42. 道格拉斯·霍姆斯. 电子政务［M］.詹俊峰，等，译. 北京：机械工业出版社，2003.

43. 戴维·H.罗森布鲁姆，罗伯特·S.克拉夫丘克，德博拉·戈德曼·罗森布鲁姆. 公共行政学：管理、政治和法律的途径（第5版）［M］.张成福，等，校译. 北京：中国人民大学出版社，2002.

44. 商红日. 政府基础论［M］.北京：经济日报出版社，2002.

45. E.S.萨瓦斯. 民营化与公私部门的伙伴关系［M］.周志忍，等，译. 北京：中国人民大学出版社，2002.

46. B. 伊. 彼得斯. 政府未来的治理模式［M］.吴爱明，等，译. 张成福校. 北京：中国人民大学出版社，2001.

47. 张成福，党秀云. 公共管理学［M］.北京：中国人民大学出版社，2001.

48. 詹姆斯·N.罗西瑙. 没有政府统治的治理［M］.张胜军，等，译. 南昌：江西人民出版社，2001.

49. 迈克尔·麦金尼斯. 多中心体制与地方与地方公共经济［M］.毛寿龙，等，译. 北京：三联书店，2000.

50. 俞可平. 治理与善治［M］.北京：社会科学文献出版社，2000.

51. 房质文，张锐昕. 管理软件程序设计方法［M］.长春：吉林人民出版社，1997.

三、论文

（一）中文论文

1. 刘新萍，袁佳蕾，郑磊. 地方政府数据开放准备度研究：框架与发现［J］. 电子政务，2019（9）：2-11.

2. 叶千红，王玉荣. 电子医疗：现状问题及政府治理策略［J］. 电子政务，2017（10）：29-37.

3. 赵玉林. 协同整合：互联网治理碎片化问题的解决路径分析——整体性治理视角下的国际经验和本土实践［J］. 电子政务，2017（5）：52-60.

4. 王瑞雪. 论行政法上的治理责任［J］. 现代法学，2017（4）：33-39.

5. 朱锐勋. 英美国家电子公共服务发展战略比较及启示［J］. 行政与法，2017（4）：24-30.

6. 程秀英，孙柏瑛. 社会资本视角下社区治理中的制度设计再思考［J］. 中国行政管理，2017（4）：53-58.

7. 朱慈蕴，沈朝晖. 不完全合同视角下的公司治理规则［J］. 法学，2017（4）：149-157.

8. 杨国栋，吴江. 电子治理的概念特征、价值定位与发展趋向［J］. 上海行政学院学报，2017（3）：64-70.

9. 谢星全. 基本公共服务质量：一个系统的概念与分析框架［J］. 中国行政管理，2017（3）：68-72.

10. 张星久，官茂元. 再探"利维坦"：基于公共治理的考察视角［J］. 社会科学论坛，2017（3）：175-184.

11. 张雅勤. 公共性的扩散、阻滞与疏浚——从"购买服务"到"多元合作"的演变逻辑［J］. 江海学刊，2017（1）：114-121.

12. 霍卓莉. "互联网＋"视域下政府公共服务创新［J］. 岭南师范学院学报，2017（1）：63-70.

13. 胡凌琳，吴炜. "互联网＋"助推城市智能化公共服务平台的建设［J］. 商，2016（13）：44.

14. 郭丽娜，郝勇，吴瑞君. "互联网＋养老服务"：O2O模式的养老服务供需平台构建［J］. 电子政务，2016（10）：17-24.

15. 何书瑶. 基于知识管理的电子政务研究进展［J］. 黑龙江科技信息，2016（11）：174-176.

16．佟德志，刘小溪．网络治理模式中的聚合与复合［J］．探索与争鸣，2016（9）：102–106.

17．谭浩娟，刘硕．我国公共服务水平评价及影响因素研究［J］．统计与决策，2016（8）：91–94.

18．于跃．"问题导向，创新服务"该如何破解［J］．电子政务，2016（8）：14–16.

19．张锐昕．电子政府概念的演进：从虚拟政府到智慧政府［J］．上海行政学院学报，2016（6）：4–13.

20．顾平安．发达国家电子政务发展趋势［J］．新重庆，2016（7）：47–48.

21．孟川瑾．"互联网＋政务服务"：以数据为核心的政务改革［J］．中国行政管理，2016（7）：12.

22．朱琳．"互联网＋"背景下国家电子政务服务问题［J］．中国信息安全，2016（7）：34–36.

23．周毅，吉顺权．网络空间多元主体协同治理模式构建研究［J］．电子政务，2016（7）：2–11.

24．林庆．"互联网＋"时代政府电子公共服务供给面临的问题及对策［J］．机构与行政，2016（6）：13–17.

25．黄璜．微政务：一种嵌入式的治理初探［J］．行政论坛，2016（6）：42–46.

26．董杨，句华．政府购买公共服务质量保障问题研究［J］．中国行政管理，2016（5）：43–47.

27．余坦，王益民．电子政务公共价值生成机制研究［J］．行政与法，2016（5）：1–9.

28．徐明．电子政务网络安全风险分析及控制策略研究［J］．商业故事，2016（4）：113–114.

29．韩兆柱，翟文康．西方公共治理前沿理论述评［J］．甘肃行政学院学报，2016（4）：23–39，126–127.

30．张锐昕，阎宇，谢微，李汝鹏．"互联网＋"对政府治理的挑战［J］．电子政务，2016（3）：44–50.

31．徐晓林，李卫东．智慧治理：国家治理能力现代化的重大变革［J］．智慧城市，2016（1）：11–16.

32．李展．"互联网＋"背景下的电子政务系统建设探析［J］．秘书，

2015（12）：21-23.

33. 张锐昕，张贝尔. 电子政府信用及其构成要素解析［J］. 电子政务，2015（11）：1-5.

34. 周业柱，潘琳. 地方政府治理研究评析［J］. 学术界，2015（11）：232-238.

35. 王璟璇，杨道玲. 国际电子政务发展趋势及经验借鉴［J］. 电子政务，2015（4）：24-30.

36. 臧超，李婷. 互联网＋背景下政府电子公共服务研究［J］. 科技资讯，2015（32）：214，216.

37. 陈志敏，张明，司丹. 中国的PPP实践：发展、模式、困境与出路［J］. 国际经济评论，2015（4）：68-84，5.

38. 娄兆锋，曹冬英. 公共服务导向中基本公共服务与非基本公共服务之研究［J］. 中国行政管理，2015（3）：102-106.

39. 王世伟. 论信息安全、网络安全、网络空间安全［J］. 中国图书馆学报，2015（2）：72-84.

40. 张玲，李颖. 利用新兴信息技术助力政府治理能力现代化［J］. 电子政务，2015（1）：83-89.

41. 张莹. 城乡公共服务均等化制度障碍与破解——基于社会结构和治理能力的视角［J］. 人民论坛，2014（34）：155-157.

42. 周红岩. 中国政府电子化公共服务障碍与对策研究［J］. 经济研究导刊，2014（30）：263-264.

43. 张尧，杨樱. 地方政府G2C电子化公共服务满意度的结构方程模型研究［J］. 经济研究导刊，2014（15）：166-169.

44. 李传军，马凯. 电子公共服务中的信息弱势群体问题研究［J］. 电子政务，2014（12）：53-60.

45. 孙伟晔，袁飚. 云模式下政府公共服务平台的探索实践［J］. 电子政务，2014（9）：142-147.

46. 秦浩. 电子治理的概念界定［J］. 电子政务，2014（8）：38-45.

47. 张锐昕，董丽. 公共服务质量：特质属性和评估策略［J］. 北京行政学院学报，2014（6）：8-14.

48. 赵英. 政府电子公共服务系统的用户接受影响因素研究——基于成都市的实证分析［J］. 四川大学学报：哲学社会科学版，2014（6）：109-115.

49. 郑跃平，HindyL. Schachter. 电子政务到数字治理的转型：政治、行政与全球化——评DigitalGovernance：NewTechnologiesforImprovingPublicServiceandParticipation［J］.公共行政评论，2014（1）：170-177.

50．戴焰军.从"管理就是服务"向"服务就是管理"转变［J］.人民论坛，2013（S2）：76.

51．朱红灿.国外公共服务渠道策略与进展研究综述［J］.中国行政管理，2013（11）：119-122.

52．蔡翠红.国家-市场-社会互动中网络空间的全球治理［J］.世界经济与政治，2013（9）：90-112，158-159.

53．翁士洪，顾丽梅.治理理论：一种调适的新制度主义理论［J］.南京社会科学，2013（7）：49-56.

54．张艾荣.政府电子服务供应链模式设计与运作机制研究［J］.中国社会科学院研究生院学报，2013（6）：44-48.

55．张志明，刘铸.浅议省级政务信息资源目录体系建设［J］.信息系统工程，2013（3）：39-41.

56．杨国栋，张锐昕.电子政府的发展趋势、实施模型与构建战略——一个文献综述［J］.中共天津市委党校学报，2013（2）：65-71.

57．张锐昕.电子化政府绩效评估系统的角色和功用初探［J］.江苏行政学院学报，2013（1）：107-112.

58．李健，王紫薇，张锐昕.政府电子公共服务供给的实践技术基础解析［J］.电子政务，2012（12）：39-46.

59．张康之，向玉琼.领域分离与融合中的公共服务供给［J］.江海学刊，2012（6）：99-106.

60．宁靓.英国地方政府公共服务外包发展的评析与启示［J］.中国海洋大学学报（社会科学版），2012（4）：85-89.

61．王继荣.管制、管理、服务——论现代政府职能的复合性［J］.甘肃理论学刊，2012（4）：113-118.

62．杨清望.公共服务的"意义"探析与内容重构［J］.法律科学（西北政法大学学报），2012（4）：99-111.

63．孙宝文，王天梅，涂艳.面向公共服务的国外电子政务研究述评［J］.国家行政学院学报，2012（1）：111-114.

64．李章程.欧洲电子政府公共服务研究［J］.图书情报工作，2011（23）：110-116.

65．瞿鸿雁.我国政府网站电子化公共服务现状及对策建议［J］.经营管理者，2011（15）：71-72.

66. 张铠麟，黄磊. 发达国家政府信息化最新发展及对我国的启示［J］. 生产力研究，2011（10）：156-158.

67. 王建玲，邱广华. 公共部门电子服务质量评价研究［J］. 中国行政管理，2011（7）：34-37.

68. 殷利梅. 新加坡电子政务总体规划（2011-2015）及启示［J］. 信息化建设，2011（11）：38-41.

69. 李乐乐，陆敬筠. 基于TAM的电子公共服务接受模型及实证研究［J］. 情报科学，2011（10）：1509-1513，1528.

70. 李章程. 欧洲电子政府公共服务的测评及启示［J］. 北京档案，2011（9）：50-52.

71. 王璟璇，于施洋，杨道玲，张勇进. 电子政务顶层设计：国外实践评述［J］. 电子政务，2011（8）：8-18.

72. 罗震东，韦江绿，张京祥. 城乡基本公共服务设施均等化发展的界定、特征与途径［J］. 现代城市研究，2011（7）：6-13.

73. 孔新峰，宋雄伟. 论英国"协同政府"的理念及对中国的启示［J］. 行政与法，2011（6）：8-11.

74. 张锐昕，杨国栋. 电子政府构建的政府基础：涵义、特征和构成［J］. 山东大学学报哲社版，2011（5）：48-53.

75. 张锐昕. 电子政府内涵的演进及其界定［J］. 社会科学辑刊，2011（5）：48-51.

76. 吕普生. 公共物品属性界定方式分析——对经典界定方式的反思与扩展［J］. 学术界，2011（5）：73-78.

77. 何云峰，孟祥瑞. 政府对新生社会组织的催化与公共服务社会化［J］. 上海师范大学学报：哲学社会科学版，2011（4）：11-19.

78. 江依妮. 英国集权财政下公共服务供给的分析与启示［J］. 当代财经，2011（4）：37-45.

79. 陈奇星，胡德平. 政府公共服务方式的多元化选择：趋势与策略［J］. 上海行政学院学报，2011（3）：31-39.

80. 赵景来. 政府创新与建设公共服务型政府研究述略［J］. 天津社会科学，2011（3）：79-82.

81. 井西晓. 我国电子化公共服务实现的路径［J］. 学习月刊，2011（2）：32-33.

82. 陈云. 电子政务多渠道递送公共服务——对澳大利亚Centrelink的案例研究［J］. 云南行政学院学报，2011（1）：132-135.

83. 赵雪峰. 国外推进电子政务公共服务的经验与启示［J］. 科技致富向导，2010（33）：203+209.

84. 顾严. "十二五"亟需理顺公共服务需求表达机制［J］. 中国经贸导刊，2010（12）：24-25.

85. 柳大伟，刘振夏，杨帅. 政府公共服务电子化的SWOT分析［J］. 中国商界（上半月），2010（12）：361，360.

86. 李传军. 电子公共服务：电子政府发展的方向［J］. 行政管理改革，2010（3）：60-63.

87. 张坤，付林. 打造服务型政府理念的思考［J］. 商业经济，2010（3）：35-36.

88. 陆敬筠，仲伟俊，梅姝娥. 电子公共服务公众满意度测评模型及实证研究［J］. 情报学报，2010（1）：151-158.

89. 刘燕，陈英武，周长峰. 电子政务公众服务与公众满意度测评研究［J］. 经济研究导刊，2009（7）：193-195.

90. 董礼胜，雷婷. 国外电子政务最新发展及前景分析［J］. 中国社会科学院研究生院学报，2009（6）：5-14.

91. 左忠武，徐辉. 新公共管理视角下的政府管理方式创新［J］. 合作经济与科技，2009（5）：102-103.

92. 赵建宏. 服务型电子政府的实践与思考［J］. 中国行政管理，2009（4）：82-83.

93. 胡广伟，仲伟俊，梅姝娥. 电子公共服务战略规划方法研究及实证［J］. 管理科学学报，2008（3）：35-48.

94. 张成福. 变革时代的中国政府改革与创新［J］. 中国人民大学学报，2008（5）：1-10.

95. 国家行政学院课题组. 关于公共服务体系和服务型政府建设的几个问题（上）［J］. 国家行政学院学报，2008（4）：8-12，90.

96. 戴鸿. 地方政府公共服务电子化初探［J］. 福州党校学报，2008（5）：46-48.

97. 程刚，郭东强. 略论电子政务与知识管理的关系［J］. 市场周刊，2008（3）：92-94.

98. 赵生辉，汤志伟. 基于KANO—SPD矩阵的政府电子化公共服务公众需求分析模型［J］.电子政务，2007（12）：29-36.

99.石怀成，黄鹏，杨志维.国外推行电子政务公共服务的重点做法［J］.信息化建设，2007（9）：42-45.

100.石怀成，黄鹏，杨志维.国外推行电子政务公共服务的主要理念［J］.信息化建设，2007（7）：35-38.

101.盛宇，刘俊熙.数据挖掘在政府电子化公共服务中的应用［J］.情报杂志，2007（7）：88-90.

102.淮建军，刘新梅.公共服务研究：文献综述［J］.中国行政管理，2007（7）：96-99.

103.许永涛，王延章，陈雪龙.一种基于元数据管理的柔性电子政务系统模型研究［J］.计算机应用研究，2007（4）：77-80.

104.余世喜.公共服务型政府的内涵及其基础分析［J］.暨南学报（哲学社会科学版），2007（3）：1-5.

105.张向宏，张少彤，王明明.中国政府网站的三大功能定位——政府网站理论基础之一［J］.电子政务，2007（3）：16-20.

106.薛冰.公共行政与自主治理的良性互动——公共管理的现代发展趋势［J］.人文杂志，2007（2）：59-64.

107.沈荣华，杨国栋.论"一站式"服务方式与行政体制改革［J］.中国行政管理，2006（10）：27-30.

108.许芳.基于客户关系管理的政府电子服务理念探讨［J］.理论月刊，2006（10）：61-63.

109.孔繁玲.构建电子治理运行机制探析［J］.学习与探索，2006（6）：70-72.

110.郭蕊.国内外项目管理研究的理论、框架及其进展［J］.现代管理科学，2006（5）：27-29.

111.黄澜.电子政务建设应重视人力资源管理［J］.信息化建设，2006（3）：18-20.

112.黄璜.电子治理：超越电子政务的新范式［J］.江苏社会科学，2006（S2）：49-51.

113.刘绛华.论我国社会公共管理方式的转型［J］.求实，2005（11）：66-69.

114.李靖华.政府一站式服务研究综述［J］.科技进步与对策，2005（9）：195-197.

115．张锐昕．建立电子政务评估制度的动因［J］．社会科学战线，2005（4）：181-184．

116．周斌．客户关系管理对电子政务的借鉴［J］．同济大学学报（社会科学版），2005（4）：109-114，119．

117．邱均平，文庭孝，张蕊，张洋．论知识管理学的构建［J］．中国图书馆学报，2005（3）：11-16．

118．柯红波．浅析建设公共服务型政府的观念障碍及矫正［J］．成都行政学院学报，2005（3）：6-8．

119．迪特·格伦诺．德国公共服务的特点及未来发展［J］．继红，译．马克思主义与现实，2005（2）：48-54．

120．王立清．我国政府电子化公共服务现状与发展趋势［J］．情报资料工作，2005（2）：61-64．

121．马庆钰．关于"公共服务"的解读［J］．中国行政管理，2005（2）：78-82．

122．曾国平，龚桢梏．论电子政务与公共部门人力资源开发与管理［J］．重庆大学学报（社会科学版），2005（2）：114-116．

123．傅兵．澳大利亚电子政府的特点［J］．江苏农村经济，2005（1）：58-59．

124．马庆钰．公共服务的几个基本理论问题［J］．中共中央党校学报，2005（1）：58-64．

125．赵黎青．什么是公共服务［J］．中国人才，2004（12）：37．

126．孟春，陈昌盛，王婉飞．在结构性改革中优化公共服务［J］．国家行政学院学报，2004（4）：21-25．

127．王冀明．电子政府属性简析［J］．河南教育学院学报（哲学社会科学版），2004（3）：67-69．

128．吴江，等．中国电子政务进行中的对策轨迹参照——国外电子政务的发展［J］．电子政务，2004（Z2）：25-26，132-133．

129．姜奇平，汪向东．行政环境与电子政务的策略选择［J］．中国社会科学，2004（2）：81-83．

130．高家伟．论电子政务的理论基础：以"价值支配科技"的基本观念为核心［J］．行政法学研究，2004（1）：7-12．

131．李军鹏．论中国政府公共服务职能［J］．国家行政学院学报，2003（4）：29-31．

132．杨凤春．实施电子政务的政府基础（二）［J］．信息化建设，2003（4）：17-18.

133．杨凤春．实施电子政务的政府基础（一）［J］．信息化建设，2003（3）：19-20.

134．孙国锋．电子政务发展七大趋势［J］．信息系统工程，2003（1）：20-21.

135．许芳．现代企业管理中的CRM［J］．决策借鉴，2002（1）：38-42.

136．张锐昕，黄波．面向21世纪国家公务员的科技素质［J］．社会科学战线，2001（4）：210-216.

137．丁元竹．平台政府：政府流程再造的新趋势［N］．北京日报，2017-06-19（014）.

138．李德．公共服务供给应注重"耦合度"［N］．人民日报，2015-12-22（005）.

139．刘红波．一站式政府研究：以公共服务为视角［D］．吉林大学，2011.

140．郭军华．我国政府电子公共服务中存在的问题及对策研究［D］．郑州大学，2010.

141．杨晓君．电子政务公共服务体系结构研究［D］．贵州大学，2008.

142．邓崧，崔运武．现代公共管理理论与电子政务［A］．中国管理现代化研究会．第三届（2008）中国管理学年会——会计分会场论文集［C］．中国管理现代化研究会：中国管理现代化研究会，2008：898-905.

（二）英文论文

1．Abanumy A, Al-Badi A, Mayhew P. e-Government Website Accessibility: In-Depth Evaluation of Saudi Arabia and Oman[J]. Electronic Journal of e-Government, 2005, 3(3): 99-106.

2．Accenture. eGovernment Leadership: High Performance, Maximum Value[R]. Accenture, 2004.

3．Ajay Kr. Singh, Vandna Sharma. E-Governance and E-Government: A Study of Some Initiatives[J]. International Journal of eBusiness and eGovernment Studies, 2009, 1(1): 1-14.

4．Alfakhri M O, Cropf R A, Kelly P, et al. E-Government in Saudi Arabia: Between Promise and Reality[J]. International Journal of Electronic Government

Research, 2008, 4(2): 59-85.

5. Alhomod S M, Shafi M M. Best Practices in E Government: A Review of Some Innovative Models Proposed in Different Countries[J]. International Journal of Electrical & Computer Sciences, 2012, 12(1): 1-6.

6. Allen B A, Juillet L, Paquet G et al. E-Governance and Government On-line in Canada: Partnerships, People and Prospects[J]. Government Information Quarterly, 2001, 18(2): 93-104.

7. Andersen K V. E-government and public sector process rebuilding: dilettantes, wheel barrows, and diamonds[M]. Springer Science & Business Media, 2004.

8. Bertelsmann Stiftung. Balanced E-Government: E-Government–Connecting Efficient Administration and Responsive Democracy[R]. Bertelsmann Stiftung: Gütersloh, Germany, 2002.

9. Bock C. New Public Management und eGovernment[J]. VM Verwaltung & Management, 2004, 10(5): 234-240.

10. Canberra Connect: New One-Stop-Shop for Act Government Information and Transactions[EB/OL]. http: //www. egov. vic. gov. au/pdfs/ContACT. pdf.

11. Centre for Development Informatics of University of Manchester. A Better e-Government Maturity Model(iGovernment Briefing No. 9)[EB/OL]. http: // hummedia. manchester. ac. uk/institutes/gdi/publications/workingpapers/igov/short_ papers/igov_sp09. pdf.

12. Chandler, S, and Emanuels, S, Transformation Not Automation[A]. Proceedings of 2nd European Conference on E-Government[C]. St Catherine, College Oxford, UK, 2002: 91-102.

13. Christopher Pollitt. Joined-up Government: a Survey[J]. Political Studies Review, 2003(1): 34-49.

14. Cohn W A. Outsourced Civics: Robbery, Rupture and Repair[J]. The New Presence: The Prague Journal of Central European Affairs, 2011(4): 66-78.

15. Commission of European Communities. The European eGovernment Action Plan 2011-2015: Harnessing ICT to promote smart, sustainable & innovative Government[EB/OL]. http: //digital. austria. gv. at/DocView. axd?CobId=42033.

16. Commission of the European Communities. eEurope 2005: An information society for all[EB/OL]. http: //www. etsi. org/WebSite/document/aboutETSI/EC_

Communications/eEurope2005_actionPlan. pdf.

17. Commonwealth Telecommunications Organisation(2002). E-Government for Development Information Exchange Project Website[EB]. http: //www. egov4dev. org.

18. Conradie, D. P. Factors Impacting On The Success Of Ict enabled Government Multipurpose Community Centres (MPCCS) In Rural Areas Of South Africa[R]. Paper presented at the Global Business and Technology Associatio conference, Moscow, 2006.

19. David Brown. Electronic Government and Public Administration[J]. International Review of Administrative Sciences, 2005, 71(2): 241-254.

20. Davison R M, Wagner C, Ma L C K. From government to e-government: a transition model[J]. Information Technology & People, 2005, 18(3): 280-299.

21. European Commission. The Role of eGovernment for Europe's Future(the English version)[R]. Communication from the Commission to the Council, the European Parliament, the European Economic and Social Committee and the Committee of the Regions, 26 Sep, 2003.

22. Evans D, Yen D C. E-government: An analysis for implementation: Framework for understanding cultural and social impact[J]. Government Information Quarterly, 2005, 22(3): 354-373.

23. F. Elsofany H, Altourki T, Alhowimel H, et al. E-government in Saudi Arabia: Barriers, Challenges and its Role of Development[J]. International Journal of Computer Applications, 2012, 48(5): 16-22.

24. Fang Z. E-government in digital era: concept, practice, and development[J]. International journal of the Computer, the Internet and management, 2002, 10(2): 1-22.

25. Fasanghari, M. , H. Samimi. A Novel Framework for M-Government Implementation[A]. Proceedings of International Conference on Future Computer and Communications[C]. Los Alamitos: Ieee Computer Soc, 2009: 627-631.

26. Fifth Web-based Survey on Electronic Public Services[EB]. http: //europa. eu. int/information_society/eeurope/2005/index_en. html.

27. Fiorito B R, Kollintzas T. Public goods, merit goods, and the relation between private and government consumption[J]. European Economic Review, 2004, 48(6): 1367-1398.

28. Gartner Group. Key Issues in E-Government Strategy and Management[R]. Gartner Research, 23 May, 2000.

29. Glassey Developing a One-stop Government Data Model[J]. Government Information Quarterly, 2004, 21(2): 156-169.

30. Gouscos D, Kalikakis M, Legal M et al. A General Model of Performance and Quality for One-stop E-Government Service Offerings[J]. Government Information Quarterly, 2007, 24(4): 860-885.

31. Howard, M. E-government across the globe: how will "e" change government?[J]. Government Finance Review, 2001, 17(4): 6-9.

32. Herbert Kubicek, Martin Hagen. One-Stop Government in Europe: An Overview[EB/OL]. http: //www. egov. vic. gov. au/pdfs/OneStop. pdf.

33. Hill H. Transformation of the administration by e-government[EB/OL]. https: //difu. de/publikationen/transformation-of-the-administration-by-e-government. html.

34. Hill H. Electronic Government-Strategie zur Modernisierung von Staat und Verwaltung[J]. Aus Politik und Zeitgeschichte, B, 2002, 39(40): 24-36.

35. Ho T K. Reinventing Local Governments and the E－Government Initiative[J]. Public Administration Review, 2002, 62(4): 434-444.

36. Horst M, Kuttschreuter M, Gutteling J M. Perceived Usefulness, Personal Experiences, Risk Perception and Trust as Determinants of Adoption of E-Government Services in The Netherlands. Computers in Human Behavior[J]. Government Information Quarterly, 2007, 23(4): 1838-1852.

37. Howard M. E-Government across the Globe: How Will "e" Change Government?[J]. Government Finance Review, 2001, 17(4): 6-9.

38. Hung SY, Chang CM and Yu T. Determinants of User Acceptance of the E-Government Services: the Case of Online Tax Filing and Payment System[J]. Government Information Quarterly, 2006, 23(1): 97-122.

39. IDABC. European Interoperability Framework for Pan-European E-Government Services. European Commission, IDABC Programme Version1. 0[EB]. http: //europa. eu. int/idabc/en/document/3761.

40. iGov2010 Project Steering Committee. From integrating services to integrating government[EB/OL]. http: //workspace. unpan. org/sites/internet/ Documents/UNPAN032991. pdf.

41. Information Technology Services Division and Department of Administration of the Montana State. Examination of the Delivery of E–Government Services[R]. 2006.

42. Kazemi M, Gharibi M, Mosammam H M, et al. The effect of E-government service quality on public trust: Case study: Saanat o Madan Bank of Iran[J]. Bankacılık ve Sigortacılık Araştırmaları Dergisi, 2015, 2(7-8): 4-18.

43. Kelly, T. Unlocking the Iron Cage: Public Administration in the Deliberative Democratic Theory of Jurgen Habermas[J]. Administration and Society, 2004, 36(1): 38-61.

44. Khalid A. Fakeeh. The E-Governance (E-GOV) Information Management Models[J]. International Journal of Applied Information Systems, 2016, 11(1): 10-16.

45. Khattab A A, Alshalabi H, Alrawad M, et al. The Effect of Trust and Risk Perception on Citizen's Intention to Adopt and Use E-Government Services in Jordan[J]. Journal of Service Science & Management, 2015, 8(3): 279-290.

46. Koen Zweers and Kees Planque. Electronic government in the US. From an organization-based perspective towards a client oriented approach[J]. Law and electronice commerce, 2001, 12: 91-120.

47. Kolsoom Abbasi. Shahkooh, Ali Abdollahi, Mehdi Fasanghari, Mohammad Azadnia. A Foresight based Framework for E-government Strategic Planning[J]. Journal of Software, 2009, 4(6): 544-548.

48. Kostopoulos G K. E-Government in the Arabian Gulf: A Vision toward Reality[EB/OL]. http: //ai2-s2-pdfs. s3. amazonaws. com/1d30/461707be12f7713afe 51a2677d9633db9525. pdf.

49. Kristjan Vassil. Estonian e-Government Ecosystem: Foundation, applications, outcomes [EB/OL]. http: //pubdocs. worldbank. org/en/165711456838073531/ WDR16-BP-Estonian-eGov-ecosystem-Vassil. pdf.

50. L. Scardino. et. al. E-Government and External Services Providers[R/OL]. Gartner Report. www. Gartner. com.

51. Lambrou, M. A. Advancing the one-stop shop e-government paradigm[A]. Proceedings of the IEEE International Engineering Management Conference on Managing Technologically Driven Organizations: The Human Side of Innovation and Change[C]. IEEE, 2003: 489-493.

52. Layne, K. and J. Lee. Developing fully functional E-government: a four

stage model[J]. Government Information Quarterly, 2001, 18(2): 122-136.

53. Magoutas B, Halaris C, Mentzas G. An ontology for the multi-perspective evaluation of quality in e-Government services[A]. Electronic Government: 6th International Conference, EGOV 2007, Regensburg, Germany, September 3-7, 2007, Proceedings[C]. Berlin, Heidelberg: Springer, 2007: 318-329.

54. Maria J. D' agostino, Richard Schwester, Tony Carrizales, James Melitski. A study of e-government and e-governance: an empirical examination of municipal websites[J]. Public Administration Quarterly, 2011, 35(1): 3-25.

55. Melitski J. The Adoption and Implementation of E-Government: the Case of E-Government in New Jersey[D]. New Jersey: The State University of New Jersey, 2002.

56. Mohd Ujaley. eGovernance is Good Governance[EB]. https: //search. proquest. com/docview/1520014913?rfr_id=info: xri/sid: primo.

57. Mohd Ujaley. Good Governance via eGovernance[EB]. https: //search. proquest. com/docview/1651178488?rfr_id=info: xri/sid: primo.

58. Musgrave, R. A. . Provision for Social Goods[A]. Public economics : an analysis of public production and consumption and their relations to the private sectors: Proceedings of a conference held by the International Economic Association[C]. London: McMillan, 1969: 124-144.

59. Nikolaidou M, Laskaridis G, Panayiotaki A, et al. Renovating Information Technology Infrastructure to Effectively Provide E-Services[J]. Research and Practical Issues of Enterprise Information Systems, 2006, 205: 353-358.

60. Nina Hachigian. Roadmap for E-Government in the Developing World——10 Question E-Government Leaders Should Ask Themselves[EB/OL]. http: //unpan1. un. org/intradoc/groups/public/documents/apcity/unpan005030. pdf.

61. Norris D F, Moon M J. Advancing E-Government at the Grassroots: Tortoise or Hare?[J]. Public Administration Review, 2005, 65(1): 64-75.

62. Office of Management and Budget. E-Government Strategy[R/OL]. http: //www. usa. gov/Topics/Includes/Reference/egov_strategy. pdf.

63. OMB. Federal Enterprise Architecture. Office of Management and Budget[EB]. http: //www. whitehouse. gov/omb/egov/a-1%1Efea.html.

64. Ostrom V, Ostrom E. Public Goods and Public Choices[A]. E. S. Savas (ed.). Alternatives for Delivering Public Services: Toward Improved Performance(1st

Edition)[C]. Boulder, CO: Westview Press, 1977: 7-49.

65. Oteniya, O. , Janowski, T. and Ojo, A. Government-Wide Workflow Infrastructure-Enabling Virtual Government Organizations[A]. Proceedings of IFIP TC5 WG 5. 5 Seventh IFlP Working Conference on Virtual Enterprises, PRO-VE 2006: Network-Centric Collaboration and Supporting Frameworks[C]. Boston: Springer, 2006: 573-580.

66. POGO. Bad Business: Billions of Taxpayer Dollars Wasted on Hiring Contractors[EB/OL]. http: //pogoarchives. org/m/co/igf/bad-business-report-only-2011. pdf.

67. Parasuraman A, Zeithaml V A, Berry L L. SERVQUAL: A multiple-item scale for measuring consumer perceptions of service quality[J]. Journal of Retailing, 1988, 64(1): 12-40.

68. Rachel Silcock. What is e-government[J]. Parliamentary affairs, 2001, 54(1): 88-101.

69. Randle G, McQueen J, Parston G. From e-Government to e-Governance: Using new technologies to strengthen relationships with citizens[R] . Accenture Research & Insights, 2009.

70. HEEKS R. Understanding e-Governance for Development(The i-Government working paper series: No. 11)[R]. Manchester: University of Manchester, 2001.

71. Rodríguez J R, Council B C. The'Barcelona Model'of e-Government[EB/ OL]. http: //www. bcn. cat/orom/pdf/Penteo_ModeloBarcelona_eng. pdf.

72. Roy J. E-governance and international relations: a consideration of newly emerging capacities in a multi-level world[J]. Journal of Electronic Commerce Research, 2005, 6(1): 44-55.

73. Sabina, Castelfranco. Certification and security in E-services: from E-government to E-business[R]. E-Government Conference Opens in Palermo Naples, 11 April, 2002.

74. SA Kaynama, CI Black. A Proposal to Assess the Service Quality of Online Travel Agencies: An Exploratory Study[J]. Journal of Professional Services Marketing, 2000, 21(1): 63-88.

75. Samuelson P A. The pure theory of public expenditure[J]. The review of economics and statistics, 1954, 36(4): 387-389.

76. Schellong, A. and Mans D. Citizens preferences towards One-Stop Government[A]. Proceedings of the 2004 annual national conference on Digital government research[C]. Digital Government Society of North America, Seattle, WA, 2004: 24-26.

77. Senior Project Consortium. Ethics of e-Inclusion of older people[EB/OL]. http: //www. cssc. eu/public/Ethics%20of%20e-Inclusion%20of%20older%20 people%20-%20Bled%20%20Paper. pdf.

78. Shafik Asante. WHAT IS INCLUSION?[EB/OL]. http: //inclusion. com/ inclusion.html.

79. Sharon S. Dawes. The Evolution and Continuing Challenges of E-Governance[J]. Public Administration Review, 1 December 2008, 68: S86-S102

80. Siau K, Long Y. Synthesizing e-government stage models--a meta-synthesis based on meta-ethnography approach[J]. Industrial Management & Data Systems, 2005, 105(4): 443-458.

81. Stowers G N L. Becoming Cyberactive: State and Local Governments on the World Wide Web[J]. Government Information Quarterly, 1999, 16(2): 111-127.

82. Strejcek G, Theil M. Technology Push, Legislation pull? E-government in the European Union[J]. Decision Support Systems, 2002, 34(3): 305-313.

83. Subhash Bhatnagar. E-Government: From Vision to Implementation: A Practical Guide with Case Studies[M]. New Delhi: Sage Publications, 2004.

84. Subhash Bhatnagar. Unlocking E-Government Potencial: Concept, Cases and Practical Insights[M]. New Delhi: Sage Publications India Pvt Ltd, 2009.

85. United Nations Division for Public Economics and Public Administration, American Society for Public Administration. Benchmarking E-government: A Global Perspective: Assessing the Progress of the UN Member States[R]. New York: United Nations, 2002.

86. The World Bank Group. A definition of e-government[EB]. http: //www1. worldbank. org/publicsector/egov/definition. html.

87. Thomas J C, Streib G. The New Face of Government: Citizen-Initiated Contacts in the Era of E-Government[J]. Journal of Public Administration Research and Theory, 2003, 13(1): 83-101.

88. Vassilios Peristeras. The Governance Enterprise Architecture(GEA): A Blueprint for E-Government Development[R]. In Greek National Centre for Public

Administration and Decentralization, Nov. , 2004.

89. Viktor Mayer-Schönberger, David Lazer. From Electronic Government to Information Government[A]. Governance and Information Technology: From Electronic Government to Information Government[C]. Boston: The MIT Press, 2007: 1-14.

90. What is e- government, Digital Government (Digital state)?[EB]. http: // www. digital-government. net/e-government.html.

91. United Nations Department of Economic and Social Affairs. United Nations E-government Survey 2014: E-Government for the Future We Want[R]. New York: United Nations, 2014.

92. United Nations. UN Global E-government Readiness Report 2005: From E-government to E-inclusion[R]. New York: United Nations, 2006.

93. Wikipedia. E-Government Act of 2002[EB]. https: //en. wikipedia. org/wiki/E-Government_Act_of_2.

94. Wikipedia. e-Government[EB]. http: //en. wikipedia. org/wiki/Electronic_Government.

95. Wong K, Fearon C, Philip G. Understanding egovernment and egovernance: stakeholders, partnerships and CSR[J]. International Journal of Quality & Reliability Management, 2007, 24(9): 927-943.

96. Yu che-chen, Gant J. Transforming local e-government services: The use of application service providers[J]. Government Information Quarterly, 2001, 18(4): 343-355.

97. Zeithaml V A. Service excellence in electronic channels[J]. Journal of Service Theory and Practice, 2002, 12(3): 135-139.

四、网　文

1．中国互联网络信息中心．第45次中国互联网络发展状况统计报告［R/OL］．http://www.cnnic.net.cn/hlwfzyj/hlwxzbg/hlwtjbg/202004/P020200428596599037028.pdf.

2．中国互联网络信息中心．第40次中国互联网络发展状况统计报告［R/OL］．http://cnnic.cn/hlwfzyj/hlwxzbg/hlwtjbg/201708/P020170807351923262153.pdf.

3．中国互联网络信息中心.第39次中国互联网络发展状况统计报告［R/OL］．http://www.cnnic.net.cn/hlwfzyj/hlwxzbg/hlwtjbg/201701/P020170123364672657408.pdf.

4．中国互联网络信息中心.第38次中国互联网络发展状况统计报告［R/OL］．http://www.cnnic.net.cn/hlwfzyj/hlwxzbg/hlwtjbg/201608/P020160803367337470363.pdf.

5．联合国经济和社会事务部．联合国电子政务2008调查——从电子政务到互联治理［EB/OL］．http://unpan1.un.org/intradoc/groups/public/documents/UN/UNPAN028607.pdf.

6．中国政府网．发改委透露：简政放权取得三大进展［EB］．http://www.gov.cn/xinwen/2016-09/02/content_5104591.html.

7．中国网．美国前副总统戈尔：电子政务面临四大障碍［EB］.http://www.china.com.cn/economic/txt/2002-06/14/content_5159846.html.

8．中国改革报．国家发改委全面清理规章和规范性文件［EB］．http://www.crd.net.cn/2016-02/17/content_18923419.html.

9．郑爱军．政府网站新目标--智能化公共服务平台［EB］．http://www.echinagov.com/gov/zxzx/2012/1/5/150109.html.

10．杨学山．电子政务面临八大困难［EB］．http://www.echinagov.com/gov/online/2008-4-30/37148.html.

11．杨冰之．智慧门户——智能化公共服务平台内涵与构建［EB］.http://www.henan.gov.cn/zwgk/system/2011/12/15/010281956.html.

12．杨冰之，吴龙婷．电子政务的服务与应用框架［EB］．http://www.echinagov.com/echinagov/yanjiu/2007-5-31/13790.html.

13．新华网．十八届三中全会：中共中央关于全面深化改革若干重大问题的决定［EB］．http://news. xinhuanet. com/politics/2013-11/12/c_118112746. html.

14．吴焰．论公共服务与政府职能转变［EB］．http://www. qstheory. cn/zz/jsfwxzf/201103/t20110310_71750. html.

15．吴昊，汪玉凯，孙宝文．我国电子公共服务的困境分析与对策建议［EB］．http://www.cia.org.cn/subject/subject_09_xxhzt_6. html.

16．王彦，洪生．国家电子政务网络中央级传输骨干网开通［EB］．http://www. gnoc. com. cn/n1187/n47314/n47334/70253. html.

17．人民网．习近平：关于《中共中央关于全面深化改革若干重大问题的决定》的说明［EB］．http://politics. people. com. cn/n/2013/1115/c1001-23559327-2. html.

18．求是网．中央网络安全和信息化领导小组第一次会议召开习近平发表重要讲话［EB］．http://www. qstheory. cn/2016-09/19/c_1119583889. html.

19．美国前副总统戈尔：电子政务面临四大障碍［EB］．http://www. 7712. org/km/xietong/km_34835. html.

20．刘渊．推动"互联网＋公共服务"更好发展——以网络约租车市场治理为突破口［EB］．http://news. gmw. cn/2016-04/21/content_19790253. html.

21．刘德铭，张效科．互联网＋时代，政府如何实现社会治理的信息化和科学化？［EB］．http://www. echinagov. com/news/53881. html.

22．加拿大电子政府发展规划与电子政府发展解析［EB］．http://www. e-gov. org. cn/news/news004/2011-10-23/123785. html.

23．海南省工信厅构建全省统一电子政务公共服务平台［EB］．http://hainan. sina. com. cn/news/2015-10-13/detail-ifxirmpy1569099. html.

24．冯晓芳．我国筹备建设国家电子政务网络中央级传输骨干网［EB］．http://www. gov. cn/zfjs/2007-04/16/content_584561. html.

25．发展改革委加快推进"互联网＋政务服务"工作方案［EB］．http://www. gov.

26．丹麦电子政府成功的三大原因［EB］．http://www. jsdpc. gov. cn/pub/jsdpc/dzzw/gwjj/201111/t20111101_237386. html.

后 记

在我主持国家社科规划基金重点项目《电子政府构建和运行的保障体系研究》期间，李健选择其中的政府电子公共服务作为主攻方向，最终完成了她的博士论文《中国政府电子公共服务供给问题研究》。这本书不只包括李健的博士论文的内容，还增加了一些延伸讨论的内容，涉及电子政务与电子治理的分歧与趋同等前沿问题的研究成果。

本书的大部分工作是由李健完成的，我所参与的部分，仅限于本书收纳的我们合著的论文部分，包括《政府电子公共服务供给的愿景筹划和策略安排》《政府电子公共服务的内涵和外延》《政府电子公共服务供给共性问题分析——基于33个省级政府门户网站的调研结果》《政府电子公共服务供给的实践技术基础解析》《从电子政务到电子治理：分歧与趋同》等，这些是我对本书的贡献，这些论文分别发表在《中国行政管理》《行政论坛》《电子政务》和《上海行政学院学报》等CSSCI期刊上。

在确定毕业论文选题之后，李健跟着我和项目组其他成员一起对吉林、四川、广东、江苏、海南、天津、上海等10多个省市的信息资源共享和行政审批效率问题进行了调研，对除台湾省以外的所有省级政府门户网站（共33家）的政府电子公共服务供给状况进行了近乎全样本的网络调研，获得了大量的一手资料，为项目研究提供了比较翔实的资料数据，也对我国政府电子公共服务供给存在的现实问题有了清醒的认识和系统的把握。我们还一同出席了2013年6月1-6日在巴林麦纳麦市由国际行政科学学会（IIAS）、国际行政管理院校联盟（IASIA）、巴林公共管理学会（BIPA）共同举办的国际学术会议"公共管理未来：专业精神和领导能力（Futures of Public Administration：Professionalism and Leadership）"，并在会上宣读了我们提交的研究论文"政府电子公共服务提供：理想目标和现实选择（Governmentalel ectronic public servicedelivery：idealgoals and realisticchoices）"。可以说，这本书，既是我们师生合作研究的成果，也是其他项目组成员共同支持的结果，它凝结着很多人的心血。

首先，感谢李健对项目研究的贡献。这本书的出版，标志着她的博士论文研究工作结束，也标志着项目组的部分研究任务完成。

其次，感谢项目组成员杨国栋博士（大连海事大学）、于跃博士（东北大学）、董丽博士（吉林工程技术师范学院）、于秀峰博士（吉林大学）、李鹏博士（大连理工大学）、刘红波博士（华南理工大学）、蔡晶波博士（长春工业大学）、赵大鹏博士（吉林财经大学）、张贝尔博士（海南师范大学）、郑天鹏硕士（北京大岳咨询有限责任公司）的支持和帮助。正是因为大家的精诚合作，才使得项目研究任务顺利完成。

　　最后，感谢吉林出版集团的领导和编辑同志们，本书得以付梓面世，得益于你们的辛苦工作。

项目负责人　张锐昕
2022年3月